삼켜야 했던 평화의 언어

삼켜야 했던 평화의 언어 —병역거부가 말했던 것, 말하지 못했던 것

초판1쇄 펴냄 2011년 2월 10일
초판2쇄 펴냄 2017년 12월 30일

지은이 임재성
펴낸이 유재건
펴낸곳 (주)그린비출판사
주소 서울시 마포구 와우산로 180, 4층
대표전화 02-702-2717 | **팩스** 02-703-0272
홈페이지 www.greenbee.co.kr
원고투고 및 문의 editor@greenbee.co.kr

편집 이진희, 구세주, 송예진, 김아영 | **디자인** 이은솔, 박예은
마케팅 육소연 | **물류유통** 류경희

ISBN 978-89-7682-745-6 03330

독자의 학문사변행學問思辨行을 돕는 든든한 가이드 _(주)그린비출판사

병역거부가 말했던 것, 말하지 못했던 것

삼켜야 했던
평화의 언어

임재성 지음

그린비

십 년이 담긴 책

한홍구*

오랫동안 병역거부운동의 일선에서 봐 온 임재성 형을 만난 것이 벌써 10년이 되어 간다. 전국학생회협의회의 활동가로 스물을 갓 넘긴 그는 정말 풋풋한 얼굴의 젊은이였다. 병역거부운동에 참여한 많은 젊은이들 중에서 내가 그를 특별한 관심을 갖고 보게 된 것은 2002년 12월, 한 방송사의 토론 프로그램에 그가 출연한 때였다. 이 프로그램에는 원래 병역거부연대회의의 최정민 공동위원장이 나가기로 되어 있었는데, 방송사 측이 정민이라는 중성적인 이름을 가진 최 위원장이 여성이라는 소리를 듣고 출연진의 교체를 요구했다. 이런 때는 단호히 원칙적인 입장을 견지하는 것이 마땅했겠지만, 1천 명 이상을 감옥에 가둬 둔 입장인지라 급하게 대타를 찾았고, 말을 조리 있게 하는 임재성 형이 방송에 출연하게 되었다. 토론 프로그램은 단연 임재성 형의 독무대였다. 대학생이었던 그가 토론에 인용한 사례나 근거는 내가 쓴 몇 편의 글에 대개

* 성공회대학교 교양학부 교수, 양심에 따른 병역거부권 실현과 대체복무제도 개선을 위한 연대회의 공동 집행위원장

나오는 것이었지만, 내가 나갔어도 그렇게 자료를 구사할 수 없을 정도로 그의 토론 솜씨는 정말 일품이었다. 예비 병역거부자였던 임재성 형은 그 후 병역거부를 선언하고 감옥에 갔다.

병역거부를 선언한 젊은이들에게는 감옥 생활도 힘들지만, 출소 후에 평화주의자로서 자신의 신념을 실천하며 꿋꿋이 살아 나가는 것 역시 쉬운 일이 아니다. 임재성 형은 오랜 고민 끝에 대학원 진학을 결심했다. 진보 운동에서 활동가들이 늘 공부해야 하고, 진보적 연구자들은 늘 자신의 연구와 실천을 일치시키기 위해 노력해야 한다고 말하지만, 이게 말처럼 쉬운 것은 아니다. 그는 대학원에 진학할 때나, 논문 주제를 잡을 때 고맙게도 나를 찾아와 상의하곤 했다. 공부하면서 이것저것 단체 활동을 하고 있는 내가 비슷한 고민을 조금 먼저 했을 것이라 생각했기 때문일 것이다. 그가 석사논문 주제를 놓고 고민할 때 나는 병역거부 문제를 써 보라고 권유했다. 대한민국의 어느 누구도 그만큼 이 문제를 붙들고 씨름한 사람은 없을 것이니 자신감을 가지라고 말했던 것 같다. 문제는 거리감이었다. 사실 자기가 오랫동안 실천해 온 문제를 가지고 글을 쓰는 것은 어떤 의미에서는 더 복잡하고 어렵기 때문이다. 다행히 임재성 형은 이 작업을 무사히 끝마쳤고 그 결과물을 발전시켜 이제 이 책을 내게 되었다. 이 책은 양심적 병역거부자가 쓴 최초의 양심적 병역거부 책이라는 점에서 특별한 의미를 갖는다. 그러나 '당사자의 이야기'를 넘어서는 맥락과 의미가 이 책에 있다. 병역거부운동을 말석이나마 꾸준하게 지킨 사람으로서 감히 말한다면, 지난 10년간 한국 병역거부운동의 고뇌와 노력이 이 책에 담겨 있고, 또한 그 시간을 통해 비로소 이 책이 나왔다고 할 수 있다.

양심적 병역거부란 말은 10년 전만 해도 인권운동가들조차 잘 모르는 생소한 것이었지만, 2001년 이후 양심적 병역거부는 우리 사회의 가장 뜨거운 문제 중 하나로 등장했다. 1만 명이 넘는 여호와의 증인들이 묵묵히 감옥에 가는 동안 놀라울 정도로 관심을 표하지 않았던 한국 사회는 갑자기 양심적 병역거부를 둘러싼 논란에 빠져들었다. 이 과정에서 양심적 병역거부와 관련한 여러 권의 책이 출간되었다. 그 중 대부분은 양심의 자유에 대한 헌법적 접근에 바탕을 둔 법학 전문가들이 집필한 것이었다. 이런 책들은 양심에 따른 병역거부 문제에 대한 일반의 이해를 증진하고, 병역거부자들이 자신의 생각을 정리하고 묵묵히 실천해 나가는 데 큰 도움을 주었다.

그럼에도 병역거부자들에게는 무언가 목마른 구석이 남아 있었다. 이 책들이 자신들에 대한 책이기는 했어도, 자신들의 목소리를 담은 책은 아니었기 때문이다. 이 아쉬움은 꼭 전문가와 당사자의 거리 때문만은 아니었다. 양심의 자유도 중요한 문제였지만, 여호와의 증인이 아니면서 병역거부를 선택한 젊은이들은 자신들이 왜, "어떤 불면의 밤을 보내면서 남들 다 가는 군대를 거부하며 부모 속을 찢어 놓으면서까지 감옥에 갔는지"에 대해서 말해 보고 싶었던 것이다. 그래서 기획된 책이 양심에 따른 병역거부자들과 후원인들의 모임 '전쟁없는세상'이 2008년에 펴낸 『총을 들지 않는 사람들』이었다. 이 책에는 2001년 이후 여호와의 증인 신도가 아니면서 병역을 거부했던 약 30명의 젊은이들이 쓴 글이 실려 있다. 병역거부자들은 병역거부의 길을 걷게 되면서 여러 가지 글을 쓰게 된다. 그들은 소견서를 준비하고 기자회견문을 다듬고, 법정진술을 준비하고, 또 투옥되면 수백 통의 편지를 쓴다. 『총을 들지 않는 사람들』은 한 개인이 그렇게 쓰고 또 쓴 글 중에서 가장 감동적인 부분을 골라서 모아 놓은 책이기에 큰 울림이 있지만, 체계적이지는 않았다. 평화를 사랑하고, 고통받는 다른 사람을 사랑하는 일군의 젊은이들이 어떤 과정을 거쳐 병역거부라는, 한국 사회에서 극히 낯선 선택을 할 수밖에 없었는지를 충분히 보여 주었다고 할 수는 없다.

임재성 형의 『삼켜야 했던 평화의 언어』는 이 맥락을 잇고 있다. 그리고 한발 더 나아갔다. 병역거부자들이 어떤 조건 속에서 공개적으로 등장했고, 그들이 어떤 고민을 품고 병역거부를 선언하고 운동을 만들어 갔으며, 지금 어디에 서 있는가를 추적하고 있다. 또한 '비범죄화'에 치우쳐 있었던 병역거부운동을 징병제와 군사주의에 저항하는 평화운동으로서 조명하고 있다. 여전히 "군대 가는 우리는 비양심이냐"라는 슬픈 비난이 적지 않은 우리 사회의 인식에 비춰 본다면, 이 책의 문제의식은 대중서로서는 낯설고 조금 앞선 내용일 수도 있을 것이다. 그러나 그 낯설고 앞서 나간 무엇에 또 다른 평화운동의 시작이 있다고 이 책은 말하고 있다. 그렇게 욕을 먹어 왔던 병역거부운동조차 '삼켜야 했던' 말에 새로운 가능성이 담겨 있다고 말하는 것이다.

나는 그의 초고를 단숨에, 그러나 많은 생각을 하며 읽었다. 병역거부자들과 더불어 연대회의를 만들고 활동해 온 지난 10년을 돌이켜 보게 되었다. 내가 그저 머리로 이해하고 정리한 문제들은 온몸을 내던져야 했던 감수성 예민한 젊은이들에게는 가슴이 미어지는 심각한 문제였다. '상황'을 고려하고 '전술적'으로 사고해야 한다며 간단히 정리하고 잘라 버린 문제들이 감옥을 선택하며 병역거부를 실천했던 젊은이들에게 이렇게 아픈 문제일 수 있다는 점을 뒤늦게 다시 한번 깨달은 것이다.

이 책에서 '양심의 자유'와 '반군사주의'라는 두 개의 지향점 사이의 긴장 관계를 강조한 것은 나로 하여금 많은 생각을 하게 만들었다. 당사자가 아닌 외부 지식인의 입장에서 병역거부운동에 발을 들여놓을 때, 나는 분명 양심의 자유보다는 군사주의 문제에 훨씬 더 관심이 많았다. 비전향 장기수 문제를 다뤄 온 경험에서 양심의 자유 문제에도 관심이 없는 것은 아니었지만, 이 분야에는 훌륭한 법학자와 변호사들이 많이 있었다. 반면, '미안해요 베트남' 운동을 통해 깨닫게 된 군사주의 문제의 심각성에 대해서는 한국 사회에서 일부 페미니스트들을 제외하고는 그 수많은 남성 지식인들은 대개 침묵하고 있었다. 양심에 따른 병역거부 문제가 처음 제기되었을 때, 나는 한편으로는 아주 반가웠고 또 한편으로는 대단히 미안했다. 한국 사회를 지배하는 군사주의에 어떻게 파열구를 낼 것인가를 고민하던 처지에서는 무려 만여 명의 젊은이들이 지난 수십 년간 군사주의의 절대적인 명령을 거부해 온 사실이 있다는 것이 반가웠고, 그들의 고난이 수십 년간 외면받아 온 사실이 너무 미안했다.

병역거부운동을 외부에서 지원한 활동가나 전문가들 역시 나처럼 대부분 군사주의에 대한 강력한 문제의식을 갖고 출발했다. 그러나 운동의 초점을 병역거부자들이 더 이상 처벌받지 않게 하는 '비범죄화'에 맞출 수밖에 없었던 것은 1,600명의 젊은이가 현재 감옥에 갇혀 있고, 매년 수백 명의 젊은이가 감옥에 가기 위해 줄을 서 있는 다급한 현실 때문이었다. 나 자신은 군사주의의 극복을 위해 이 운동에 뛰어들었고, 그래도 한국 사회에서 누구 못지않게 자주 군대와 군사주의의 문제점을 지적하는 글을 쓰고 기회가 있을 때마다 떠들어 왔다. 하지만 정작 병역거부운동 내에서의 내 역할은 운동의 주체인 젊은 병역거부자들로 하여금 그들이 말하고 싶어 했던 것들을 운동의 현장에서 말하지 말고 삼켜버리도록 한 게 아닌가 돌아보지 않을 수 없다.

이 땅의 주류와 그들의 헤게모니는 대다수의 젊은이들로 하여금 병역거부를 자신의 삶에서 실현 가능한 선택의 영역에서 배제해 버렸다. 전쟁이 되어 버린 입시와 스펙 쌓기에 찌든 젊은 남성들은 군대란 무엇인가를 심각하게 생각할 겨를 없이 군인이 되어야 한다. 한국 사회에서 군대는 아직도 성역이다. 예비역들은 병역거부에 분노하고 가산점에 목매달지만, 정작 우리가 군대에 꼭 가야 하는가, 대한민국은 한국전쟁 때의 세 배가 되는 병력을 꼭 유지해야 하는가를 이야기하지 않는다. 그들은 유승준과 그 후배들을 큰소리로 '나쁜 놈'이라고 규탄하지만, '좋겠다'라는 속마음은 얘기할 수 없다. 이렇게 단단히 엉켜 있는 군대와 병역 문제, 그리고 압도적인 군사주의 이데올로기 속에서 총을 들지 않겠다고 당당히 선언한 초창기 병역거부자들은 용감한 자들로 표상되었다.

그러나 군사주의나 국가주의의 해체가 꼭 이런 용기 있는 자들만의 몫일까? 「개그콘서트」의 인기 코너였던 '나를 슬프게 하는 세상'에서 박성광은 "1등만 기억하는 더러운 세상"에 대고 "국가가 나한테 해준 게 뭐가 있어"라고 소리친다. 국가주의와 군사주의의 경건함과 엄숙함은 이들의 찌질함과 나약함을 상대할 수 없다. 국가주의와 군사주의는 이 찌질하고 나약한 겁쟁이들이 당당한 시민권을 인정받아 가면서 점차 약화되어 역사의 뒤안길로 사라질 것이다. 임재성 형의 이 책은 바로 이 점을 예민하게 포착하고 있다. 즉 병역거부가 고매한 영혼의 소유자만의 선택으로 굳어져서는 안 된다는 것이다. 병역거부는 점점 더 전쟁이 무섭고 군대 가기 싫고, 사람을 죽이는 것도 자기가 다치는 것도 무서운, 그렇다고 감옥에 갈 엄두도 안 나는 이들의 속내를 담을 수 있는 언어가 되어야 한다는 이야기다. 이는 과격하면서도 현실적인 주장이다. 여전히 병역거부자들의 감옥행이 이어지는 상황에서 과격한 이야기이지만, "전쟁불사"를 외치는 대한민국에서 군인의 존재가 무엇을 의미하는지 점점 더 뚜렷해지는 지금, 현실적인 주장이기도 하다.

연평도 포격 사태 이후 한반도에는 전쟁의 기운이 높아 가고 있다. 일부에서는 현재의 상황 때문에 병역거부운동이 어디 가서 입이라도 뻥 끗하겠냐고 우려한다. 그러나 역사를 보면 병역거부란 원래 전쟁 때 더 적극적이 되는 법이다. 어떤 미사여구로 치장하고 어떤 긴박한 상황논리로 몰고 가더라도 살인행위라는 전쟁의 본질은 전쟁을 하는 그 순간 가장 잘 드러나기 때문이다. 이명박 정권은 과거 참여정부 시절 오랜 논의 끝에 마련된, 양심적 병역거부자들에게 대체복무를 허용하는 방안을 손바닥 뒤집듯 뒤집어 버렸다. 그러고는 남북관계를 파탄으로 몰고 가 한반도를 전쟁 일보직전의 상황에 빠뜨려 버렸다. 안보 무능력자, 평화 금치산자인 이명박 정권에 의해 전쟁의 위협이 고조되는 오늘은 평화가 더없이 절실해지는 때이다. 이 책은 위기에 빠진 평화를 소중히 지키고 키워 나가야 하는 사람들이 꼭 한 번 읽고 생각해야 할 책이다.

책을 내며

1

책을 써 보고 싶다고 생각한 것은 2005년 여름, 서울구치소에 수감되어 있을 때였다. "재판장님, 무죄를 내려 주십시오"라며 꿋꿋하게 대법원까지 재판을 이어 갔던 시절이었다. 이미 2004년, 대법원과 헌법재판소가 병역거부 유죄, 병역법 합헌으로 결정을 낸 이후였기에 무죄가 나올 가능성은 희박했지만, 재판정에 나갈 때면 방 사람들에게 "혹시 무죄 받고 나가게 되면 편지할게요"라는 인사는 꼭 했다. 물론 나는 늘 다시 구치소 방으로 돌아왔고, 사람들은 "거 봐라" 하면서 맞아 주었다. 갇혀 있는 몸이지만 무엇이라도 해야겠다는 생각을 했고, 재판을 이어 가며 했던 무죄 주장은 당시 내가 할 수 있는 최대의 '무엇'이었다.

그 시절 읽었던 책 중에서 벨 훅스bell hooks의 『행복한 페미니즘』이 있었다. 그 책을 읽고 꽤 큰 감동을 받았는데, 훅스가 페미니즘에 대한 사람들의 오해를 극복하기 위해서 제안하는 운동 방식이 나를 움직였기 때문이다. 아주 쉬운 말로, 간결하게, 종이 한 장에 정리해서 집집마다 문을 두드려라. 사람들이 운전하면서 들을 수 있도록 카세트테이프에 녹음해서 나누어 주자. 사실 『행복한 페미니즘』이라는, 얇고 명료한 문체의 책 역시 그녀에게는 하나의 '팸플릿'이었던 것이다. 지금 다시 생각해 보면 너무 단순하게 느껴지기도 하지만, 병역거부에 대한 오해와 편견 속에서 지칠 대로 지쳤던 나를 동하게 만들기에는 충분했다. 그래, 이런 책을 하나 써 보자.

당시 병역거부와 관련된 책이 없었던 것은 아니다. 병역거부에 대한 기본적인 질문과 답변을 간략하게 정리한 Q&A 형태의 소책자도 이미 운동 초기에 만들어졌었다. 수 년간 활동하면서 뿌린 유인물만 해도 거짓말 조금 보태 몇 트럭은 되었을 것이다. 그럼에도 내가 책을 하나 쓰면 보탬이 될 거 같았다. 많은 사람들을 만나면서 이야기를 풀어 갔던 경험들을 바탕으로 하면 쉽고 재미있는 글이 될 거라는 왠지 모를 자신감도 생겼다. 그래서 '법무' 마크가 찍힌 공책에다가 '저술계획'이란 것을 진지하게 쓰기 시작했다. 제목과 목차를 정하고, 출판 의의와 예상 독자까지 정리했다. 지금도 보관하고 있는 그 공책을 다시 보면 민망하기 그지없지만, 그땐 그렇게 무엇이라도 해야만 했다. 순진했다기보다는 절박했다.

2006년 5월에 출소를 하고, 이후 삶을 고민하면서 평화연구를 해야겠다는 결심을 했다. 수감 시절 책을 읽는 동안 공부 욕심이 생기기도 했고, 이제 막 시작한 한국 평화운동의 상황에서 공부하는 것이 운동하는 것이라는 어떤 이의 말에 힘을 얻기도 했기에 내린 결정이었다. 평화학이 분과 학문으로 정착되어 있지는 않았기에, 평화학의 문제의식과 가장 인접하다고 생각한 사회학과 대학원에 진학해서 관련된 연구를 시작하고자 했다. 그러나 막상 석사과정에 들어서자 수업을 따라가기만도 힘겨웠다. 게다가 학비와 생활비를 벌면서 학교를 다니고 있자니 역시 공부는 있는 집 자식이 하는 거라는 후회가 들기도 했다. 그 속에서 책을 내고 싶다는 생각은 사치스러운 공상이 되어 버렸다.

하지만 공부를 하면 할수록, 그래도 해야 한다는 생각이 들었다. 시간이 지날수록, 평화학 영역에서 꼭 필요하지만 이루어지지 못한 연구들이 마음을 찔렀다. 평화학 관련 논문들은 대부분 왜 이 주제에 대한 연구가 없었는가를 개탄하며 시작한다. 그 대표적인 예가 징병제나 군사주의에 대한 연구이다. 거대한 징병제가 단 한 번의 문제 제기도 없이 작동되어 온 사회, 분단과 안보라는 이름 아래 우리의 일상이 군대처럼 규율되어 온 사회. 평화학이 가장 필요한 사회였지만, 바로 그 이유 때문에 평화학이 부재했던 사회. 이제 막 공부를 시작한 사람으로서 부족한 능력이나마 무언가를 해야 한다는 절박함은 커져 갔다.

학위논문을 고민하며 병역거부를 주제로 택했던 것 역시 그런 절박함에서였다. 자신의 경험을 학위논문으로 쓴다는 것이 쉬운 선택은 아니었다. 학위논문이란 심사권자에게 통과 여부가 달린 글이다. 내가 병역거부자라는 것을 알고 있는 심사권자들에게 내 논문이 단지 개인의 이야기가 아니라, 학문적으로 이런 의미를 가진다고 말하는 것은 참 미묘한 문제였다. 하지만 10년에 가까운 사회적 논쟁에도 불구하고 정체되어 있는 병역거부 연구를 조금이나마 앞으로 밀 수 있는 균열을 내고 싶었다. 내가 가진 경험이 그 균열을 만드는 자원이 될 수 있을 것이라 생각했다. 피해자에 대한 권리구제로 한정되는 병역거부가 아니라, 어떤 마음으로 이 젊은이들이 총을 들 수 없다고 했는지를 담고 싶었다. 대체복무제를 넘어서는 병역거부운동의 시대적 의미를 다루고 싶었다.

마음처럼만 되었다면 얼마나 좋았을까. 결국 시간에 쫓겨 가며 논문을 마무리했고, 부끄러운 마음에 사람들에게 나눠 주면서 "자세히 읽어 보시면 안 됩니다"라는 말을 덧붙였다. 그래도 '교양자료'로는 쓸 수 있지 않을까 해서 병역거부를 고민하는 이들에게는 초면에도 선뜻 논문을 건네주었다. 그러던 중에 병역거부로 수감을 앞둔 이에게서 연락이 왔다. 읽어 봤는데, 책으로 내 보면 어떻겠냐는 제안이었다. 안 그래도 부족한 논문인데 무슨 책이냐고 했지만 그 사람은 꽤 진지하게 여러 번 이야기했다. 다시 논문을 읽어 봤다. 거친 생각들이 담겨 있었지만, 열심히 다듬어 본다면 나쁘진 않을 것 같았다. 예전 '저술계획'이 떠올랐고, 무뎌졌던 절박함이 다시 느껴졌다. 병역거부자로서 느꼈던 절박함, 연구자로서 느꼈던 절박함. 이 책은 그렇게 나오게 되었다.

2

따져 보면 6년 만에 그때의 계획을 이룬 거라고 할 수도 있겠다. 하지만 무엇이라도 해야 한다는, 쉽고 짧은 글로 운동에 기여해야 한다는 마음에서 출발한 그 계획은 6년 동안 조금 복잡해졌다. 공부를 하면서 조금씩 연구자로서의 자세와 지적 성실함이 무엇인지를 깨닫게 되었고, 연구를 하는 이가 사회에서 해야 할 몫에 대해서 고민하게 되었다. 아직 나 자신을 '평화연구자'라고 하기에는 부족하지만, 그래도 지금 내 몫은 선명한 구호로 대체복무제를 주장하는 것을 넘어서서 보다 넓고 좀더 다른 시선으로 이 문제에 접근하는 것이라고 생각했다.

이 책은 병역거부자의 인권 침해 현황이나 대체복무제 개선의 정당성에 초점을 맞춘 글이 아니다. 지금까지 병역거부와 관련된 연구들 대부분에서 병역거부자는 권리를 침해받은 '피해자'로서 대상화되어 왔다. 따라서 중요한 것은 '피해'를 드러내는 것이었고, '몇 명이 몇 년을 감옥에서 보냈는가'였다. 결론 역시 이들의 감옥행을 멈추기 위해서 군사훈련이 배제된 방식으로 복무할 수 있도록 대체복무제 개선이 필요하다는 것으로 끝났다. 이 속에서 병역거부자 개개인이 어떤 신념으로 살인훈련을 거부했으며, 그들의 언어와 행동이 우리 사회에서 어떤 의미를 가지는지는 온전하게 다뤄지지 못했다. 대상화된 병역거부자는 구제될 수 있었지만 말할 수는 없었다. 동정의 대상이 될 뿐 공감의 대상이 될 수는 없었다.

또한 '양심의 자유'라는 기본권과 국제 인권규범에 기댄 법률적 논의들은 이어졌지만, 실제 사회운동으로서 병역거부운동이 언제, 왜 등장했으며, 내부적으로 어떤 갈등과 긴장을 가지는지에 대한 분석은 부재했다. 인권이라는 것이 아래로부터 사람들의 저항을 통해 만들어져 온 것이라면, '병역거부권은 인권'이라고 규정할 수 있는 제도적 근거를 찾아내는 것만큼이나 사회운동 역시 중요할 수밖에 없다. 뿐만 아니라 '징병제'라는, 한국 사회에서 가장 민감한 사안과 관련된 병역거부운동은 사회운동, 특히 평화운동 영역에서 의미 있는 연구대상임에 분명하다. 그럼에도 불구하고 한국 병역거부운동에 대해서는 간략한 운동사運動史와 극소수의 연구가 전부였다.

이 책은 그 침묵과 부재에서 시작한다. 이 빈 공간을 채우기 위해서 병역거부자들과 병역거부에 참여했던 활동가들을 인터뷰했고, 병역거부자 개개인이 남긴 글과 기록들을 분석했다. 활동에 직접 참여했던 경험 역시 주요한 자료가 되었음은 물론이다. 지난 10년간 병역거부운동이 남긴 자국을 되짚으면서 이 운동이 진정 한국 사회에서 무엇과 대결했는지를 추적했다. 그 과정에서 '평화학의 방법론'이라 명명한 방식의 접근을 시도했다. 피해자나 구제의 대상이 아닌, 공감의 대상으로서 병역거부자에 접근하고, 병역거부운동을 만들어 온 이들이 어떤 저항과 고민을 만들어 갔는가를 그들의 '언어'를 통해서 살폈다. 한국 사회의 징병제와 군사주의, 일상화된 폭력과 그 폭력에 저항할 가능성을 병역거부라는 창을 통해서 고찰하고자 했다.

이 책은 두 가지 큰 줄기로 이루어져 있다. 첫번째는 한국 병역거부운동의 등장배경과 동학을 살피는 내용이다. 왜 2000년에 병역거부를 다룬 사회운동이 등장했는지를 답하는 과정은 사실상 왜 그때까지 만명에 가까운 이들이 병역거부로 수감되어 왔음에도 사회적 문제가 되지 않았는가를 밝히는 것이기도 했다. 사회운동으로 등장한 병역거부운동 내부에서는 '양심의 자유'와 '반反군사주의'라는 두 개의 지향점이 긴장관계를 형성했다. 이 긴장 관계를 통해서 병역거부운동의 성과와 한계를 짚어 보았다.

두번째 줄기는 정치적 병역거부자와 병역거부운동이 한국 사회의 군사주의에 어떤 파열구를 만들었는가를 분석하는 내용이다. 병역거부의 언어와 실천을 군사주의와 교차해서 살펴보는 작업은, 우리 사회의 군사주의가 어떻게 작동하는가를 확인하는 동시에 그것에 저항할 가능성을 모색하는 것이다. 이 속에서 병역거부자의 마음이 사람들에게 공감의 대상으로 다가갈 수 있도록 노력했다.

이 줄기와는 조금 결이 다르지만, '보론'이라는 이름으로 해외의 병역거부운동 사례를 담았다. 대체복무제에 초점이 맞춰진 기존 논의들 속에서는 해외 병역거부 사례들 역시 대체복무의 형태나 시행 방식에만 초점이 맞춰져서 소개되어 왔다. 그러나 병역거부운동의 양상은 개별 사회의 맥락에 따라서 다양한 모습을 가지며, 이 다양성은 이제 막 병역거부운동이 시작된 우리에게 많은 시사점을 준다. 오랜 시간 활동을 만들어 온 외국 사례들을 통해서 병역거부가 가진 반군사주의적 가치, 평화주의적 가치들을 풍부하게 드러내 보고자 했다.

대체복무제를 넘어서는 시야가 필요함을 말했지만, 병역거부자들의 인권이 보장되기 위해 대체복무제에 대한 연구와 주장이 여전히 계속되어야 함은 분명하다. 광복 이후 지금까지 1만 5천 명에 달하는 이들이 자신의 청춘을 감옥에서 보내야 했다. 2010년 12월 현재에도 965명의 젊은이들이 총을 들 수 없다는 신념을 지키기 위해서 수감 중이다. 아직도 계속되는 감옥행 앞에서, 오랜 시간 병역거부운동에 참여한 사람으로서 느끼는 좌절감은 이러한 '다른 접근'이 사치스러운 것은 아닐까 자문하게 만들기도 한다. 그렇지만 대체복무제만으로 한정시키기에는 군사화된 한국 사회에서 병역거부가 가지는 함의가 너무나도 중층적이다. 겹겹이 쌓인 층들을 벗겨 내면서 병역거부에 대한 논의의 폭을 넓히고자 하는 이 책이 병역거부자들을 감옥으로 밀어 넣는 우리 사회의 군사주의를 극복하는 것에 기여할 수 있기를 바란다.

3

이 책의 초고를 출판사에 넘기고, 후반 작업을 하고 있을 때 연평도 포격 사태가 터졌다. 이 참사를 초래한 북한 정권의 책임은 그 어떤 이유로도 면할 수 없을 것이다. 이 속에서 내가 주목했던 것은, 연평도 사태 이후 우리 사회에서 군사주의가 턱밑까지 차오르는 과정이었다. 그리고 그 순간이 바로 병역거부가 가진 생각과 목소리가 더욱 절실해지는 때이다. 그래서 '책을 내며'의 자리에 짧은 단상을 담고자 한다.

군사주의란 전쟁과 전쟁 준비가 정상적이고 바람직한 사회활동으로 인식되게 만드는 이데올로기이다. 연평도 사태가 나자 주류 언론들은 북을 철저히 응징했어야 한다고, 앞으로라도 해야 한다고 입을 모았다. CCTV에 담긴 긴박했던 순간과 안타깝게 죽어 간 군인과 민간인의 모습이 미디어에서 반복 재현되면서 여론 역시 '응징'이 필요하단 쪽으로 기울어 갔다. 단호히 대처하되 확전이 안 되도록 하라는 지극히 상식적인 이명박 대통령의 발언은 이러한 분위기 속에서 "내가 언제 그런 말 했냐"로 뒤집혔고, 태극기 붙은 가죽 점퍼를 걸치고 군 상황통제실에 등장한 대통령은 내가 책임질 테니 본때를 보여 주라고 지시했다. 전쟁은 점점 더 할 수 있는 것, 필요한 것, 옳은 것이 되어 갔다. 이때 평화를 이야기하는 것은 비애국적이고, 반국가적인 행위가 된다.

대북시위용으로 벌인 한미 연합훈련의 이름처럼, 전쟁은 '불굴의 의지'로 치러 내야 하는 것이 되어 갔다. 군복 입은 할아버지들의 피켓에는 "당장 폭격하라"를 넘어서 "내부의 적부터 처단하라", "계엄을 선포하라" 등의 문구가 등장하기 시작한다. 내부의 적이란 전쟁은 안 된다, 무력이 아닌 다른 방식으로 해결해야 한다고 말하는 이들이다. 군이 이야기하자면 나 같은 사람, 평화운동을 하는 사람이다. 아니, 정부의 호전적인 정책을 비판하는 이들 모두가 적이 된다. 이렇게 전쟁을 반대하는 이들을 적으로 몰아세운 사회는 본격적인 전쟁 준비에 들어간다. 군은 북한의 국가예산보다 많은 국방비를 써 왔으면서도, 서해 5도 전력 강화를 위한 추가예산이 필요하다면서 '백지수표'를 요구하고, 국회는 이를 승인한다. 이제 언론은 연평도에 새롭게 배치된 무기들의 화려한 성능을 떠들어 대기 시작한다. 다연장로켓포MLRS는 그 중 하나였는데, 이게 바로 '죽음의 비'라 불리는, 대표적인 비인도적 무기인 집속탄이었다. 포하나에서 600개의 자탄子彈이 쏟아져 나와 축구장 몇 개의 면적을 초토화시킨다는 시뮬레이션 영상이 텔레비전 화면을 연일 채웠지만, 그 축구장 몇 개의 면적에서 살아왔던 이들이 왜 죽어야 하는지를 답해 주는 내용은 없었다.

전쟁의 기운이 높아질수록, 병역거부의 의미도 더욱 뚜렷해진다. 내가 잡은 총이, 내가 하는 훈련이 사람을 죽이는 것이라는 병역거부자들의 이야기가 전쟁의 시기만큼 명확해질 때도 없기 때문이다. 병역거부자들은 자신이 쏜 총에 맞아 죽어 갈 이들이 과연 누구인가를 묻는다. 2010년 11월 23일, 국군 역시 북쪽으로 대응포를 쐈고 우리가 받은 것보다 훨씬 더 큰 피해를 입혔다고 알려졌다. 먼저 포를 쏜 북한의 책임이야 분명하지만, 우리 역시 이름 모를 그 누군가를 죽인 것이다. 많은 이들은 더 많이 죽이지 못해서 아쉬워했으며, 기회가 되면 확실하게 죽여야 한다고 말했다. 그러나 이제 물어야 한다. 과연 얼마나 죽여야 '철저한 응징'인가? 그렇게 죽어 갈 북한의 이름 모를 누군가는 연평도 포격에 어떤 책임을 가지고 있는가? 그리고 그 응징의 대가로 불을 뿜을지도 모르는 북한 장사정포에 죽어 갈 수도권 시민들의 목숨은 '숭고한 희생'인가?

연평도 사태 이후 대한민국이 점점 더 전쟁으로 치달아 갔던 2010년 12월 14일, 50번째 정치적 병역거부자 문명진은 국방부 앞에서 "끊임없는 전쟁의 시대, 살상을 거부할 권리를"이라는 이름으로 병역거부 선언을 했다. 그는 자신의 병역거부 소견서에서 이렇게 호소했다. "초토화되는 것은 북의 해안포가 아니라 누군가의 삶 혹은 우리의 인간성입니다. …… 지금처럼 계속 서로에 대한 공포와 적개심만 키워 나간다면 앞으로 눈물을 흘릴 사람들은 더 많아질 것입니다." 전쟁이 다가올수록 이렇게 평화를 이야기하는 이들은 혹독한 탄압을 받게 된다. 그러나 병역거부자들은 오랜 처벌과 멸시 속에서도 평화가 필요하다고 말해 왔으며, 앞으로도 말할 것이다. 이 책은 바로 이 목소리를 담고 있다.

4

병역거부운동에 함께한 것이 올해로 10년째이다. 철없던 스물세 살 열혈 운동권 학생은 이제 서른둘이 되었다. 감방 갔다 온 병역거부자라고 어디 가서 가끔 마이크를 잡기도 하고, 평화학 공부한다고 대학원 다니면서 주제넘게 병역거부운동의 현재와 미래를 논하는 책까지 썼다. 여전히 많이 부족한 연구이고 활동이지만 소중한 이들의 도움과 격려 속에서 가능했던 일이기에 감사의 말씀을 전한다.

무엇보다, 부족한 원고와 사람을 믿고 이 책을 만들어 주신 그린비 출판사 여러분께 감사를 전한다. 그 중에서도 끙끙거리며 진도를 못 빼고 있을 때 어르고 달래면서 원고를 챙겨 주신 태하 씨. 죄송하단 메일을 많이도 보냈지만, 이젠 고맙다는 메일을 드릴 수 있을 것 같다.

다듬어지지 않은 고민을 이해해 주시고 격려해 주시며, 연구자로서 살아갈 수 있도록 도와주시는 정진성 선생님과 정근식 선생님을 비롯한 서울대학교 사회학과 교수님들과 대학원 동료들에게 감사의 인사를 드린다. 특히 폭력과 학살에 대해서 학문적으로 접근하게 해주신 성현 선배와 학재 선배, 같은 집에 살면서 무지를 일깨워 주시고 많은 밤 토론에 응해 주신 현민 선배, 학위논문 프로포절부터 초고까지 챙겨 주신 영신 선배, 후배라기보다는 연구 동료로서 큰 힘이 되는 보미. 보다 좋은 연구로 받은 것을 꼭 보답하고자 한다.

내 책상 앞에는 한홍구 선생님께서 석사과정 때 번역하신 『한국공산주의운동사』의 '옮기고 나서'가 붙어 있다. "그러나 지금은 내 목소리로 노래를 불러야 한다"는 당시 선생님의 고민은 늘 큰 자극으로 다가온다. 이번 책 역시 선생님의 인터뷰와 저작들을 통해서 큰 줄기를 잡을 수 있었다. 늘 건강하시길 바란다. 병역거부운동에 함께했던 이들. 모난 성격에 전과까지 달고 사느라고 고생이 많은 '정치적' 병역거부자들. 당신들의 삶과 생각, 노력과 고민을 담기 위해 노력했지만 한참 모자란 것 같아서 미안한 마음을 전한다. 바쁜 와중에도 기꺼이 연구실까지 와서 초고를 꼼꼼하게 읽고 조언을 해준 오리와 여옥에게 큰 빚을 진 것 같다. 특히 내가 쓰는 모든 글들을 가장 먼저 읽어 주고 지적해 주는 '제1독자' 여옥이. 너 같은 동지를 가졌다는 나의 크나큰 행복을 너도 느낄 수 있었으면 좋겠다.

부모님께 이 책을 드리지는 못할 거 같다. 여전히 텔레비전에 병역거부라는 말만 나와도 청심환을 찾으시며 가슴을 쓸어내리시는 부모님께 이 책은 어쩌면 또 하나의 불효일 것이다. 서울구치소에서 8분 접견 동안 한마디도 못하시고 우시기만 했던 어머니의 모습, 항소심 재판에서 최후진술이 끝나자 등 뒤로 들렸던 아버지의 절규. 평생 치유하지 못할 상처를 드렸다는 죄책감이 크지만, 그래도 부끄럽지 않게 살아가고

자 하는 자식을 지켜봐 주셨으면 한다. 힘든 시간을 견뎌 주신 부모님께
감사드린다.

이 작은 책 하나를 쓰면서도 지금까지 묵묵하게 신념을 지켜 오신
분들의 삶이 가진 무게가 버거웠다. 그 무게를 안고 살아오셨던 분들에
게 머리를 숙인다.

2011년 1월

재성

차례

| 일러두기 |

1 이 책은 필자의 서울대학교 사회학과 석사학위논문 「평화운동으로서의 한국 병역거부운동 연구: '양심의 자유'와 '반군사주의' 간의 긴장 관계를 중심으로」를 뼈대로 상당 부분 고쳐 썼 으며, 이 과정에서 병역거부를 비롯하여 평화학과 관련해서 써 왔던 논문과 칼럼 등도 중요한 자원이 되었다. 해당 문헌들은 참고문헌의 앞부분에 따로 실었으며, 이 문헌들의 경우 본문에 서 별도의 인용 표시는 생략했다.

2 이 책은 실제 병역거부자 및 관련 활동가들의 인터뷰를 통해 그들의 구체적인 말과 감정을 담 고자 했다. 인용문 중 인명이 앞에 나오는 경우는 필자가 해당 인물과 직접 수행한 인터뷰를 녹취한 것이다. 인터뷰 대상자는 병역거부자 6명(박석진, 유호근, 염창근, 강철민, 유정민석, 이길 준)과 병역거부운동/평화운동 활동가 5명(한홍구, 최정민, 이용석, 양여옥, 이태호) 총 11명이다.

3 인용문의 대괄호([ ])는 필자가 독자의 이해를 돕기 위해 부가한 것이다.

4 단행본·정기간행물에는 겹낫표(『 』)를, 논문·단편·기사·영화제목 등에는 낫표(「 」)를 사용 했다.

5 외국 인명이나 지명 등은 2002년에 국립국어원에서 펴낸 외래어 표기법을 따라 표기했다.

서장 평화학의 방법론을 모색하며

1. 왜 병역거부를 합니까

실망스러운 병역거부 이유

2006년 5월 출소를 하고 얼마 지나지 않았을 때였다. 국방부에서 증인으로 나와 달라는 연락이 왔다. 당시 국방부에서는 대체복무연구위원회를 운영하고 있었는데, 실제 양심적 병역거부를 한 사람이 위원회에 와서 "나는 왜 병역거부를 했는가"를 증언해 달라는 요청이었다. 2005년 12월 국가인권위원회가 병역거부권 인정이 필요하다는 권고 결정을 내기도 하였고, 여기저기서 문제 해결의 압박을 받고 있던 국방부는 양심적 병역거부 문제를 공식적으로 논의하겠다며 민·관·군 공동으로 대체복무연구위원회를 꾸렸었다. 언론에서는 드디어 이 문제의 주무 부처가 팔을 걷어붙였다며 주목했지만 위원회의 인사 구성부터 운영, 그리고 이후 결과까지 놓고 보자면 사실상 면피용 생색내기에 불과했다.

그럼에도 당시에는 '국방부'에 가서 병역거부에 대해 이야기할 수 있는 기회를 가졌다는 것만으로도 마음이 뭉클했다. 그간 벌여 온 운동의 성과로 느껴지기도 했고, 감옥행이 멈춰질 수 있는 변화가 눈앞에 다가온 거 같기도 했다. 그러나 그곳에 가서 나의 병역거부 사유를 이야기한 후 위원들의 비아냥을 들으면서 그런 마음은 사라질 수밖에 없었다.

"임재성 씨, 그런 거 말고 본인 이야기나 하세요."

나는 학생운동을 하면서 병역거부를 알게 되었고, 병역거부자들의 인권을 위한 활동에 참여하면서 나 자신의 군 입대에 대해서 진지하게 고민해 보았다. 그리고 이라크 반전운동을 통해서 병역거부에 대한 결심을 굳혔다. 그러나 이런 이야기에 위원들은 "이라크 전쟁, 반전, 뭐 이런 거 말고 본인 이야기하시라니까요"라고 대꾸했다. 함께 가서 증언했던, 천주교 신자로서 병역거부를 한 고동주가 '칼을 쳐서 보습을' 만들라는 믿음에 근거해 병역거부를 선택했다고 하니 그들은 역시 "천주교 신자가 다 병역거부합니까? 교리, 성서, 이런 거 말고 다른 이야기 없나요"라며 냉소했다. 전문가 자격으로 앉아 있는 이들이, 2002년 한 텔레비전 프로그램에 출연하신 고故 김수환 추기경께서 "종교적 신념에 의한 양심적 병역거부가 존중되어야 한다"라고 공개적으로 말씀하신 것을 알고나 있는지 의심스럽게 했던 냉소였다.

한 위원은 "이 사람들의 이야기를 듣고 나니 큰 실망감을 감출 수 없다"라고 말하기도 했다. 대단한 이야기가 있을 줄 알았는데 없다는 것이었다. 반전운동, 종교 같은 거창한 거 말고 본인이 왜 남들 다 가는 군대에 갈 수 없다고 하는지 유별난 이유를 말해 보란다. 어린 시절 학대와 구타를 당했던 트라우마가 있다거나, 군대에서 다치거나 죽은 친인척이 있다고 말했다면 그 위원들이 실망하지 않았을까? 참다 못해 역사적으로 병역거부는 종교적 신념에 따른 병역거부가 가장 일반적인 양상이고, 베트남전 반대운동 속에서 이루어진 미국 징병거부운동의 사례처럼 반전평화운동을 주요한 배경으로 해왔다고 한마디했다. 그러자 "그런 것은 전문가들인 우리가 다 알고 있는 거니까 필요한 말만 하세요"라는 답이 돌아왔다. 불쌍해야 할, 혹은 파렴치해야 할 병역거부자가 너무 말이 많았던 것이다.

그 위원들도 이해하고 싶었을 것이다. 단, 자신들이 납득할 수 있는 이유로 말이다. 충분히 타자화시킬 수 있는, 혹은 아주 예외적인 병역거부자 개인만의 이유. 그래서 소수의 불쌍한 사람들이라는 확신이 들어서 자신들이 안심할 수 있는 병역거부 이유.

이러한 시선은 앞선 국방부 대체복무연구위원회의 몇몇 위원들에게만 한정된 것은 아니다. 2006년 12월 개봉한 영화 「방문자」는 우리 사회가 "왜 병역거부를 합니까"에 대한 병역거부자들의 대답으로 예상하는 것을 단적으로 보여 주고 있다. 영화 종반부에 여호와의 증인 신도인 주인공 계상(강지환 분)이 병역거부로 수감되기 직전 재판정에서 최후진술을 하는 장면이 있었다. 베트남전 참전 이후 상이군인으로 살아오셨던 자신의 아버지, 그리고 그 아버지를 평생 창피하게 생각했던 자신의 삶을 돌아보면서 이제는 부끄럽지 않을 수 있을 것 같다는 최후진술. 보는 내내 펑펑 울었고, 그래서 리뷰를 쓰면서도 그 제목을 「영화관에서 생전 처음 대성통곡을 하다」(『오마이뉴스』, 2006년 12월 5일)로 붙일 정도로 나에게 감동적인 영화였지만, 마음 한구석에 느껴지는 불편함은 어쩔 수 없었다. 묵묵하게 신념을 지켜 왔던 여호와의 증인 신도만으로는 부족해서 상이군인의 자식으로 살아왔던 삶의 무게까지 더해져야만 주인공의 병역거부가 비로소 사람들에게 이해될 수 있는 것일까?

경멸, 혹은 경외나 동정의 대상

병역거부자의 고통이 어둠 속에서 나오자마자 그들에게 '다른 이유', '특별한 이유'를 대라면서 공감의 대상이 될 기회조차 주지 않았던 사회. 이 사회 속에서 등장한 병역거부운동 역시 병역거부의 이유에 대해선 부차적으로 다뤄 왔다. 2001년 2월 「차마 총을 들 수 없어요」라는 제목의 『한겨레21』 기사로 시작된 양심적 병역거부*의 공론화 이후 지난 10년간 병역거부는 줄곧 뜨거운 사회적 이슈가 되어 왔으며, 진보와 보수를 나누는 '가늠자'의 위상으로까지 자리 잡게 되었다(『한겨레21』, 2004년 5월 25일). 2001년 당시 1만 명에 달했던 누적 구속자 수와 이들에 대한 처벌이 계속되고 있다는 충격 속에서 이 문제의 '해결'을 위해 등장한 사회운동은 더 이상의 감옥행을 막아야 한다는 '비非범죄화'를 가장 중요한 목표로 삼았다. 그리고 이 속에서 병역거부자들은 피해자로서 위치 지워질 수밖에 없었다.

중요한 것은 몇 명이 몇 년 형을 받았는가라는 피해의 정도였고, '감

---

* **'양심적 병역거부'와 '양심에 따른 병역거부'** | 병역거부를 지칭할 때 사회적으로 '양심적 병역거부'와 '양심에 따른 병역거부'라는 표현이 혼용해서 쓰이고 있다. 이 책에서는 이를 '양심적 병역거부'로 통일해서 쓰고자 한다. '양심적 병역거부'라는 표현이 언론에 등장하자 "그럼 군대 가는 사람들은 비양심이냐? 군대 안 간다는 것이 왜 양심적이냐" 등 병역거부에서 사용되는 '양심'의 의미를 잘못 이해하고 많은 비판이 제기되었다. '양심적'이라는 표현이 일상적으로 쓰이는 양심-비양심의 대립 구도에서 착한 마음, 선한 마음으로 이해되기 쉽기 때문이다. 이는 한국 사회가 헌법상에 명시된 '양심의 자유'라는 가치가 올바르게 인식되고 통용될 수 있는 기회를 가지지 못했기 때문이라고도 볼 수 있다. 그런 이유에서 병역거부운동의 주체들은 '양심'의 의미인 '내면의 진지한 신념'이라는 뜻을 보다 온전히 드러내기 위해서 '양심에 따른'이라는 수식어를 사용하려고 노력했다. 그러나 '양심적 병역거부'라는 것이 이제 하나의 용어로서 굳어졌고, '양심'에 대한 초창기 논쟁 구도는 벗어났다고 판단하기 때문에 이 책에서는 용어를 '양심적 병역거부'로 표현하고자 한다('양심'에 대한 보다 자세한 논의는 김두식, 『평화의 얼굴』, 38~42쪽 참조). '양심적 병역거부'라는 명칭 자체를 바꿔야 한다는 의견도 존재하는데, 국립국어원은 2006년 '신념에 의한 병역거부자'로 바꿀 것을 제안한 바 있으며, 국방부와 병무청은 일관된 표현을 사용하지 못하고 '종교적 병역거부자', '병역이행 관련 소수자' 등의 표현을 사용해 오다가, 2009년부터 '입영 및 집총거부자'로 통일해서 사용할 것이라고 밝혔다.

옥'이라는 인권 침해의 상징이었다. 운동은 "왜 병역거부를 합니까"보다는 "병역거부를 하면 몇 년 형을 받습니까, 전과자는 어떤 불이익을 받고 살아갑니까"에 초점을 맞췄다. 이들이 전쟁과 폭력을 거부하는 이유는 짧은 몇 개의 단어로 설명될 뿐이었다. '종교적', '정치적', '반전평화' 신념. 신념의 구체적인 내용보다는 '감옥행'을 결심할 만큼 굳센 무엇이고, 이 정도의 절절함이라면 양심의 자유라는 기본권이 보호해 주어야 할 "강력하고 진지한 마음의 소리"**가 아니겠냐고 외쳤다. 이처럼 운동의 담론 속에서 병역거부자들의 신념은 감옥행까지 결심한 대단한 무엇이거나 인정해 주어야 하는 무엇으로 접근되었을 뿐, 정작 그 '무엇'의 내용은 비어 있었다. 병역거부자는 경외나 동정의 대상이 될 수는 있었지만 공감이나 공명共鳴의 대상은 될 수 없었다.

여린 마음으로 말 걸기, 그리고 듣기

그러나 시간이 지날수록 조금씩 변화가 생겨났다. 병역거부자들은 감추어 두어야 했던 여린 마음을, 폭력을 두려워하고 사람 죽이기를 두려워하는 마음을 고백하면서 병역거부를 선언하기 시작했다. 병역거부자들의 소견서에는 대체복무제에 대한 설명보다는 자신의 삶을 통한 성찰이 담겨 갔다. 비록 이러한 내부의 변화가 외부로 두드러지게 드러나지는 못했지만 병역거부운동은 소수자의 침해당한 권리를 구제하는 운동에서, 강철 같은 신념의 소유자들을 후원하는 운동에서 조금씩 다른 무엇

** 양심 | 헌법재판소는 양심을 "어떤 일의 옳고 그름을 판단함에 있어서 그렇게 행동하지 아니하고는 자신의 인격적 존재가치가 허물어지고 말 것이라는 강력하고 진지한 마음의 소리"로 정의했다(헌법재판소, 96헌가11).

으로 변해 갔다. 병역거부자들은, 병역거부운동은 "우리를 도와주십시오"를 넘어서 이 사회의 폭력에 대한 자신의 고민을 담은 언어를 가지고 세상 사람들에게 말을 걸기 시작했던 것이다.

이러한 내부적 변화와 함께 새롭게 등장한 병역거부자들은 보다 적극적으로 자신의 목소리를 통해 세상과 이야기하고자 했다. 그 중 한 명이 이길준이다. 2008년 7월, 이길준은 대체복무를 요구하지도, 감옥행을 막아 달라 호소하지도 않았다. 폭력을 거부하는 마음 그 자체에 무게를 둔 병역거부를 선언했다. 의무경찰로 복무했던 이길준은 그해 거대했던 촛불집회에서 물대포와 함께 시민들을 진압하고 나서 스스로의 양심이 하얗게 타 버렸음을 느꼈다. 분노한 시민들로부터 항명하라는 야유를 들으며 헬멧 속으로 눈물도 흘렸다고 했다. 그리고 그는 더 이상 진압의 도구가 될 수 없다고 결심했다. 이길준은 휴가를 나와 병역거부를 선언하고, 전·의경제 폐지를 위한 농성을 시작했다.

한 칼럼에서 "젖과 꿀이 흐르는 병역거부 농성장"이라고 표현했을 만큼, 이길준은 지금까지 한국에서 병역거부를 선언한 사람 중에 가장 큰 지원과 지지를 받았다. 병역거부자라면 악성댓글 수천 개도 거뜬한 한국에서 수많은 이들이 매일 이길준을 지키고 응원하기 위해 밤을 새우고 음식을 날랐다. 무엇이 병역거부자가 그토록 따뜻한 지지를 받게 한 것일까? 공감이었을 것이다. 폭력을 거부하려는 그의 마음에 대한 공감. 오랜 시간 공권력의 폭력을 경험했던 사람들은 촛불집회를 통해 자신이 이길준의 자리에 있었다면 어땠을까를 상상하면서 거대한 공권력 속 작은 부속이었던 젊은이가 느낀 죄책감과 이를 거부하기로 한 결심에 공감했고, 병역거부자를 도와야겠다고 나설 수 있었던 것이다.

우리 사회는 지금까지 "왜 병역거부를 합니까"라는 질문에 대해서 온전히 들을 준비도, 대답할 준비도 하지 못했다. 지난 10년 동안 소모적인 찬반 대립만이 이어졌을 뿐이다. 이 책은 앞서 말한 병역거부의 변화를 통해 "왜 병역거부를 합니까"에 대한 대답을, 즉 병역거부의 언어를 담아 보고자 한다. 그리고 이 언어를 통해서 '공감'을 시도해 보고 싶다. 대체복무제의 정당성이나 '부작용' 없는 외국 대체복무 운용 사례가 아니라, 양심의 자유가 포괄하는 범위에 대한 논쟁이 아니라, 국제 인권 규범을 인용하는 것이 아니라, 이 젊은이들이 어떤 불면의 밤을 보내면서 남들 다 가는 군대를 거부하며 부모 속을 찢어 놓으면서까지 감옥에 갔는지에 대해서 말해 보고 싶다. 이들은 손가락질당해야 할 파렴치한도, 불쌍한 피해자도, 강철 같은 신념의 소유자도 아닌 우리 시대의 평범한, 하지만 폭력에 민감했던 사람들이었음을 드러내고 싶다. 그리고 이를 '평화학의 방법론'이라는 이름으로 풀어 가고자 한다.

2. '공감'이라는 평화학의 방법론

폭력을 넘어서기 위한 연구

방법론이란 수단을 의미한다. 흔히 수단을 목적보다 하위로 생각하는 경향이 있지만, 목적과 수단은 분리될 수 없으며 양자가 서로를 구속한다. 그렇기 때문에 병역거부자, 병역거부운동에 공감하기 위한 책을 쓰기로 마음먹고 나서, 이 목적을 위해서 어떤 방법론을 사용하는가는 매우 중요한 문제였다. 오랜 고민 속에서 평화학을 공부하면서 큰 울림을 주었던 연구의 방법론을 나름의 방식으로 재전유하여 병역거부를 살펴보고자 했고, 조금 거창하지만 '평화학의 방법론'이라는 이름을 붙여 보았다. 완결적인 하나의 방법론을 제시한다기보다는, 평화학이라는 영역에서 시도될 수 있는 하나의 접근 방법을 모색해 본다는 의미로 받아들여 주었으면 한다.

제노사이드genocide(집단학살) 연구자로서 폭력의 문제에 천착하는 허버트 허시Herbert Hirsch에게 폭력과 학살을 연구한다는 것은 곧 그것을 막기 위한 것이어야 한다. 그의 저서 『제노사이드와 기억의 정치』의 부제인 '삶을 보존하기 위한 죽음의 연구'Studying Death to Preserve Life는 이러한 허시의 관점을 명확하게 담고 있다. 그의 주장에 따르자면, 죽음을 연구한다는 것은 삶을 지키기 위한 것이어야만 하고, 연구자는 관찰자의 차가운 손이 아니라 분노하고 슬퍼할 줄 아는 뜨거운 가슴으로 타인의 고통을 다루어야만 한다.

이를 위해 허시가 택한 방법은 '공감'이다. 공감을 통해 타인의 고통이 자신의 것으로 전이될 때만, 우리는 폭력과 학살을 막기 위해 움직일 수 있기 때문이다. 그러나 지금까지 주류 제노사이드 연구는 '과학'이라는 이름으로 인간의 경험과 기억을 차디찬 숫자로 만들었다. "학살을 끝내기 위해서 무엇이 필요한가"보다는 "하나의 사건이 제노사이드로 명명되려면 얼마나 많은 사람이 죽어야 하는가"라는 것이 더 중요하게 다루어졌다. 인간의 감정과 느낌, 폭력의 맥락들은 수치로 환원되었으며, 희생자들의 체험과 고통은 수많은 사례 중 하나로 자료함에 쌓일 뿐이었다. 이렇게 죽은 사람들의 '수'를 세는 제노사이드 연구에서는 타인의 고통에 감정이입할 수 있는 '공감'의 가능성은 희박해질 수밖에 없었다.

병역거부에 대한 기존 연구와 운동 역시 이러한 비판에서 자유로울 수 없다. 신념의 종류에 따라, 대체복무제 용인 여부에 따라 '종교적', '세속적', '선택적' 혹은 '완전' 병역거부 등으로 유형을 세밀하게 나누었지만, 이들이 폭력을 거부하는 마음을 온전히 들여다보지는 못했다. 구속자의 '숫자'를 모으고는 엄청난 인권 침해라고 소리쳤지만, 그 한 명 한 명이 어떤 삶을 통해 폭력을 거부했는가에 공감할 준비는 하지 못했다.

생존자의 기억, 병역거부자의 언어

그렇다면 차가운 숫자를 넘어서 타자의 고통과 감정에 공감할 수 있는 방법은 무엇일까? 허시가 주목하는 것은 '생존자의 기억'이다. 그는 제노사이드라는 거대한 폭력의 한가운데에서 그것을 체험하고 견뎌 냈으며, 스스로의 목소리로 그 경험과 감정을 전할 수 있었던 생존자들의 기억이야말로 사람들이 타인의 고통과 비극에 가장 잘 공명할 수 있도록 만들 수 있는 매개체라고 여긴다. 그는 단언한다. "우리는 어떤 사회과학 텍스트보다 대량학살에서 살아남은 사람들의 기억으로부터 삶에 대해 더 많은 것을 배운다"(허시, 『제노사이드와 기억의 정치』, 77쪽). 진정 사람들이 제노사이드를 막기 위해 관심을 쏟고 노력하게 되는 것은 집단학살로 죽은 이들의 '숫자'를 통해서가 아니라, 아우슈비츠의 생존자 프리모 레비Primo Levi가 전하는 "우리 모두가 게토getto에 있다는 사실, 그 게토에 담이 쳐져 있다는 것, 담 너머에 죽음의 신이 서 있다는 것, 그리고 멀지 않은 곳에서 열차가 기다리고 있다"는 '비과학적 통찰'을 통해서이기 때문이다(Levi, *The Drowned and the Saved* 참조). 때문에 허시는 폭력을 넘어서기 위한 연구는 생존자의 기억을 가장 중요한 연구대상으로 삼아야 한다고 봤다.

허시가 제노사이드의 생존자를 읽었던 그 마음으로, 병역거부자를 읽을 수 있을까? 거대한 학살 속에서 살아남은 이를 병역거부자와 직접적으로 비교할 수는 없겠지만, 허시가 생존자의 기억을 통해서 말하고자 했던 폭력의 실체와 그것에 대한 저항을 병역거부자의 삶을 통해서도 읽어 낼 수 있을 것이다. 절멸수용소를 경험한 레비가 평온하게 보이는 우리의 삶 바로 옆에 절멸수용소가 있다는 깨달음을 전해 주었던 것처럼, 한국전쟁 민간인 학살의 현장을 다니면서 '군인'과 '전쟁'의 본질을 깨닫고, 그 깨달음으로 병역거부를 선언했던 초등학교 교사 최진의 목소리는 일상의 폭력에 무뎌진 우리에게 깊은 성찰을 던져 준다.

> 졸업식 날 상장 받는 연습을 하며 미리 정한 순서대로 나오지 않았다고 아이들에게 호통치는 교사의 모습을 보며 군사문화의 허상이 우리의 일상에 너무나도 깊게 현실로 자리함을 봅니다. …… 지배당하던 삶은 또 다른 지배를 낳을 뿐입니다. 실체가 없는 두려움과 불안함에 길들여진 학교는 서로의 자유를 속박합니다. …… 정말 두려운 것은 이것을 너무나도 당연히 받아들이는 나와 우리의 모습입니다. (최진, 병역거부 소견서, 「나는 이 땅의 교사로서 군대를 거부합니다!」)

그러나 허시는 "학살을 멈춰야 한다"라는 목표에 조급함을 내면서 생존자의 기억을 신성시하고, '공감'이 아닌 '존경'을 요구하면서 자기모순에 직면한다. "악의 목격을 견뎌 낸 사람들은 영웅들이고 선지자들이었다"라고 추앙하는 허시의 방식으로는 그들이 겪은 괴로움·아픔·분노·절망·깨달음을 진실되게 담을 수 없으며, 그 감정들과 소통할 수 있는 길도 닫혀 버린다. 제2차 세계대전 시기 독일 나치의 유대인 절멸수용소를 경험하기도 한 정신분석학자 브루노 베텔하임Bruno Bettelheim은 당시 수용자들 사이에서 나치 친위대의 가치와 행동을 받아들이는 경우도 상당했다고 주장했는데, 이는 절멸수용소라는 극한의 공간에서 살아남으려고 했던 인간의 모습을 면밀하게 추적한 연구였다(Bettelheim, *Surviving and Other Essays* 참조). 그러나 이에 대해 허시는 학문적 비판을 넘어서서 생존자를 모욕한다는 분노까지 내비친다. 이러한 허시의 '귀결'은 거대한 폭력 속의 희생자 또는 저항자를 바라보는 전형적인 시선이라는 점에서 문제적이다.

베텔하임에 대해 허시가 보이는 분노는 유대계 정치철학자 한나 아렌트Hannah Arendt가 『예루살렘의 아이히만』에서 '악의 평범성'을 언급했을 때 직면해야 했던 비판을 떠올리게 한다. 『예루살렘의 아이히만』은 나치 전범이자 홀로코스트의 주역이었던 아이히만Karl Adolf Eichmann을 피고인으로 하여 예루살렘에서 1961년부터 열린 재판을 아렌트가 방청하면서 쓴 책이다. 이 책을 통해 그녀는 악이 예외적인 혹은 악마적인 '외부'에서가 아니라 다른 사람에게 관심을 갖지 않는 근대의 무심한 '내부'에서 비롯된다는 깊은 통찰을 인류에게 주었다. 그녀는 아이히만이 거대한 관료제 속의 톱니바퀴로서 자기가 무엇을 하고 있는지 깨닫지 못했으며, 만약 명령이 있었다면 그는 자신의 아버지도 죽였을 것이라고 평가했다. 그러나 사람들은 아렌트가 응당 '악마여야 할' 나치를 평범한 인간이라고 말하면서 '옹호'한다고 비판했다.

생존자는 극한의 상황 속에서 살아남기 위해 나치 학살자들에게 협력했을 수도 있다. 물론 허시의 말처럼 이를 '협력'이 아닌 다른 무엇이라고 봐야 할 수도 있다. 그러나 악이 평범한 일상에서 비롯되며, 홀로코스트가 피비린내 나는 미치광이가 아닌 말쑥한 관료의 손에서 이루어졌던 것을 인정해야 하는 것처럼, 생존자 역시 존경받아야 할 인류의 선지자로서가 아닌 살육의 공간에서 고통과 절망을 견딘, 본디 나약할 수밖에 없는 한 인간으로서 접근해야 한다. 그래야만 그들의 고통과 체험은 '타인의 일'이라 선을 그어 버릴 수 없는 '나의 일'이 되고, 공감의 가능성이 깃들 수 있다. 그렇다면 그 나약한 인간을 접근하는 평화학의 방식은 무엇이어야 할까? 이 고민 속에서 도미야마 이치로富山一郎의 '겁쟁이'를 만나게 되었다.

두려움을 연구하기 위한 '자리'

도미야마는 『폭력의 예감』에서, 군사적 폭력에 저항할 가능성을 찾기 위해 겁쟁이에 주목한다. 태평양전쟁 당시 일본군 병역거부자들의 증언을 연구한 마쓰다 미치오松田道雄는 이들이 굳은 의지가 아니라 고통과 죽음에서 벗어나고자 하는 두려움에서 병역거부를 택했다고 분석했다. 또한 침략 전쟁에 가담한 이들 역시 동기의 근저에는 두려움이 있었다고 봤다. 도미야마는 묻는다. 병역거부와 전쟁 참가 모두 두려움 때문이라면, 왜 일본 국민은 전쟁 참가로 기울었는가?(『폭력의 예감』, 5~9쪽). 지금까지 우리는 폭력을 거부하기 위해서 필요한 것은 굳건한 '비전향' 의사라고 생각했다. 한국 병역거부자의 경우 역시 감옥행을 감수하면서도 군사훈련을 거부하는 이유가 강한 신념 때문인 것으로 비춰졌다. 그러나 그들의 언어를 살펴보면 전쟁과 군사훈련, 남성성과 위계질서의 폭력에 동화될 혹은 버텨 낼 자신이 없다는 두려움을 종종 확인할 수 있다.

"국민으로서", "조국을 지키기 위해서" 총을 들고 싸우라는 장엄한 호명에도 마취되지 않은 채 상처받을 것을 두려워하고, 사람 죽이는 것을 두려워하는 것. 만약 폭력에 동화되거나 저항하는 것 모두가 '두려움' 때문이라면, 평화학이 천착해야 할 대상은 바로 이 두려움일 것이다.

도미야마는 두려움을 연구하기 위해 '살해당한 시체 옆의 자리'를 설정한다. 이 자리에 있는 자는 곧 살육자와 손을 잡을 수도, 아니면 옆의 시체처럼 살해당할 수도 있다. 그러나 아직 시체는 아니다. '결정이 나지 않은' 취약한 상태 속에서 육체를 가졌기에 나약할 수밖에 없는, 겁쟁이일 수밖에 없는 '시체 옆자리'의 존재는 무엇을 두려워했는가? 두려움이란 임박한 폭력을 예감하는 것이다. 1945년 오키나와 전투 당시 오키나와의 한 소학교 교사는 제자들에게 "관동대지진 당시 표준어를 말하지 못한다는 이유로 많은 조선인이 살해되었다. 너희들도 자칫 오인되어 살해당하는 일이 없도록"이라고 당부했다. 이 말을 들었던 학생들은, 지독한 '방언'을 쓰는 오키나와인인 자기 앞에 놓여 있는 폭력을 예감했을 것이다. 도미야마는 폭력이란 물리적으로 행사되면서 기능하는 것이 아니라 그 존재가 암시된 시점에서 이미 작동하는 것이라고 본다. 누군가가 폭력을 예감한 순간 이미 폭력은 시작된 것이다.

도미야마는 그 폭력에 대한 예감을 '말'로써, '언어'로써 감지해 내고자 한다. 압도적인 물리적 차이 속에서 거대한 폭력을 감지하고 '방어태세를 갖춘 자들'이 했던 말, 혹은 삼켜야 했던 말, 그리고 침묵. 바로 이 언어행위 속에서 암시되는 폭력, 그리고 그 폭력에 '언어'로써 대항하는 가능성을 탐색하는 것이 도미야마가 목표한 것이었다. 그리고 전 지구적인 폭력이 일상화된 오늘날의 세계를 목도하며 그는 말한다. "부식에 저항하면서 말을 만들어 내야 한다"(『폭력의 예감』, 359쪽).

한국 사회에서 병역거부자들을 '겁쟁이'라 부를 수 있을지에 대해서는 이견이 존재할 수 있다. 나는 '겁쟁이'를 특정한 주체라기보다는, 두려움을 다룰 수 있는 '공간'으로 사고하고자 했다. 따라서 병역거부자들을 '겁쟁이'로서 접근한다는 것은 한국 사회에서 병역거부자들이 위치 지워졌던, '시체 옆자리'에 놓인 그들이 예감한 폭력을 확인하는 것이다.

병역거부자의 두려움, 병역거부자가 예감한 폭력을 그들의 '언어'로써 읽어 낸다는 것은, 상식이라 불리는 체제의 질서가 품고 있는 폭력의 질서를 확인하는 과정이다. "대한민국 남자라면 '누구나' 군대를 가야 한다"라는 '상식' 속에서, 동성애자 유정민석이 병역거부를 고민했던 순간 예감한 폭력은 무엇이었을까? '누구나'라는 언어의 손가락이 자신을 가리켰을 때, 그는 '대한민국 남자'에서 배제된 이들에게 가해질 폭력을 느꼈을 것이다. 그 순간 병역거부자는 시체 옆자리에 놓여 있다. 그가 병역거부를 고민했을 때, 수십 년간 병역거부자들에게 이어졌던 처벌과 멸시를 예감했다. 그러나 테러진압훈련을 받는 날이 잡히면 수일 전부터 잠을 설쳐야만 했던 전투경찰 유정민석에게는 대한민국의 남성이 되는 것 역시 두려운 일이었다. 그 두려움들 속에서 결국 유정민석은 병역거부를 결심하고, 그가 느꼈던 것들을 담아 자신의 '말'인 병역거부 소견서를 썼다. 거기서 그는 이렇게 말했다. "남자도 아니고, 남자답지 못하다는 조롱에 외유내강과 정중동의 힘을 가진 제 안의 여전사는 저항했습니다."

타인의 이유에서 나의 이유로

폭력을 예감한다는 것은 "나의 일은 아니다"에서 "그러나 이미 남의 일도 아니다"로 이행하는 것이다. 시체 옆자리의 생존자는 아직 살아 있지만, 옆의 죽음이 남의 일일 수도 없다. 이는 팔레스타인에서 자행된 학살을 보면서 자신은 왜 이스라엘 무장 헬기의 표적이 되지 않는가를 묻는 것이다(『폭력의 예감』, 357쪽). 또한 병역거부자 염창근의 말처럼, 이라크 전쟁을 시체 옆자리에서 기억하는 것이다. "수많은 사람이 죽었고, 장애인이 되었습니다. 운이 좋아서였는지 그 속에 나는 없습니다. 그 주검들 속에 내가 없다고 다행입니까? 그 주검들 속에 당신과 당신의 가족이 없다고 다행입니까?"(염창근, 「단식 3일째를 맞이하며」). 바로 여기에서 다시 '공감'이 등장한다. 공감이란 팔레스타인과 이라크 사람들을 가엾게 여기고 동정하는 것이 아니라 자신의 바로 옆에서 장전하고 있는, 그리고 언젠가 자신에게 총구를 향할 무장 헬기의 소리를 듣는 것이기 때문이다. 이 공감은 두려워할 줄 아는 겁쟁이의 언어를 통해서, 더 나아가 두려움 속에서 차마 꺼내지 못한 침묵을 통해서 이루어질 수 있다.

평화학이란 폭력을 극복하기 위해 그것을 연구하는 것이다. 그 폭력이란 숫자로 표현되는 군인의 수, 전투의 규모, 시체의 수가 아니라 폭력 한가운데에서 그것을 예감하고, 두려워하며 저항하고자 했던 사람의 고통과 감정을 통해서 접근해야 한다. 폭력을 예감한 이는 선지자도, 영웅도 아니다. 그것에 민감할 수밖에 없었던, 겁쟁이의 신체를 가진 자이다. 그리고 결국 우리 역시 모두가 나약한 겁쟁이일 수밖에 없다면, 그들이 예감한 폭력이 남의 일이 아니라는 것을 깨닫게 될 수 있고, 공감의 가능성 역시 시작될 수 있다. 또한 그들이 예감한 폭력을 통해서 우리가 무뎌져서 감지하지 못했던 폭력을 직시할 수 있다.

평화학의 방법론을 통해 병역거부를 연구하는 것은 공감을 추구하는 과정이다. 공감은 폭력에 대한 저항의 모색으로 이어져야 한다. 내가 쏜 총에 맞을 이가 느낄 고통에 공감할 수 있다면 방아쇠를 당길 수 없다. 자기가 당기는 그 총이 언젠가는 자기에게 향할 것을 안다면 더 이상 총을 잡을 수 없다. "왜 병역거부를 합니까"에 대한 대답은 살기 위한 절박한 선택이었을 수도 있다. 그리고 이제 병역거부의 이유는 더 이상 그들만의 것이 될 수 없다. 병역거부자 김태훈은 자신의 병역거부 소견서에서 이렇게 말했다. "제가 들어야 할 총은 누구를 겨누고 있습니까. 그 총이 슬픈 눈물을 간직한 사람들을 향한다면, 그 사람이 있음으로 인해서 한 사람이라도 행복할 수 있는 사람을 겨누고 있다면, 저는 총을 들 수 없습니다."

1부

병역거부의
문턱

양심적 병역거부자들의 병역거부를 군 복무의 고역을 피하기 위한 것이거나 국가 공동체에 대한 기본의무는 이행하지 않으면서 무임승차식으로 보호만 바라는 것으로 볼 수는 없다. 그들은 …… 집총병역의무는 도저히 이행할 수 없으나 그 대신 병역의무 못지않게 어려운 다른 봉사 방법을 마련해 달라고 간청하고 있다.

_ 2004년 헌법재판관 김경일, 전효숙 반대의견(헌법재판소, 2002헌가)

비록 성과들은 늘어났지만, 정치적 의지를 갖고 있는 양심적 병역거부자들이 주목하는 목표들, 예컨대 징병제도의 소멸, 전쟁에 대한 대중적 저항, 전쟁의 원인을 제거하기 위한 사회적 변혁과 같은 목표들은 이전과 마찬가지로 멀기만 하다. 양심적 병역거부자들이 정확한 정치적 목표를 가지고 운동을 입안한 적이 한 번도 없었다는 데에 그 원인이 있다.

_ 토니 스미드(Tony Smythe, "Conscientious Objection and War Resistance")

1장 고여 있는 논쟁, 대체복무제

1. 여전히 필요한 '팸플릿'

서러운 다시 시작하기

2008년 12월 24일이었다. 오래전에 미국으로 이민 가신 작은아버지 댁에서 사촌동생들이 잠시 한국에 나왔는데, 그 녀석들 한국 구경 좀 시켜주라는 집의 성화가 오래전부터 있어 왔다. 그래서 녀석들도 나도 한가한 크리스마스이브에 약속을 잡고, 멀리 좀 다녀와서 집에 생색을 내야지 하고 새벽부터 서둘렀다. 아직 어둑한 집 밖을 나서는데 함께 활동하는 친구에게서 문자 메시지가 왔다. "국방부에서 대체복무제 백지화 발표한다고 하네. 이를 어쩌지." 녀석들을 데리고 탄 고속버스에서 난 내내 전화통을 붙잡고 있어야 했고, 그럴싸한 교외에 도착해서도 동생들에게 근처에서 놀고 있으라고 다독인 후 피시방에 들어가 고속버스 안에서 청탁받은 '비판글'을 써야 했다.

2007년 9월 18일 국방부는 '병역이행 관련 소수자의 사회복무제 편입 추진 방안'을 발표함으로써 병역거부에 대한 소모적인 찬반 논쟁이 끝날 수 있는 나름의 안을 제시했다. 그 안에 만족하진 않았지만, 감격했던 것은 사실이다. '드디어 감옥행이 끝나겠구나.' 국방부는 이 안을 제시하며 2009년 1월부터 시행할 것으로 말했지만, 2007년 말 대선에서 이명박의 당선으로 정권이 교체된 이후부터는 감감무소식이었다. 그러다 결국 크리스마스이브에 달랑 여론조사 결과 하나를 보이면서 병역거부자들에 대한 대체복무제 허용을 무기한 연기하겠다고 한 것이다. 아직 국민공감대가 이루어지지 않았다는 이유를 들면서 말이다. 언론은 이를 '백지화'라고 표현했다.

억장이 무너지는 감정을 꾹꾹 눌러 담아서 글을 쓰던 중에 활동을 하면서 알게 된 기자에게서 연락이 왔다. 이럴 줄 알았다며 분노 섞인 시국 '뒷담화'를 나와 나누던 기자는 "이제 무슨 이야기를 더 해야 할까요"라며 한숨을 내쉬었다. 오랜 시간 병역거부를 다룬 기사를 써 왔던 그의 토로는 그대로 나의 것이기도 했다. 10년 가까이 이야기해 온 병역거부와 대체복무제, 감옥행을 멈춰 달라는 외침, 다시 시작해야 할까? 양심적 병역거부의 '양심'이 '착한 마음'이 아니라 내면의 신념이라는 것, 대체복무제도는 면제가 아닌 다른 방식의 복무이고 이미 수많은 국가에서 오랫동안 시행해 오고 있다는 것, 젊은이들이 감옥에서 보내는 시간은 그 누구에게도 이로울 것이 없는 비극일 뿐이라는 것. 운동이란 원래 그런 것이라며 수없이 반복한 이야기였지만, 다시 시작해야 한다고 생각하니 서러웠다. 하지만 방법이 없었다. 그렇게 낯선 피시방 구석에서 글을 쓰면서, 지금까지 수없이 반복했던 대체복무제에 대한 설명을 다시 담을 수밖에 없었다.

다시 시작된 것은 병역거부와 대체복무제에 대한 설명만이 아니었다. 국방부의 발표를 믿고 법원은 병역거부자들에 대한 재판을 연기하고 있었다. 법이 개정되면 이 젊은이들을 감옥에 보낼 필요가 없는 상황에서 재판 연기는 자연스러운 결정이었다. 그러나 국방부의 '백지화' 발표 이후 연기된 재판은 다시 시작되었고, 젊은이들은 줄줄이 실형을 선고받았다. 감옥이 아닌 다른 선택이 있을 수 있다는 설렘에 입대를 연기해 왔던 이들 역시 절망감 속에서 감옥으로 향했다. 뿐만 아니었다. 병역거부자들의 기자회견도 다시 시작되었다. 이들은 자신의 감옥행을 멈춰달라고 또다시 마이크 앞에서 호소해야 했다.

2009년 7월 7일 기독교 신자로서 병역거부를 선택한 하동기의 병역거부 선언 기자회견 날이 그랬다. 병역거부 기자회견에서는 본인의 선언 이외에도 여러 사람이 함께 그를 지지하고 응원하는 말을 전하곤 했는데, 이번에는 내가 '출소한 병역거부자'라는 이름으로 그런 역할을 하게 되었다. 기자회견이 시작되었고, 앞자리에서 발언 순서를 기다리면서 작은 강당을 가득 채운 기자들의 모습을 보고 있으니 울컥하는 마음이 들었다. 병역거부운동이 진행되어 가면서 개개인이 병역거부를 선언하는 것 자체는 더 이상 언론의 주목을 끌지 못했다. 병역거부자들 스스로도 거창한 기자회견보다는 지인들과 함께 의미 있는 시간을 보내는 것으로 선언의 모습을 바꾸었다. 그런데 다시, 수많은 렌즈들이 한 젊은이가 병역을 거부하고 감옥에 가겠다는 선언을 찍기 위해 모여들었다. 그 앞에서 '출소한 병역거부자'의 지지 발언은 "참담합니다. 다시 2001년 오태양이 병역거부 했을 때로 돌아간 것 같습니다"로 시작할 수밖에 없었다.

팸플릿 정신으로

병역거부자들을 양심수라 인정해 주시고, 늘 연대해 주시는 민주화실천 가족운동협의회(민가협) 어머님들과 활동가 분들도 그날 하동기의 병역거부를 지지해 주시기 위해 참석하셨다. 기자회견이 끝나고 민가협 활동가 한 분이 우리에게 왜 병역거부에 대해서 짧게 설명해 놓은 팸플릿 같은 것을 기자회견장에 놓아두지 않느냐고 물어보셨다. 마땅한 대답을 찾지 못하고 우리가 쭈뼛거리자, 그런 노력을 계속해야 한다고, 이럴 때일수록 그래야 한다고 말씀해 주셨다. 1993년 9월부터 매주 빠짐 없이 탑골공원 앞에서 국가보안법 철폐와 양심수 석방을 외치며 목요집회를 이어 오신 민가협 어머님들의 실천이 담긴 조언이었기에 더욱 무게 있게 다가왔다.

1980년대 '운동권'에서 팸플릿은 자신의 주장을 간명하게 담은 소책자를 의미했다. 국가검열과 열악한 출판시장의 조건 속에서 운동가들은 이를 통해 속도감 있는 논쟁을 이어 나가면서 대중들에게 자신의 주장을 펼쳤다. 이후 다양한 언로가 확보되면서 팸플릿의 시대는 저물어 갔다. 하지만 병역거부에 있어서, 특히 지금 같은 상황에서 팸플릿 정신은 여전히 필요하고, 또 중요하다.

노무현 정부 말기에 국방부 장관을 지냈고, 이후 한나라당 비례대표로 국회의원이 된 김장수가 자신이 장관 재임 시절 결정한, 한 나라의 국방부가 결정한 병역거부자 대체복무제 허용을 이렇게 뒤집으면 어떻게 하냐고 따졌을 만큼 지금의 상황은 답답하기 그지없다. 그래도, 그럴수록 다시 병역거부가 무엇이고, 대체복무제가 무엇인지를 차분하게 설명해야 한다. 2008년 12월 24일 국방부의 백지화 발표가 왜 문제인지를 조목조목 따져 가며 비판해야 한다. 대체복무제에 한정된 논의를 극복해야 한다고 말했음에도 불구하고, 대체복무제 개선을 '열렬히' 주장하면서 책을 시작하려는 것도 바로 이 때문이다.

2. 병역거부란 무엇인가

전쟁과 살인을 거부하는 사람

국제적인 인권단체 앰네스티인터내셔널Amnesty International은 양심적 병역거부자를 "징집 대상자로서 양심상의 이유나 종교적·인종적·도덕적·인도주의적·정치적·철학적 또는 유사한 동기로부터 나오는 깊은 신념에 따라 군 복무 혹은 다른 직·간접적인 전쟁 및 무력 행위에 참여하는 것을 거부하는 사람"이라 정의한다(Amnesty International, *Conscientious Objection to Military Service*, p.2). 한국 병역거부운동의 연대체인 병역거부연대회의는 2002년 2월의 발족선언문에서 병역거부자를 "자기 자신의 '양심'에 근거해 징집과 같은 병역의무를 거부하거나 전쟁 또는 무장출동에 직·간접적으로 참여하는 것을 거부하는 행위를 행하는 자"라고 설명했다(병역거부연대회의, 「양심에 따른 병역거부권 인정 및 대체복무제도 도입을 촉구하는 1000인 선언」, 16쪽).

2005년 12월 국가기구로서는 최초로 양심적 병역거부를 인정하고 대체복무제를 허용하라고 권고했던 국가인권위원회는 그 권고문에서 "자기의 신앙이나 도덕률 및 철학적·정치적 이유에 따른 양심상의 결정으로 전쟁에 참가하여 인명을 살상하는 병역의무의 일부 또는 전부를 거부하는 행위"로 병역거부를 정의했다. 국가인권위원회는 이어서 병

〈표 1〉 서구 사회에서 양심적 병역거부의 인정 과정

단계	병역거부자에 대한 국가의 기준	거부하는 행위	대체복무의 종류
초기	전통적인 평화 교회에서 오랜 신앙 생활	직접적인 집총	비전투복무
중기	위의 기준과 함께, 군사훈련을 거부하는 일반적인 종교적 신념까지 포함	군사훈련 일반	군사적 보호하에서 민간 대체복무
후기	위의 기준과 함께, 군사훈련을 거부하는 세속적 신념까지 포함	군사적 목적과 관련된 행위	순수 민간 영역에서 민간 대체복무

출처: Moskos and Chambers, *The New Conscientious Objection*, p.7에서 수정.

역거부를 할 수 있는 '권리'까지 설명했는데, "이와 같은 양심상의 결정을 실현하는 행위를 국민의 기본권의 범주에 포함하는 것으로 보고 헌법이나 법률에 의하여 법적 권리로써 보호해 주는 것을 양심적 반전권 또는 양심적 병역거부권"이라고 규정했다(국가인권위원회, 「양심적 병역거부 관련 결정문」, 10쪽).

이러한 정의에서 확인할 수 있는 것처럼, 병역거부를 개념화함에 있어서 중요한 요소는 양심의 범위와 거부하는 행위의 성격이다. 이 각각의 요소들을 확인하는 것은 근대 이후 병역거부의 권리가 인정되고 확대되어 온 역사를 되짚는 과정이기도 하다. 또한 이것은 종교적 병역거부, 세속적 병역거부, 절대적 병역거부, 선택적 병역거부와 같은 병역거부 내부의 차이들을 이해할 수 있는 틀이 된다. 이를 정리해 보면 <표 1>과 같다.

<표 1>에서처럼, 서구 사회에서 양심적 병역거부가 국가에 의해

인정되고, 범위가 확대되어 가는 과정은 몇몇 평화주의 교파에 한정된 종교적 신념에서 일반적인 종교적 신념으로, 그리고 정치적 신념의 순서로 이루어졌다. 또한 이들이 거부하는 행위의 범위 역시 직접적인 집총 자체에서 군사적 목적과 관련된 행위 일반으로 넓어져 갔다. 이는 자연스러운 과정이라기보다는 병역거부의 허용 범위를 확대하고자 하는 이들의 저항이 만든 결과였으며, 이전까지 인정된 병역거부의 '범위'는 그 다음으로 가기 위한 디딤돌이 되었다.

양심에 그어 놓은 선을 넘었던 역사

17~18세기 서구 사회에서 징병제가 확산되었을 초창기에는 그 절차가 엄격히 제도화되어 있지 않았기에, 병역거부자들에 대한 국가의 태도는 일관적이지 않았다. 비공식적으로, 혹은 일정한 비용을 받고 병역을 면제시키기도 했지만, 사형을 비롯한 혹독한 형벌로 탄압하기도 했다. 이후 대체복무제가 시작되었지만, 국가는 대체복무제를 허용하는 신념의 범위를 전통적인 평화 교회, 개신교 급진파에 기원을 두고 있는 메노나이트Mennonites나 형제단, 퀘이커Quakers 등으로 한정했다. 대체복무의 영역 역시 군대 내부의 비전투 영역으로 제한하였다.

그러나 개신교나 가톨릭 등 주류 교파에서 병역거부자가 등장하면서 특정한 교파에 한정된 대체복무 허용 기준에 대한 문제 제기가 시작되었고, 군대 내의 비전투복무 역시 군사적 행위라는 문제의식 속에 이를 거부하는 이들이 등장했다. 이때 주류 종파의 지도자들은 국가와의 적극적인 협상을 통해서 기준을 확대하고, 복무 영역 역시 군사 관련 업무에서 민간 영역으로 바꾸고자 노력했다. 제1차 세계대전 전후로는 사회주의와 아나키즘, 반전사상을 필두로 하는 정치적·도덕적 신념의 병역거부자들이 전쟁과 군사훈련을 반대하기 시작했고, 대체복무 역시 군사적 성격을 완전히 배제한 순수 민간 영역으로 구성할 것을 요구했다 (Moskos and Chambers, *The New Conscientious Objection*, pp.6~8). 제1차 세계대전 직후인 1920~1930년대에는 1916년의 영국을 이어 덴마크, 네덜란드, 노르웨이 등에서 대체복무제도 법안이 연달아 통과되었다. 제1차 세계대전 이후 강력한 평화주의의 분위기 속에서, '유럽적 민주주의'는 '병역거부권 인정'과 동의어였을 정도였다(박노자, 「양심의 권리가 더 신성하다」).

이러한 흐름을 바탕으로 '완전 거부자'도 등장했다. 이들은 대체복무제 역시 국가가 개인을 징집할 수 있음을 인정하는 것이며, 군사적 성격에서 완벽히 분리된 대체복무란 존재할 수 없다는 생각을 바탕으로 대체복무까지 거부했다. 때문에 병역거부를 인정하는 국가에서도 완전 거부자들은 대부분 처벌을 받고 있다. 그러나 병역거부권을 헌법인 기본법에 명문화해 놓은 독일에서는 1969년 완전 거부자들이 수용할 수 있는 안의 하나로, 최후 수단인 형벌 사용을 자제하고 본인 스스로 정한 복무시설에서 대체복무자들의 복무기간보다 1년 더 근무하도록 하는 '자발적 근로봉사제'를 도입했다(이재승, 「독일에서 병역거부와 민간봉사」, 171쪽). 사회운동 차원에서도 이들을 옹호하기 위한 실천이 이어졌는데, 1980년대 노르웨이의 평화운동가들은 완전 거부자들의 권리를 위한 운동을 벌이면서 이를 국가의 최상위 정치 의제로 올려놓기도 하였다(병역거부연대회의 외, 「2005 동북아시아 평화 국제회의 자료집」, 11쪽).

매해 천 명을 넘나드는 병역거부 수감자를 유지하는 한국의 군사주의적인 시각으로 보기엔, 그 어떤 의무도 '방기'하는 '극소수' 완전 거부자의 권리까지 논의되는 이유가 의아할 것이다. 그러나 병역거부의 문제, 특히 완전 거부의 문제는 근대 국민국가의 형성에 있어서 가장 근간에 자리 잡고 있는 국가와 시민의 관계, 국가의 강제와 개인의 자유 사이의 팽팽한 긴장을 담고 있는 시금석과 같은 사안이다. 이런 논의가 전무한 우리 사회는 바로 그 '전무함'을 통해서, 국가와 시민의 관계가 어떤 수준인지를 적나라하게 드러내고 있는 것이다.

앞서 살핀 것과 같이 군사훈련을 거부하는 신념의 성격, 거부하는 행위의 범위, 대체복무의 용인 여부 등과 같은 기준으로 병역거부를 구분하고 설명하는 것은, 어쩌면 '체제의 언어'로 병역거부에 접근하는 것일 수도 있다. 종교적 신념, 정치적 신념, 모든 전쟁에 반대하는 신념과 특정 전쟁만을 반대하는 신념으로 양심을 가르는 것의 근저에는 그 선을 넘는 이들은 배제하겠다는 논리가 놓여 있다. 국가는 병역거부의 권리를 인정하면서도 늘 양심에 '금'을 긋고, 인정 혹은 불인정으로 구별하려고 했다. 과연 불교 신자이자 오랜 시간 평화운동에 참여했던 병역거부자 오태양의 신념에 붙여야 할 '이름'은 무엇인가? 그 어떤 베트남 민중도 흑인을 차별한 적이 없다며 베트남전 징집을 거부한 세기의 복서 무하마드 알리는 어느 '칸'에 놓여야 정답인가?

태초에 있었던 것은 '말'이 아니라 '행동'이었다. 사람들은 병역거부라는 말이 있어서, 그 권리가 법으로 보장되어 있어서 총을 들 수 없다고 선언한 것이 아니라 자신이 믿는 신앙이, 자신의 자아가 딛고 있는 신념이 그 행위를 받아들일 수 없었기 때문에 살인훈련을 거부했다. 그렇기에 병역거부자들과 그들의 지지자들은 끊임없이 '선'을 넘었다. 세계적인 반전운동단체 전쟁저항자인터내셔널War Resisters' International, WRI[*]은 대체복무제를 수행하고자 하든지, 아니면 이조차도 거부하든지, 병역거부의 동기가 살인을 거부하고자 하는 것이든, 전쟁을 종식시키고자 하는 것이든 그 경중을 따지지 않고 양심적 병역거부자를 지원한다고 밝히고 있다(스펙, 「반전인터내셔널의 양심적 병역거부자 지원 활동」, 2쪽). 이는 병역거부운동에 참여하는 대부분의 이들이 가진 생각이기도 하다.

병역거부를 마음으로 이해하고 공감하기 위해서는 심판관의 칼로 양심에 그어 놓은 홈을 따라가는 것만으로는 부족하다. 물론 국가의 대체복무 허용과, 그 기준의 확대는 그들의 저항과 희생으로 만든 중요한 성취이지만, 이는 그들이 만든 '길'의 여러 모습 중 하나일 뿐이다. 때문에 국가가 새긴 홈을 끊임없이 넘으면서, 폭력을 거부하는 '삶의 길'을 만들었던 이들의 발걸음 그 자체를 좇아가는 것이 진정 병역거부의 본질에 닿을 수 있는 방법일 것이다.

3. 알고 병역거부 했습니까

선택적 병역거부자 강철민

판사가 피고인으로 서 있는 병역거부자에게 물었다. "알고 병역거부 했습니까?" 판사의 질문을 받은 병역거부자 강철민은 몰랐다. 자신의 행위가 복잡하게 그어 놓은 병역거부 항목 중에서 어느 칸에 들어가야 정답인지를. 그러나 그는 알았다. 이라크 파병이 잘못된 결정이며, 현역 군인으로서 침략 전쟁을 수행하는 군대의 일원이 될 수 없다는 것을. 길을 만들었던 이들의 발걸음을 좇으면서 병역거부를 마음으로 이해하고 공감하기 위해, 앞선 병역거부의 정의와 역사를 바탕으로 이제 강철민이라는 병역거부자를 이야기하려고 한다.

2003년 11월 현역 이등병으로서 한국군의 이라크 파병에 반대해서 병역거부를 선언한 강철민은 휴가를 나와 귀대를 거부하고, '파병 반대' 농성을 벌이다가 헌병대에 연행되었다. 그리고 육군교도소에 수감되어 군무이탈죄軍務離脫罪라는 죄명으로 재판을 받았다. 판사는 강철민의 병역거부가 모든 전쟁을 반대하는 것이 아니라 스스로 침략 전쟁이라 여기는 이라크 전쟁에 반대하는 정치적 신념에 근거해서 이루어졌으며, 파병 결정이 철회된다면 다시 복무할 수 있다고 말한 점을 들어서 '선택적 병역거부'라고 판단했다. 그리고 강철민에게 자신의 행위에 붙여지는 이름을 알고서 병역거부를 했는지 물었다. 판사도 궁금했을 것이다. 양심적 병역거부를 둘러싼 논쟁이 "군대 가면 '비양심'이냐"라는 수준에 머물렀던 사회에서 '선택적 병역거부'는 그 말조차도 생경했기 때문이다.

모든 전쟁과 전쟁 준비를 거부하는 신념을 바탕으로 한 병역거부와는 다르게, '선택적 병역거부'는 특정 전쟁이나 행위에 대한 거부를 의미한다. 방어를 위해서는 싸우겠지만 침략 전쟁에는 참여하지 않겠다고 하거나, 핵무기를 사용한 핵전쟁을 반대해 핵무기와 관련된 군 복무

---

* **전쟁저항자인터내셔널** | 제1차 세계대전 중에 설립된 세계 반전주의자들의 조직으로 1921년 영국에서 만들어졌다. "전쟁은 인간성에 반하는 것이다. 따라서 나는 어떠한 전쟁에도 반대하며, 전쟁의 원인을 제거하기 위해 노력할 것이다"라는 창립선언문은 이 단체의 정체성을 드러내고 있다. 현재는 '살인을 거부할 권리', '평화수감자와 병역거부자 데이터베이스', '비폭력 프로그램' 등의 프로그램을 통해 전 세계 병역거부자들의 현황 파악과 활동 지원, 비폭력 직접행동에 대한 연구를 진행하고 있다. (웹사이트 주소는 http://www.wri-irg.org)

를 하지 않겠다고 하는 것 등이 대표적인 사례이다. 최근에는 이스라엘 공군조종사들이 팔레스타인 민간인에 대한 공습 명령이 비도덕적이기에 따를 수 없다고 선언한 것이 세계적인 이슈가 되었으며(『프레시안』, 2003년 9월 26일), 이라크 전쟁 이후 이라크에서 복무 중인 미군들이 점령군으로서 자신의 존재를 견디지 못해서 현지 복무를 거부하고 본국에 돌아가서 근무하겠다는 사례가 많아지면서 선택적 병역거부권 자체에 대한 법률적 논쟁이 진행되기도 하였다(Wilson, "Selective Conscientious Objection in the Aftermath of Iraq" 참조).

강철민은 자신의 행위가 선택적 병역거부라 불린다는 것, 병역거부를 인정한 국가라 하더라도 대부분 선택적 병역거부까지는 허용하지 않는다는 것은 몰랐다. 그러나 '선택적 병역거부자'라는 호명은 그에게 중요한 것이 아니었다. 무고한 이라크인들이 희생되고 있는 명백한 침략전쟁에 한국이 파병 결정을 하는 순간, 그는 한국 군대의 존재 이유가 무엇인지 회의가 들었다고 한다. 그리고 현역병의 신분이었지만 이 전쟁과 파병에 반대해야 한다는 마음을 가지고 저항했을 뿐이다.

어릴 적 여기저기 뛰어다니기를 좋아해 동네 어르신들에게 '육수골 타잔'이라 불리던 강철민은 자신이 '감히' 대통령님께 편지를 쓸 것이라고는 상상도 못했다고 한다. 그러나 운전병으로 복무하던 군대에서 이라크 파병이 결정되는 것을 보고, 이것은 잘못된 일이라는 확신을 가졌다. 그러던 차에 이라크 민중들에게 민간 지원활동을 하던 염창근이 이라크 파병을 반대하는 신념으로 병역거부를 선언했다는 소식을 신문으로 접했고, 휴가를 나와 무작정 염창근에게 연락을 했다. 현역 군인이 병역거부를 선언했을 때 겪어야 할 고초를 걱정했던 병역거부 활동가들은

그를 말렸지만, 강철민은 결국 침략 군대로 전락한 한국군의 이등병이
될 수 없다고 선언했다.

제가 이렇게 대통령님께 편지를 쓰는 까닭은 이등병인 제가 생각하기에
도 이라크 파병이라는 결정이 잘못되었다는 생각에서입니다. …… 대통
령님께서도 군대에 갔다 오신지라 침략 전쟁에 반대하고 세계평화에 기
여한다는 우리 군의 역할을 충분히 아시리라 생각됩니다. 자국의 군대가
자국의 국토와 자국의 국민을 보호하는 것 이외에 침략 전쟁의 도구로 쓰
여진다면 그것은 이등병인 제가 아니라 어느 누가 보아도 틀린 결정이라
생각됩니다. 아직 배우고 익혀야 할 군인인 제가 이렇게 군에 관한 문제
를 조심스럽게 군 최고 통수권자인 대통령님께 이야기하는 것은 다시 한
번 이라크 파병이라는 중대한 문제를 자주국방의 원칙에 맞게 생각해 주
셨으면 하는 바람에서입니다. (강철민, 병역거부 소견서, 「노무현 대통령께 드
리는 이등병의 편지」)

유죄, 그러나 역사가 평가할 것이라 믿는다

그의 병역거부를 두고 연구자들은 병역거부운동이 등장한 지 채 5년도
지나지 않았음에도 선택적 병역거부자까지 출현했다며 한국 병역거부
운동의 '압축적' 성격을 논의하기도 한다. 또한 모든 전쟁에 반대하는
평화주의 신념과 비교해서 강철민의 신념이 침략 전쟁에만 반대하는 특
징을 지녔다며 별도의 유형으로 구별하기도 한다. 물론 이러한 분석은
중요하다. 그러나 더욱 중요한 것은 전쟁과 폭력을 거부하는 마음 그 자
체를 온전하게 바라보는 것이 아닐까? 이때 병역거부에 대한 국가의 용

인 여부는 본질적인 문제가 아닐 수도 있다. 물론 병역거부가 권리로서 인정되는 것은 저항이 쌓여 이루어 낸 '진보'임에 틀림없고 한국과 같이 오랜 감옥행으로 인해 수많은 고통이 이어지는 현실 속에서는 당면의 목표가 되기도 하지만, 더욱 중요한 것은 이들의 저항에 담긴 마음과, 이 마음이 사회 속에서 어떤 변화를 만드는지를 확인하는 것이다.

병역거부는 전쟁에 저항하는 가장 원초적인 방식이지만, 그 원초적 인 성격으로 인해 강력한 힘이 되기도 한다. 강철민이 병역거부를 선언 하자 국방부를 비롯한 정부기관들은 극도로 예민하게 반응했다. 농성장 에 연락을 취해 온 정부 관계자는 "만약 다른 사병들까지 동요하면 어쩌 려고 이러냐"라고 물었다. 만약 그랬다면 어땠을까? 당시 강철민의 농 성을 도왔던 임종인 변호사는 강철민에게 대통령도 저버린 헌법을 지키 고자 하는 군인이라 말했다. 만약 강철민의 마음이 전해져 "침략적 전쟁 을 부인"한다는 대한민국 헌법 5조를 지키고자 하는 군인들이 보다 많 이 등장했다면, 파병 규모 세계 3위 전범 국가 대한민국의 국민이라는 수치심이 조금이나마 작아질 수 있었을까?

알고 병역거부를 했는지 물어 왔던 항소심 재판장은 선고를 내리면 서, 실정법을 적용하여 처벌할 수밖에 없지만 강철민의 행동과 양심은 역사가 평가할 것이라 믿는다고 말했다. 비록 그 판결 직후인 2004년 5 월, 서울남부지원이 실정법하에서 병역거부 무죄를 선고하면서 강철민 에 대한 유죄선고의 '어쩔 수 없음'이 조금 머쓱해졌지만, 판사가 말한 '훗날 역사의 평가'는 절절한 진실을 담고 있다. 전쟁을 일으키고 살육 을 일삼던 이들은 언제나 그것을 막고자 했던 사람들을 모욕하고 처벌 했다. 세월이 지나 '좋은 시절'이 오면 세상은 오래전 탄압받았던 저항자에게 박수를 보낸다. 그러나 그 저항자는 이미 죽거나 만신창이가 된 후였고, 학살자들은 편한 생을 보낸 뒤였다. 1년 6월의 실형을 선고받고 재판정을 떠나 교도소로 돌아가는 강철민의 뒷모습에는 그를 지지하기 위해서 이라크 민중들이 보낸 메시지가 겹쳤다. "평화와 자유를 원하는 사람 말고 전쟁을 일으키는 사람이 감옥에 가야 합니다"(『프레시안』, 2004년 2월 13일).

사회를 진보하게 하는 '거부'

이러한 '거부'의 마음과 실천은 병역에 국한되지 않는다. 국가의 '강제적' 동원과 시민의 '자율성' 사이의 갈등은 필연적일 수밖에 없다. 이 속에서 생겨난 다양한 '양심적 거부'들은 사회가 진보해 나가는 축이 되어 왔다. 양심적 거부는 시민의 자유와 권리를 확장시키는 맹아였기 때문이다. 그러나 우리 사회는 이 '양심적 거부'의 의미, 그리고 더 본질적으로 거부의 바탕이 되는 '양심'의 의미에 대해서 무지했다.

'양심적 병역거부' 운동이 받는 가장 빈번한 질문 중 하나인 '양심/비양심'의 문제는 반드시 '양심'이라는 단어가 가진 중의성에서만 기인하는 것은 아니다. 물론 '양심'이라는 단어에 '윤리·도덕적인 마음'이란 의미와 '내면의 깊은 신념'이란 의미가 공존하면서 병역거부 앞의 '양심'을 착한 마음으로 이해한 이들이 많았다. 사실 이러한 오해는 군사독재 정권 시절, 독재에 저항하다 구속된 이들이 '양심수'라고 호명되자, "어떻게 저들이 양심수냐? 저들은 반국가사범이고, 이적사범이다"라고 난리 법석을 쳤던 때부터 이어졌던 것이기도 했다. '양심수'prisoner of conscience란 정치적이거나 종교적인 신념 등을 이유로 투옥된 이들을 부르는 유서 깊은 명칭이다. 가끔 토론을 할 때 끝까지 억지를 쓰는 반대 쪽 패널에게 "그럼 헌법 19조 '양심의 자유'는 착할 수 있는 자유입니까? 차라리 개헌을 하자고 하셔야지요"라며 답답한 마음에 목소리를 높이 기도 했지만, 이해할 수 있는 오해이기도 했다.

그러나 언어의 중의성을 넘어, '양심의 자유'라는 기본권이 우리 사회 속에서 내면화될 기회가 없었다는 점이 '양심'의 의미가 우리 사회에서 제대로 자리 잡지 못한 보다 근본적 원인이었을 것이다. 국가보안법이 헌법보다 우선했던 우리 사회에서 '양심의 자유'가 자신의 권리라는 것을 느꼈던 사람들이 얼마나 될까? 양심의 자유는 법규범 혹은 강제적인 명령이 자신의 신념과 가치관에 비추어 도저히 수용될 수 없을 때, 이에 저항할 수 있도록 뒷받침하는 헌법적 기본권이다. 그리고 민주주의는 이 '양심의 자유'를 최상위의 가치로 삼는 체제이다. 즉, 구성원들이 최대한 자신의 양심을 지키며 살 수 있도록 뒷받침하는 것을 요체로 하는 정치체제가 민주주의란 말이다. 그러나 그 자유를 누려 보기는 고사하고, 입바른 소리 한 번에 '빨갱이'로 몰릴까 봐 숨죽이고 살아야 했던 우리의 비참한 역사를 본다면 자신의 신념을 이유로 감히 국가의 명령을 거부하겠다는 '양심'을 이해하기란 힘든 일이었다.

그럼에도 우리 사회에서 자신의 양심을 바탕으로 한 '양심적 거부'의 흐름은 병역거부를 넘어 점점 더 다양해져 가고 있다. 2004년 대광고등학교에서 강제적 종교의례 참여를 거부한 강의석, 2006년 '국기에 대한 경례'를 거부했던 이용석 교사, 2008년 줄 세우기 식의 일제고사를 거부한 학생들과 선생님들의 저항이 이러한 흐름을 잘 보여 주고 있다. 특히 이용석 교사의 '국기에 대한 경례 거부'는 병역거부와 함께 양심적 거부의 가장 대표적인 사례이다. 이용석 교사는 "국기에 대한 경례라는 구호에 모두가 국기만을 바라보는 모습에서 무조건적 충성을 요구하는 국가주의"를 절감했고, 이를 거부했다(이용석, 「몽둥이를 놓자 폭력이 보였다」). 이에 경기도 교육청은 2006년 8월 4일 그가 수업 중에 학생들에게 "나는 국기에 대한 경례를 하지 않는다"라고 언급한 것을 이유로 "국가 교육에 대한 심각한 사회적 우려를 초래"했다며 징계를 내렸다.

오후 5시만 되면 하던 일을 멈추고 국기를 향해 "몸과 마음을 바쳐 충성"을 다하겠다는 맹세를 외우던 우리에게 이용석 교사의 거부는 병역거부가 처음 등장했을 때처럼 이해되지 않는 낯선 무엇일 것이다. 그러나 국가에 대한 충성을 강제하는 의례를 거부하는 것은 국가주의를 반대하는 신념을 가진 이들이 행하는 보편적인 실천이다.

전후 일본에서는 군국주의 부활을 막기 위해 국가주의를 선동했던 히노마루日の丸(일장기)와 기미가요君が代(일본 국가)가 금지되었지만, 우경화 흐름과 함께 1999년 국기·국가법이 통과되면서 복권되었다. 이에 반발한 시민사회운동은 이를 거부하는 다양한 활동을 조직해 나갔다. 특히 일본의 교사들은 애국심이라는 이름으로 부활하는 군국주의에 맞서 히노마루 게양식 때 일어서는 것을 거부하거나, 기미가요를 따라 부르지 않는 저항을 광범위하게 벌여 가고 있으며, 현재까지 이 문제로 징계를 받은 교사는 도쿄에서만 400명이 넘는다(권혁태, 『일본의 불안을 읽는다』, 159~180쪽). 한 일본 교사는 히노마루와 기미가요를 강요하는 것이 "일본을 위해서라면 죽어도 좋도록" 만드는 것이며, 이는 결국 침략전쟁을 일으켰던 군국주의의 부활을 의미하는 것이라 정확하게 지적했다(『한겨레21』, 2006년 7월 4일).

애국을 강제하는 것은 국가의 명령과 동원에 무조건적으로 따르라는 것이다. 그리고 이 '무조건적'인 충성 요구는 권력 유지를 위한 수단으로 쓰여 왔다. 높은 반대 여론에도 불구하고 3선 개헌을 강행했던 박정희는 김대중과 맞붙은 대통령 선거에서 가까스로 패배를 모면하면서 전 사회적인 통제만이 자신의 영속적 지배를 가능하게 할 수 있다고 판단했다. 이후 1971년 3월부터 영화관에 애국가 필름이 돌아가기 시작했고 '국기 사랑하기' 운동이 펼쳐졌으며, 1972년에는 문교부가 '국기에 대한 맹세'를 전국 학교로 시행해 나갔다. 전두환 정권 역시 광주 학살 이후, 권력 장악을 공고히 해나가면서 1980년 10월 국무총리 지침을 통해 학교를 넘어 전 국민이 국기에 대한 맹세를 암송하도록 했다.

비록 이용석 교사의 저항이 일본에서처럼 큰 사회적 운동으로 이어지지는 못했지만, 그의 거부를 통해서 우리 사회는 1972년 박정희 유신 정권이 국기에 대한 맹세를 암송하도록 전국 학교에 지시한 파시즘적 행위의 본질이, 또한 일제시대부터 이어진 권력을 향한 강제적 복종 의례가 지금까지 계속되고 있음을 깨달을 수 있었다. 2007년 행정자치부가 국기법 시행령을 통해서 국기에 대한 맹세와 경례의 의무화를 추진했을 때 시민사회가 적극적으로 반대운동을 펼칠 수 있었던 배경에는 이용석 교사의 '양심적 거부'가 있었음은 분명했다.

죽이지 않을 수 있는 권리

국기에 대한 맹세를 거부하는 것과 병역을 거부하는 것을 어떻게 비교할 수 있느냐고 반문할 수도 있을 것이다. 헌법에 규정된 '국민의 의무' 중 하나인 병역이기 때문에, 오랜 시간 인신이 구속되고 죽음의 위험까지 감수하는 병역이기 때문에 국가에 대한 맹세와는 차원이 다르다고 말할 수도 있다. 그러나 바로 그 이유로 병역에 대한 거부는 가장 일반적인 '양심적 거부'였고, 병역을 거부할 수 있는 권리는 널리 인정될 수 있었다. 병역거부의 영문 표현은 이러한 보편성을 단적으로 드러낸다. 양심적 병역거부는 'Conscientious Objection to Military Services'라 쓰이지만, 국가의 강제를 거부하는 행위 중에서 병역거부가 가장 보편적이기 때문에 'Military Services'를 떼고 'Conscientious Objection'이라고 쓰인다('CO'라고 줄여 쓰기도 한다).

징병제는 국가권력이 개인의 신체를 가장 직접적인 방식으로 동원하고 구속시키기 때문에, 강제적 징집에 대한 저항은 광범위했다(최재희, 「징병제의 역사」 참조). 또한 그 어떤 이름으로 포장한다 하더라도 살인행위일 수밖에 없는 군사행위를 모두에게 강제하는 것이기에, 종교적·평화적 신념을 비롯한 다양한 신념들과 충돌할 수밖에 없었다. 이 저항과 충돌 속에서 병역거부는 보편적인 '권리'로 인정될 수 있었다. 권리가 된 병역거부. 양심적 병역거부'권'. 인류는 개개인이 생존할 수 있는 권리를 넘어서서, 타인의 생명을 '죽이지 않을 수 있는 권리'로 나아간 것이다.

병역거부의 권리는 미국과 서유럽을 중심으로 개별 국가 내에서 인정되어 오다가 1985년부터 유엔 차원의 논의가 시작되었고, 이후 지속적인 결의를 통해서 국제법의 위상을 확보했다. 이 중 대표적인 것이 1998년 유엔 인권위원회 제77호 결의안이다. 이 결의안은 세계인권선언과 자유권규약의 '양심과 종교의 자유에 대한 권리' 속에 양심적 병역거부의 권리가 존재한다고 명시했다. 징병제를 채택하고 있는 국가는 징벌적 성격을 띠지 않는 비전투적 또는 민간적 임무를 대체복무로 시행해야 한다는 구체적 권고까지 담고 있다.

국제법적 지위와 함께, 병역거부는 한 사회의 인권 수준을 나타내는 지표로까지 자리 잡게 되었다. 유럽 국가들이 유럽연합 가입을 위해 병역거부권 인정을 서두르는 것이 그 단적인 예이다. 마케도니아에서 활동하고 있는 평화운동가 보로 키타노스키Boro Kitanoski는 나와의 인터뷰에서 유럽연합 가입 과정에서 해당 국가가 법률적·사회적으로 얼마만큼 인권을 보장하고 있는지를 증명해야 하는데, 그 중 핵심적인 요소가 병역거부자의 인권이라고 전했다(이 책의 보론 참조). 비록 구체적 조항으로 명시된 것은 아니지만, 병역거부권은 오랜 역사를 가진 보편적 인권 사안이기에 해당 국가의 인권 수준을 나타내는 지표로 사용된다는 것이다. 이 맥락에서 근래에 그리스나 마케도니아 등이 유럽연합의 가입을 위해 병역거부권을 도입하였고, 유럽의 신생국들 역시 그러한 과정을 밟고 있는 중이다(『프레시안』, 2009년 5월 17일).

이러한 국제적 흐름은 당연히 한국을 압박하고 있다. 2006년 11월 3일 유엔 자유권규약위원회는 대한민국 정부에 병역거부자에 대한 처벌을 중지하고 적절한 조치를 취할 것을 권고하는 최종견해를 보냈으며, 같은 해 12월 4일 양심적 병역거부로 징역 1년 6월의 형을 선고받고 복역한 최명진, 윤여범 씨에 대해 한국 정부가 '보상'까지도 포함하는 구제조치를 즉각 취해야 한다고 명시했다. 한국 정부는 이러한 국제사회의 압력에 늘 '분단'이라는 특수 상황을 이유로 들지만, 자유권규약위원회의 결정문은 이러한 한국의 논리를 꼼꼼하게 반박하고 있다.

본 위원회는······ 지금껏 강제 징병제를 유지해 오던 나라들 중 대체복무를 도입하는 국가가 늘고 있다는 것과, 해당 국가가 제18조['양심과 종교의 자유에 대한 권리'를 가리킨다]에 의거한 당사자의 권리를 온전히 존중하였을 때 대체복무와 관련해서 해당 국가가 어떠한 특정한 손실이 있게 될 것인지 보이지 못했던 점들을 주목하였다. (UN Document, CCPR/C/88/D/1321-1322/2004)

유엔 자유권규약위원회는 한국 정부의 답변을 검토한 결과, 분단이라는 조건 때문에 상당한 군사력이 필요하다는 것은 인정하겠지만 병역거부를 인정하면 군사력 보유에 문제가 생긴다는 주장은 근거가 없다고 지적한 것이다. 또한 위원회는 분단 상황을 이유로 해서 권리 제한이 가능하다 하더라도 그러한 "제한은 바로 그 권리의 정수를 손상시켜서는 안" 되며, 병역거부권은 그 본질에 속한다고 분명하게 말하고 있다. 우리는 너무 쉽게 병역거부권이라는 인권을 '유보'해야 한다고 말하지만, 인권이란 그러한 조건에서도 지켜져야 하기 때문에 인권인 것이다.

4. 알고 보니 대체복무제 선진국

오래된 미래, 대체복무제

앞서 언급한 것처럼 징병제 시행 초기에는 몇몇 평화주의 교파에 한해서 병역이 면제되기도 하였다. 19세기에 프로이센은 메노나이트 교도들에게 병역의무를 면제해 주고 대신 세금을 받았으며, 러시아의 메노나이트 교도 역시 1874년까지 병역의무를 면제받았다. 그러나 이런 예외는 드물었고, 병역거부자들이 점점 더 늘어나자 국가는 이들을 가혹하게 다루면서 억압했다. 총을 들라 협박하고, 감옥에 넣었으며, 목숨까지 빼앗는 일도 빈번했다.

그러나 이러한 탄압 속에서도 묵묵히 신념을 지켜 나가는 이들을 보면서 국가는 깨달았다. 이런 방식으로는 병역거부자의 신념을 바꿀 수도, 이들에게 총을 들릴 수도 없다는 것을. 감옥에 넣고 목숨을 빼앗는 것이 정작 국가 자신에게도 아무런 도움이 되지 않는다는 것을. 그래서 국가는 비전투부대, 대체복무제 등의 이름으로 병역거부자의 신념을 인정하면서도 자신의 징집권을 유지할 수 있는 타협안을 내놓았다. 2004년 헌법재판소의 결정문은 대체복무제가 국가와 개인 간의 대립을 해결하기 위한 하나의 타협임을, 그리고 그 타협을 만드는 것이 우리 사회의 의무임을 명확하게 지적하고 있다.

> 법적 의무와 개인의 양심이 충돌하는 경우 법적 의무의 부과를 통하여 달성하고자 하는 공익의 실현과 법질서를 위태롭게 함이 없이 법적 의무를 대체하는 다른 가능성이나 법적 의무의 개별적 면제와 같은 대안을 제시함으로써 양심상의 갈등이 제거될 수 있다면, 입법자는 이와 같은 방법을 통하여 개인의 양심과 국가 법질서의 충돌 가능성을 최소화해야 할 의무가 있다. (헌법재판소, 2002헌가1, 전원재판부 결정)

법과 양심이 충돌했을 때, 총을 들고 나라를 지키라는 국가의 명령과 살인을 할 수 없다는 개인의 양심이 충돌했을 때, 우리 사회는 당연히 국가의 손을 들어야 한다고 믿었다. 지난 60년 동안 수많은 젊은이들을 감옥으로 보내면서 우리는 타협이 필요하단 생각조차 하지 않았다. 그러나 그 타협안은 이미 우리 사회 안에 있었다. 한 해 천 명도 안 되는 병역거부자에게 대체복무제를 허용하면 나라가 무너질 것처럼 이야기하면서도, 실상 12만 명에 달하는 이들이 바로 그 대체복무로 자신의 복무를 수행하고 있었던 것이다.

한국 병역거부운동이 병역거부자들의 감옥행을 멈추기 위한 해결책으로 주장해 온 대체복무제는 새로운 무언가가 아니다. 수많은 국가에서 같은 갈등과 희생을 겪으면서 도입하였고, 활발하게 시행 중인 제도였다. 더욱이 대한민국은 이미 오래전부터, 상당한 규모로 대체복무제를 시행해 왔다. 1969년부터 대체복무로서 '방위소집제'를 실시했고, 현재 전·의경과 산업기능요원, 전문연구요원 등으로 확대된 대체복무를 수행하는 총인원은 12만 명을 넘는 수준이다(병무청, 「2009년 국정감사 국방위원회 업무보고」, 6쪽에 나온 병역대체복무자 8만 4천 명에 전·의경 복무자 3만 7천 명을 더해 추산했다). 육군 병사가 약 46만 명 수준인 것과 비교한다면 현역 복무자의 4분의 1이 넘는 숫자가 대체복무로 병역을 수행하고 있는 것이다.

대체복무제 '도입'이 아닌 '개선'

광범위한 대체복무제에도 불구하고, 왜 우리 사회는 정작 대체복무라는 것에 대한 개념조차 정립되어 있지 않을까? 앞서 이야기한 것처럼, 본래적 의미의 대체복무제는 병역거부자의 인권을 위해서 고안된 제도이다. 징병제하에서 군사훈련을 받을 수 없다는 신념을 존중하기 위해, 군사훈련이 배제된 다른 형태의 복무를 구상한 것이 대체복무제였다. 그러나 한국 사회에서 대체복무제는 사실상 '무급' 인력인 젊은이들을 권력의 필요에 의해서 사용하고자 시작되었다. 따라서 대체복무제의 정확한 의미나 사회적 영향에 대한 합의나 토론이 전무한 상황에서 제도만이 일방적으로 시행되었다.

나라를 지켜야 한다고 귀가 따갑도록 들어 온 청년들은 전투경찰, 의무경찰이라는 이름으로 곤봉과 방패를 들고 시민들을 겨누어야 했다. 전·의경제도가 위헌이라는 문제 제기는 당연히 계속되었고, 결국 노무현 정권 말기인 2007년, 무계획적으로 시행되어 온 대체복무제를 '사회복무제'라는 틀로 개편하면서 전·의경제 폐지 결정이 내려졌지만, 이 역시 정권이 바뀐 이후 뒤집어졌다. 2008년 당시 경찰청장이었던 어청수가 전·의경제 폐지를 반대했던 이유로 든 것이 예산 부족이었는데, 결국 정당하게 임금을 주고 고용해야 할 인력을 국방의 이름으로 무급 착취하고 있음을 스스로 고백한 것이다(『한겨레21』, 2008년 8월 7일). 이것뿐일까? 벤처 기업을 육성한다며 저임금 착취로 군 복무를 '대체'시켰다. 병역특례업체에서 대체복무를 하는 이들은 쫓겨나면 군대로 가야 하니 밤샘 근무를 시켜도 한마디 못하며 노예처럼 일할 수밖에 없었다.

그러나 이렇게 광범위한 대체복무가 시행되었음에도, 정작 병역거부자들은 그 복무들을 택할 수 없었다. 모든 대체복무제에 4주의 군사훈련이 포함되어 있기 때문이다. 병역거부자들에겐 4주가 아닌 4일, 4시간의 군사훈련이라도 자신의 신념을 버려야 하는 것이었다. 미국의 병역거부자들이 수행한 대표적 대체복무 영역이었던 소방 업무는 의무소방관이라는 이름으로, 러시아에서 병역거부자들이 수행하고 있는 교도소 보조 업무 역시 경비교도대란 이름으로 시행되어 왔지만, 정작 병역거부자의 자리는 없었다. 이러한 현실 속에서 병역거부운동은 대체복무제 '도입'이 아닌 '개선'이라는 표현을 택했다. 이미 광범위하게 실시되고 있는 대체복무가 존재했기 때문에, 4주의 군사훈련이 배제된 대체복무제가 신설될 수 있도록 제도의 '개선'을 요구했던 것이다.

양심적 병역거부자들이 요구하는 대체복무제가 특혜이며, 시행되면 수많은 이들이 택할 것이라는 비판의 내부에는 복잡한 감정이 숨어 있겠지만, 이는 가장 직접적으로는 우리가 이미 경험한 대체복무제를 온전하게 이해하지 못함에서 비롯된 오해이다. '총 들고 나라를 지킨 것'이 아니라 경찰업무 보조로 의무를 마친 의무경찰에게 아무도 특혜라 말하지도, 병역기피자라 손가락질하지도 않는다. 의무소방관에 지원자가 몰려서 군 복무 인력 수급에 문제가 생긴 적도 없다. 그 복무들이 현역복무와 비교했을 때 결코 쉽지 않다는 공감대가 존재했기 때문이다. 그러나 병역이란 주제 앞에서는 이성이 마비되는 우리 사회의 분위기 속에서, 병역거부운동은 대체복무제가 특혜가 아님을 '증명'해야 했고, 현역 복무보다 훨씬 더 길고 힘든 일이라도 감옥행만 멈출 수 있다면 기꺼이 받아들이겠다고 외쳐야 했다.

36개월 합숙복무면 되겠습니까

진심 어린 사회운동의 목소리는, 수십 년을 이어 온 고통의 무게는 결국 정부를 움직였다. 2007년 9월 18일 국방부는 '병역이행 관련 소수자의 사회복무제 편입 추진 방안'이란 이름으로 병역거부자들에게 대체복무의 기회를 허용하는 역사적인 발표를 했다. 비록 국방부는 이 안이 병역을 거부할 수 있는 '권리'를 인정하는 것은 아니며, "'전과자를 양산하는 현 제도는 어떠한 방법으로든 개선되어야 한다'는 현실적 필요성"에서 도출되었음을 밝히면서 조심스러운 태도를 보였지만, 병역거부자가 우리 사회에서 공존할 수 있는 가능성이 열렸다는 점은 명백했다.

당시 제시되었던 대체복무제 안은 이 문제의 주무 부처인 국방부가 최초로 구체적인 안을 제시했다는 점에서 이전까지 소모적인 찬반 대립에 머물렀던 논쟁 수준을 한 단계 높이는 계기가 될 수 있었다. 구체적으로 살펴보면, 복무기간은 현역 복무기간의 두 배(육군 현역 18개월 기준으로 36개월)이며, 복무조건은 합숙생활이고, 난이도는 사회복무 분야 중 24시간 근접관찰이 필요한 최고난이도의 업무로 배치하겠다고 명시했다. 복무형태는 한센·결핵·재활·정신병원 등의 특수병원과 국·공립 노인전문요양시설에서의 근무를 제시했다. 당시 국방부 김화석 인력관리 팀장은 언론사와의 인터뷰에서 "병영도 날로 좋아지고 있는데 내가 이렇게 진정성을 훼손해 가면서까지 그런 행위를 해야 되겠느냐 하는 생각이 들 정도로 아주 난이도가 높고 복무기간도 길고 …… 병영생활에 준하는 합숙을 시킬 예정"이라며 결코 병역기피의 수단으로 악용되지 않을 것이라 자신감을 보였다(『노컷뉴스』, 2007년 9월 19일).

자신감을 가질 만했다. 분명 감옥보다야 낫겠지만, 두 배나 되는 기간 동안 최고난이도의 업무를 합숙으로 진행하는 것은 사실상 또 다른 '처벌'에 가까웠기 때문이다.* 성공회대 사회복지학과 이영환 교수는 2007년 10월 17일 병역거부연대회의가 주최한 공청회에서 국방부의 안이 여전히 병역거부자를 범죄자로 보는 시각을 바탕에 두고 있음을 지적하기도 했다. 국방부는 특수병원과 노인요양시설을 복무 예정지로 거론한 이유가 정신적·심리적 불편과 전염병 감염과 안전사고의 위험도가 높기 때문이라고 밝혔는데, 이영환 교수는 그렇기 때문에 이곳에서의 일이 사회적 존중을 받아야 함에도 국방부는 위험성과 난이도만을 강조하면서 또 다른 형벌로서 접근하고 있다고 비판한 것이다.

그러나 한국의 상황에서 제도 도입 초기의 이러한 '가혹함'은 이해될 수 있는 부분이기도 했다. 실제 다른 국가들의 경우에도 대체복무제를 처음 도입하면서, 지원자가 몰릴 것을 우려해 복무기간을 길게 잡고 시작하는 경우가 종종 있었다. 이 경우, 사회적으로 대체복무가 군 복무만큼 힘들다는 것이 알려지고, 지원자의 쏠림이 없다는 것이 확인되면서 복무기간과 난이도를 줄여 나가는 과정이 자연스럽게 이어졌다. 이미 다른 사회에서 경험한 것을 또다시 20대 청년들의 삶을 희생하면서 반복할 필요는 없겠지만, 처절하게 이어 온 감옥행에 비할 바는 아니었다. 국방부 관계자는 한 토론회 자리에서 "여기까지 힘들게 왔는데, 일단 법안을 통과시켜야 하지 않겠느냐. 이 정도의 대체복무로 국회를 쉽게 통과하고 이후 조정해 보자"라는 설득력 있는 이야기를 하기도 했다.

아쉬웠지만, 또 다른 처벌이라 비판하기도 했지만, 그래도 이제는 감옥행이 끝날 수 있다고 생각했다. 한국 병역거부운동이 분명한 걸음을 내디딘 것이라고 믿었다. 그러나 정권이 바뀐 이후 이 모든 것은 사실상 백지화되었다. 당초 국방부는 병역거부자에게 대체복무제를 허용하

* **대체복무제 기간** | 유엔 자유권규약위원회는 1999년 프랑스인 프레데릭 푸앵(Frédéric Foin)의 개인청원 결정문에서 프랑스 정부가 대체복무 기간을 현역의 두 배로 정한 것을 비판하면서 "대체복무 기간이 더 긴 경우에는 그러한 차이를 설명할 수 있는 합리적이고 객관적인 근거"가 있어야 하는데, 복무내용의 성격, 특별한 교육훈련의 필요성이 아니라 '양심의 진실성'을 시험하기 위한 사유는 합리적이고 객관적인 기준으로 볼 수 없다고 결정했다(UN Document, CCPR/C/67/D/666/1995). 유럽평의회 역시 현역복무의 1.5배 이상의 대체복무 기간은 징벌적 성격을 가진 것으로 본다는 의견을 여러 차례 표명했다(Stolwijk, *The Right to Conscientious Objection in Europe*, pp.7~8).

는 안을 제시하며 2009년 1월부터 시행할 것이라 이야기했지만, 이명박 정권이 들어선 이후 사실상 관련된 논의는 전면 중단되었다. 그리고 시행이 예정되어 있던 2009년 1월 직전인 2008년 12월 24일, 병무청은 국민 여론조사 결과 대체복무에 대한 반대가 68.1%라며 대체복무제 개선을 무기한 연기하겠다고 밝혔다.

여론조사 결과 하나로 뭉개진 인권

병역거부와 같이 오랜 기간 사회적 차별 속에서 존재해 온 소수자의 문제를 여론조사로 결정한다는 것은 결코 사리에 맞지 않는다. 국민 과반수의 찬성이 자연스레 나올 사안이라면 반세기가 넘는 시간 동안 1만 5천 명에 달하는 이들이 침묵 속에서 감옥에 가지도 않았을 것이며, 이미 오래전에 제도가 개선되었을 것이다. 여론조사에서 50%는 고사하고 10%, 20%의 동의도 얻지 못할 수 있는 것이 소수자이다. 그러나 그렇게 사회적으로 배제된 이들에게도 최소한의 권리를 보장해 주어야 한다는 것이 인권이다. 감옥행만은 멈춰 달라며 병역거부자들이 간절하게 요구했던 바로 그 '인권'. 인권의 문제를 여론조사로 결정할 수는 없다.

백번 양보해서 여론조사 결과도 정책 결정의 고려사항 중 하나라고 인정한다고 하더라도, 병무청의 발표는 문제투성이었다. 병역거부는 한국 사회에서 가장 민감한 군대와 병역의 문제이다. 따라서 여론조사 결과 역시 설문방식과 시기에 따라서 큰 차이를 보일 수밖에 없으므로, 단한 번의 여론조사 결과를 정책 백지화의 근거로 삼는 것은 말이 되지 않는다. 구체적으로 나열해 보자면, 국방부가 2007년 9월에 대체복무제 허용안을 낼 당시에 근거했던 자료는 2007년 7월 KBS의 여론조사 결과였다. 당시 50.2%가 대체복무제에 찬성했다. 2008년 9월 리얼미터의 여론조사 역시 찬성한다는 의견이 44.3%로 반대한다는 38.7%보다 높은 것으로 확인되었다. 하지만 비슷한 시기에 조사된 병무청 용역 조사 결과에서는 상반된 결과가 나왔고, 이 하나의 결과에 근거해서 국민공감대가 형성되지 않았기에 무기한 연기한다는 결정이 내려진 것이다.

단 한 번의 여론조사를 근거로 삼는 것도 문제지만, 병무청이 내세운 여론조사 자체도 허점투성이였다. 먼저, 이 설문에는 대체복무제에 대한 설명이 없었다. 만약 2007년 9월 국방부가 발표했던 안에서처럼 대체복무제가 현역의 두 배의 기간 동안 사회복무 분야 중 최고난이도의 업무로 합숙복무를 하는 것이라고 자세히 설명했다면 조사 결과는 판이하게 달랐을 것이다. 그러나 이 설문에서 대체복무제에 대한 설명은 "군 입대 대신 사회봉사 등"이 전부였다. 1년도 더 지난 국방부의 발표를 일반 시민들이 기억할 리 만무한 상황에서 단지 "군 입대 대신 사회봉사"라고 설명된 대체복무는 면제나 특권으로 느껴질 수밖에 없다.

2005년에 임종인 국회의원실에서 진행한 설문조사와 비교해 보면 대체복무에 대한 설명이 조사 결과에 미치는 차이가 결정적이라는 점을 분명히 확인할 수 있다. 임종인 국회의원실 설문조사의 문항은 다음과 같았다.

평화적 신념과 종교적 이유 등으로 총을 들기를 거부하고 징역을 사는 이른바 양심적 병역거부자들에게 현역보다 1년이 더 긴 36개월간 대체복무를 시키는 법안이 국회에 계류 중입니다. 어떻게 생각하십니까?

예상 복무기간을 명시하자 설문 결과는 정반대로 나왔다. 대체복무를 '찬성한다'는 응답(58.9%)이 '반대한다'는 응답(25.9%)에 비해 두 배 정도 많았다. 대체복무제에 대한 이해가 척박한 상황에서 설문을 진행할 때 최소한의 정보 제공은 필수다. 2006년 국방부 대체복무연구위원회에서 진행한 설문조사 역시 대체복무 기간이 3년 정도임을 설명했다. 병역거부 문제에 있어서 가장 쟁점이 되는 부분이 현역 복무와 형평성이 보장되는 대체복무인데도 불구하고, 대체복무에 대한 구체적 정보를 주지 않았다는 것은 설문으로서 치명적인 결점이다.

문제점은 여기서 끝나지 않았다. 이 설문 문항은 병역거부 문제에 대한 기본적인 인식도 부재한 수준이었다. 이러한 설문에서 30%에 가까운 이들이 대체복무 허용을 선택했다는 것이 신기할 따름이었다. 설문의 구체적인 문항은 아래와 같았다.

귀하께서는 종교적 사유 등 병역거부자들이 군에 입대하여야 한다고 생각하십니까? 아니면 군 입대 대신 사회봉사 등의 대체복무를 허용해야 한다고 생각하십니까?
① 군에 입대하여야 한다 / ② 군 입대 대신 대체복무를 허용해야 한다

병역거부자는 자신의 신념을 이유로 군대를 거부하고 감옥에 가고 있다. 대체복무제란 이렇게 감옥에 가는 이들에게 다른 기회를 주자는 것이다. 그렇다면 설문의 선택지는 ① 계속 감옥, ② 대체복무로 구성되어야 한다. 혹은 대체복무제에 대한 찬/반으로 구성되는 것이 상식적이다. 이들을 집단으로 개종시키거나 병역거부의 신념을 버리도록 '전향'

시킬 것이 아니라면 지난 60여 년간 감옥행을 이어 왔던 이들에 대한 여론조사에 병역거부자들이 "군에 입대하여야 한다"는 선택항이 어떻게 나올 수 있는지 이해할 수 없다. 불가능한 상황을 선택항으로 놓는 것은 현실을 왜곡하는 설문이다. 이전의 설문들을 봐도 대체복무제도의 찬반을 묻거나 형사처벌만이 존재하는 현행 제도의 개선에 대한 찬반 여부를 질문하는 방식을 택해 왔다.

교묘하게 누락된 연구 결과

문제투성이인 설문 결과를 대대적으로 보도하면서 병무청은 해당 설문조사가 이루어진 연구용역에서 나머지 연구 결과 부분을 교묘히 누락시켰다. 사람들이 감옥에 가고 평생 전과자로 사는 일을 다룬 억대의 연구용역 결과를 임의로 오려 붙이는 '짓'에 '예산 낭비'와 같은 품위 있는 말은 적합하지 않다. 이쯤 되면 범죄다. 진석용정책연구소가 수행한 전체 연구의 결론은 놀랍게도 현역을 포함한 예비군 복무자에게도 병역거부를 인정해야 하며, 종교적 사유 외의 비종교적 사유 역시 인정해야 한다는 것이었다. 복무기간은 현역의 1.5배에서 2배로, 병역거부자 심사는 법조계, 학계, 공무원 등 9명으로 구성되는 대체복무판정위원회에서 진행한다는 구체적인 안까지 제시되어 있다(진석용정책연구소, 『종교적 사유 등에 의한 입영거부자 사회복무체계 편입 방안 연구』, 128~181쪽). 그러나 국방부는 이 결론을 말하지 않고, 자신에게 유리한 여론조사 결과만을 내세웠다. 연구를 주도한 대전대학교 진석용 교수도 언론 인터뷰에서 "우리 연구는 대체복무를 도입할 경우에 어떻게 제도를 운영할지가 중심인데, 빙산의 일각인 여론조사 결과만 가지고 대체복무 허용이 시기

상조라고 하니 허탈하다"라고 토로했다(『한겨레21』, 2009년 1월 2일).

전과자를 양산하는 현 제도는 어떤 방식으로든 개선되어야 한다며 병역기피에 악용될 가능성이 '전무'할 정도의 대체복무를 내놓았던 국방부가 상식 이하의 방법으로 결정을 뒤집은 이후,* 부끄럽게도 병역거부운동은 제대로 된 대응이나 새로운 돌파구를 만들어 내지 못하고 있다. 지금까지 병무청의 '뒤집기 발표'를 하나하나 따져 가며 비판했던 이유도 현재의 쟁점을 적극 논박하는 '팸플릿 정신'에 있다기보다는 온전한 대응을 못했던 부끄러움에서 기인한 뒤늦은 노력일지도 모른다.

우리 사회에서는 지금까지 병역거부에 대한 찬반 대립만 있었을 뿐, 정작 구체적으로 어떤 대체복무제가 적합한지에 대한 논의는 시작하지도 못했다. 2007년 국방부의 안이 하나의 준거점이 되어서 어떤 복무를 어떤 방식으로 구성하는 것이 좋을지에 대해 생산적 토론이 시작될 수 있을 것이라 믿었지만, 그 역시 무너진 상황이다. 지난 10년간 고여 있는 대체복무제 논쟁을 어떻게 하면 극복할 수 있을까? 가장 먼저 해야 할 노력은 정확한 사실의 공유이다. 그러나 그것만으로는 부족하다. 이 문제의 본질에는 병역과 징병에 대한 우리 사회의 증오가 밀접하게 연결되어 있기 때문이다.

---

* **정권 교체와 대체복무제 백지화 |** 국방부가 대체복무 문제를 백지화한 원인은 다양하게 분석할 수 있지만, 본래부터 이 문제에 부정적 입장이었던 국방부가 이명박 정권으로 교체된 이후 '본색'을 드러낸 것이라고 볼 수 있다. 2007년 국방부의 대체복무제 허용 결정은 입법부를 통한 문제 해결을 주문했던 2004년 최고법원의 판결과 2005년 국가인권위원회의 권고, 2006년 유엔 자유권규약위원회의 결정 등을 종합적으로 판단한 노무현 정권의 압력이 존재했기 때문에 가능했다. 그러나 보수 정권으로 교체된 이후, 국방부는 스스로가 했던 결정을 뒤집어 버린 것이다. 이는 선출된 권력이 군을 통제하는 것이 얼마나 중요한지를 보여 주는 하나의 사례라 할 수 있다.

5. 증오의 논쟁 넘어서기

이런 군대라면 없애는 것이 맞지 않을까

국민의 4대 의무인 병역을 거부하는 것은 말도 안 된다고 비판하지만, 한국 병역거부운동이 주장하는 대체복무제는 병역의 의무를 부정하는 것이 아니다. 형평성 있는 다른 방식으로 사회와 공동체에 대한 의무를 다하겠다는 것이다. 만약 이 대체복무제가 말이 안 된다면, 지난 수 세기 동안 수많은 사회의 역사와 법률, 유엔을 비롯한 국제기구들의 결정 등이 모두 틀렸다고 말해야 한다.

누가 병역거부자인지 어떻게 구별하느냐고 묻지만, 현역복무에 비해 길고 어려운 대체복무제를 시행하는 한 병역거부자의 심사 과정이 문제가 될 일은 없다. 사실상 정원 미달될 가능성이 농후하기 때문이다. 또한 이미 수많은 국가에서 나름의 심의위원회를 통해 병역거부자에 대한 판정을 내리고 있다.[**] 그래도 불안하다는 사람들을 위해 병역거부운동은 제도 시행 초기에 인원수를 제한하는 쿼터제를 제시하기도 했다. 한 해 수백 명의 젊은이들이 감옥에 갇혀 청춘을 보내는 것이 아니라 공동체가 필요로 하는 영역에서 봉사할 수 있다면, 그로써 창출되는 긍정

[**] **양심을 심사하기 |** 병역거부 문제에서 '양심'을 검증하는 절차와 기준은 늘 뜨거운 쟁점이 되어 왔다. 수많은 법률적·사회적 논점이 내포되어 있지만, 결국 본질적으로는 '양심'을 심사하거나 판단하는 것이 불가능하기 때문이다. 또한 양심을 심사한다는 것 자체가 이미 '양심의 자유'를 침해할 소지가 다분하며, 어떤 심사 과정이라도 고학력자에게 유리할 수밖에 없다. 때문에 이미 대체복무제를 시행해 온 많은 나라들은 심사를 통한 판별을 사실상 포기하고, 대체복무의 강도를 통해 병역거부자를 인정하는 방식을 취하고 있다. 한국 사회 역시 병역거부를 인정하고 대체복무제를 도입하는 과정에 있어서, 그 '진정성'에 대한 판단은 양심 자체에 대한 직접적 판단이 아니라 일정한 불이익을 감수할 수 있는가에 대한 간접적 판단을 통해 이루어지는 것이 보다 현실적이고 적합한 방식이라 할 것이다(자세한 논의는 오시진, 「국제인권법 중심의 한국 양심적 병역거부 논의에 대한 고찰」, 153~154쪽 참조).

적 효과의 크기는 말할 필요도 없다.

다 좋은데, 한국은 예외라고 말할 수도 있을 것이다. 분단이라는 조건과 만연한 병역기피 풍조 때문에 병역거부권을 인정하면 둑이 무너지듯 군 인력 수급에 차질이 생길 것이라는 말이다. 그렇지 않다. 단언하건대 병역거부자에게 대체복무제를 허용했을 때 인력 수급에 변화가 생길 가능성은 현재 조건에서는 희박하다. 이는 이미 오랜 시간 다양한 대체복무제를 운영해 온 국방부가 더욱 잘 알고 있을 것이다. 현역 복무자들의 박탈감이 발생할지도 모른다는 우려가 있지만, 그 어떤 현역 복무자가 의무소방관 제도가 생겼을 때 박탈감을 느꼈는지 묻고 싶다. 앞서도 말했지만, 의무소방관 제도는 미국 병역거부자들이 수행했던 대체복무였다. 실제 2001년 민주당 장영달 의원은 당시 국회 국방위원장으로서 병역거부자들에게 의무소방관으로 대체복무를 하도록 하는 방안을 추진하기도 하였다. 일부 권력자의 박탈감을 현역 장병들의 박탈감이라고 말하면 안 된다.

민주주의의 근간은 '다를 수 있는 자유'이며, 다를 수 있는 자유란 "기존 질서의 심장을 건드리는 사안에 대해서 다를 수 있는 자유"이다 (1941~1954년 미국의 대법관을 지낸 로버트 잭슨의 판결문 중에서). 분단 상황이기 때문에 안 된다가 아니라, 그럼에도 인정하는 것이 민주주의다. 역사적으로 병역거부는 분단 상황 정도가 아니라 실제 전쟁을 치루고 있는 한가운데에서 인정되어 왔다. 제1차 세계대전 중에 병역거부를 인정한 영국이 대표적이다. 제2차 세계대전 중 미국의 병무청장이었던 허시Lewis Hershey 장군은 양심적 병역거부를 "민주주의에 대한 실험이다. 우리의 민주주의가 국가적 위기 상황에서도 소수자의 권리들을 보존하기에 충분한지 알아내기 위한" 척도라고까지 표현했다(홍영일, 「양심적 병역거부와 관용의 증가」, 33쪽). 국가인권위원회도 「양심적 병역거부 관련 결정문」에서 양심적 병역거부권이 기반하고 있는 양심의 자유는 "국가비상상태에서도 유보될 수 없는" "최상급의 기본권"이라고 규정하면서 '예외' 논리를 반박했다(8~9쪽).

우리는 예외이기에 어쩔 수 없다는 말에는, 특정 상황에서 인권 유린이나 희생은 어쩔 수 없다는 무서운 기운이 담겨 있다. 이 예외 논리는 '전장국가'의 논리라 할 수 있다. 전장국가란 '비정상적'이고 '일탈적'인 내정과 외교를 자국이 '전장'이 되어 있다는 점으로부터 설명하고 정당화하는 국가이다(남기정, 「한미지위협정 체결의 정치과정」, 115쪽). 이 전장국가 논리로 우리는 지금까지 수많은 인권 유린을 경험해 왔다. 그러나 이제는 물어야 한다. 1년에 천 명을 감옥에 보내야만 유지될 수 있는 군대라면, 그 군대를 없애는 것이 맞지 않을까? 그런 군대가 과연 진짜 '전장'에서 제대로 움직일 수 있을까?

국방부 장관은 말한다. "우리나라와 같이 복무여건이 열악한 현실에서 대체복무를 인정하게 되면, 병역거부자가 급증할 우려"가 있으며 "징병제가 와해될 우려"가 있다고 말이다(헌법재판소, 2002헌가1). 병역거부자들을 감옥에 보내지 않으면 누가 군대에 올지 걱정하는 수준이라면, 더 나아가 한 국가의 병역제도가 와해될지도 모른다고 국방부 장관이 공식적으로 말하는 수준이라면, 문제는 병역거부가 아니라 군대 그 자체이다. 문제의 원인을 해결하기 위해서 군 복무 처우 개선과 실질적인 보상, 복무기간 단축 등은 고려하지 않은 채, 천여 명의 젊은이들이 계속 감옥에 가는 것은 불가피하다고 말하는 것은 섬뜩하다. 이러한 논리를 가진 군과 우리 사회가 실제 전장 속에서 '인권'이라는 가치를 어떻게 다룰 것인가를 상상하는 것만으로도 두렵기 때문이다. 우리는 이미 한국전쟁 당시 국군과 경찰에 의해 행해진 수많은 민간인 학살의 역사를 기억하고 있다.

징병제에 대한 토론은 불가능한가

여성학자로서 군사주의 문제에 천착하는 권인숙은 군 가산점 문제를 예로 들면서 한국 사회에서 징병제와 관련된 영역은 논쟁과 토론, 정보 공유가 거의 불가능한 것이 아닌가라고 묻는다. 헌법재판소에서 군 가산점과 관련하여 국가가 "아무런 재정적 뒷받침 없이 제대군인을 지원하려 한 나머지 결과적으로 여성과 장애인 등 이른바 사회적 약자들의 희생을 초래"한다(헌법재판소, 98헌마363)는 것을 확인한 지 10년이 지났지만, 여전히도 "나도 가는데 너는 왜 안 가느냐?", "억울하면 군대 가라"와 같은 군 경험자나 남성 일반의 감정적 대응이 모든 것을 압도하는 상황이기 때문이다. 정부는 대단한 혜택이라도 부활시키는 것처럼 매번 군 가산점 논의를 만지작거리지만, 여기에 대해 10년 전 위헌결정의 내용처럼 군 가산점제가 군 복무자에 대한 보상이 아닌, 여성과 장애인에 대한 차별을 통해 만든 착시효과라는 인식이나 비판은 여전히 극소수다(권인숙, 「징병제하 인권 침해적 관점에서 군대 문화 고찰」, 197쪽).

병역거부 역시 정작 문제는 '사실'의 전달이 아닐 수도 있다. 아니 그 사실을 온전하게 전달하고 인식할 수 있는 '방법'이 우리 사회에 부재한 것일지도 모른다. 그 어떤 사실도 "나는 가는데 왜 너는 안 가냐"라는 분노 속에서 배척되기 때문이다. 병역을 거부하는 것이 말이나 되냐는 야유에 대해서 독일을 비롯한 포르투갈(제41조 6항), 스페인(제30조 2항), 러시아(제28조) 등의 수많은 나라 헌법에 병역거부가 명문화되어 있다고 답변하는 것도(조국, 『양심과 사상의 자유를 위하여』, 72쪽), 경제개발협력기구OECD 국가 중에서 병역거부를 인정하지 않는 국가가 우리밖에 없다고 말하는 것도 무의미할지 모른다. 우리는 특수한 상황이기 때문에 대체복무제를 인정할 수 없다는 반박에 그렇게 특수한 한국이 이미 수많은 이들을 대체복무시키고 있다는 설명도 마찬가지다.

2001년 연세대학교 사회과학연구소에서 조사한 결과를 보면 현역 복무를 기피하는 이유로 43.4%의 응답자가 "자기 발전(학업, 생업 등) 지장"을 뽑았다. "복무기간 과다"를 응답한 9.3%까지 합하면 과반수의 응답자가 '복무시간이 주는 피해'를 기피의 이유로 꼽은 것이다. "사고 발생 위험"이나 "고생, 고된 훈련"이라 응답한 비율은 20% 정도에 불과했다(송효진, 「병역제도의 개선 방안에 관한 연구」, 27쪽). 도입된다 하더라도 최소한 현역 복무의 1.5배 이상의 합숙복무가 될 가능성이 큰 대체복무를 하려고 너도나도 대체복무제 심사위원들 앞에서 "내 신념에 따라 총을 들 수 없다"고 할까? 국방부 장관의 말처럼 징병제가 와해될까?

2005년 한 진보 언론에 실린, '우리가 양심적 병역거부를 반대하는 진짜 이유는?'이란 제목의 글은 병역을 둘러싸고 만들어지는 '비상식적 상황'과 '비상식적 감정'의 단면을 솔직하게 고백하고 있다.

그러나 외세가 물러나면… 통일이 된다면… 등등 여러 가지 얘기를 나누면서, 북과 대치된 상황이 양심적 병역거부를 반대하는 주된 이유가 아니라는 사실을 깨달았다. 그러면 20대 예비역들의 양심적 병역거부를 반대하는 진짜 이유는 무엇일까? …… 우리는 그들이 군 복무에 준하는 대가를 치르기를 바라고 있었다. 즉 우리가 양심적 병역거부를 부정하는 진짜 이유는 바로 보상심리 때문이다. (『민중의 소리』, 2005년 7월 15일)

그러나 병역거부자들을 계속 감옥에 가두는 것으로는 박탈당했다고 느끼는 시간이 보상될 수도, 그러한 분노가 해결될 수도 없다. 여성 대 군필자로, 병역거부자 대 군필자로 만들어지는 거짓 대립에 숨어 있는 이들이 바로 이 분노를 해결해야 할 책임을 가진 주체이다. 수많은 이들의 정신적·신체적 상처를 치유하고 보상해야 할 의무는 분명 그들을 동원했던 국가의 몫이다. 그러나 국가는 이 분노에 찬 대립을 통해 자신의 책임을 피하면서도 '동원'을 지속할 수 있기 때문에 오히려 그것을 장려한다. 군 가산점 위헌결정 이후 뚜렷한 대안적 정책은 준비하지도 않은 채 다시 군필자들에게 '보상'을 해야 한다며 군 가산점제 부활을 검토하는 모습에서, 현역병의 사기 저하가 우려되기 때문에 대체복무 개선을 할 수 없다는 논리에서 거짓 분노를 이용하려는 국가의 야비함을 확인할 수 있다.

병역거부운동은 운명적으로 이 분노 한가운데에 존재하고, 이 분노를 넘어서기 위한 노력을 기울일 수밖에 없다. 그렇기에 병역거부운동은 이 분노에 도전하면서도, 이 분노를 해결하기 위한 실천을 만드는 사회운동이다. 불가능해 보일 때도 있지만, 포기할 수는 없다. 이미 지난 10년의 운동이 적지 않은 변화를 만들어 냈다. 무엇보다 지금 이 순간에도 신념을 지키기 위해 감옥으로 향하는 이들이 있기 때문이다.

아버지의 편지

팸플릿 정신으로 쓰겠다는 이 장을 마치면서 내가 수감 시절 받았던 아버지의 편지를 소개하고자 한다. 2007년 9월 국방부에서 대체복무제 허용 발표가 난 날 아버지가 보내 주신 문자를 아직 기억한다. "대체복무 결정. 네가 건넌 세월이 밑바탕이었을 거야. 자세한 얘기 나중에 해줘. 사랑해." 텔레비전에 '양심'자만 나와도 놀라시는 아버지가 이런 문자를 보내 주셨다는 것이 감격스러웠다. 그러나 백지화 발표 이후 아버지는 다시 이 문제에 대해 말씀을 극도로 꺼리신다.

아버지는 수감 시절 편지를 참 많이 보내 주셨는데, 그 중 몇 장을 책상 서랍에 챙겨 두면서 가끔 꺼내 본다. 지금도 이런 편지들이 교도소 담을 넘고 있을 것이다. 지금도 애써 웃으며 접견실에서 얼굴을 마주하지만, 속으로는 마음이 찢어질 사람들이 있을 것이다. 부디 이 고통이 멈춰질 수 있기를 바란다. 아니 그래야 한다.

사랑하는 아들에게

……

서너 명의 판결이 끝나고, 네가 재판정에 들어왔다. 쿵쾅이는 가슴을 양손으로 누르고 힘주어 붙잡고 있었다. 지금 기억나지 않는 어떤 말들이 잠시 오갔고, 네가 '최후진술입니까?' 물으니 판사가 고개를 끄덕였다. 진술하는 동안, 외로운 깃발을 들고 무지 넓은 광장에 서 있는 너를, 있는 그대로 내 생각 없이 보려 애썼는데, 네가 울컥 말 잇지 못했을 때, 그저 그 자리에 아무것도 할 수 없는 아버지는 '아버지' 하기 싫었다.

찬성, 반대 그것의 개념이 없어, 확신이 없어 회색의 상태. 그래서 야속하기도 하고 미안하기도 해. 요즘 그렇지 않아도 감정조절이 안 되는데, 진술 중간부터는 내 심장소리에 아무 정신이 없었다. 옆에 앉은, 아마 너를 보러 온 듯한 하얀 옷을 입은 여자애가 내 떨고 있는 손을 꽉 잡아 주었다. '여기에 와 주신 아버지' 그 말에, 손수건으로 얼굴을 가렸는데, 내가 듣는 내 울음소리는 참혹했다.

그리고 이미 너는 떠났고, 또 한 번의 슬픈 축제가 끝이 나 있더라. 거기 벌어지고 있는 세상일은 분명 꿈이 아닌, 바로 내 일인 것을. 맘은! 몸은! 정신 못 차리고 허공에 둥둥 떠서… 내겐 답이 없었다.

토요일 편지에서 '재판 날이 좋아요. 버스 타는 것이.' 그래. 아들아 다음에 죽을 것같이 버스 타자. 어디든 가자. 재판정에 와 준 너의 사람들이 많이 많이 고마웠다. 너의 사람들이 지치지 않았으면 좋겠다. 이제 시작인 여기서 저만큼 계속 같이 가 주고 편지 주고, 하여 세월을 공유해 주면 좋겠다. 꼭 그러리라 믿는다. 계획에 너무 연연해하지 마라. 아프면 안 돼. 운동하고 많이 자고 양치질 꼭 하고 함께 건강하자. 다음 주 만날 때까지 안녕.

2005. 5. 23. 오후에 아버지 씀

사랑하고, 보고 싶고, 그리운 아들에게

사람의 방식으로 금 그어 놓은 시간의 형식. 2005년 마지막 날이다. 가는 해를 어쩌고 오는 해를 종 치어 대며 요란 법석. 그래 잘 가라. 잘 가라. 세월의 法을 만드신 神께 감사. 너에게 지금 서신 보낼 수 있어 감사. 아들아 수고했다. 축하하자.

그날 널 보내면서 정신 반쯤 나간 아버지. 창살 안에서 삶은 달걀이랑 우유 맛있게 먹어 주던 내 새끼. 규정이 아니라면서도 허용한 순경 아저씨. …… 고맙게도 이제는 기억으로, 그렇게 세월이 갔다. 충주 쪽으로 이감. 버스 전철 고속버스 다시 고속버스 갈아타면서, 널 만나러 가던 아버지의 旅程. …… 지난번 널 만나러 가면서, 충주터미널 화장실에서 안구건조증에 넣는 인공눈물을 넣으며 평생 운 것보다 더 많이 울었는데 안구건조증이라니. 거울 속의 날 보며 사는 것이 이런 거지, 뭐 별수 있겠는가 푸념하며 비실 웃었다.

아들아. 혹사하지 마라. 네 말처럼 운동도 공부도 잘 먹으면서 하는 거야. 건강하게 돌아와서 해. 지금 최선을 다하고 있는 네가 고맙다. 알아. 왜 힘들지 않았겠니. 힘든 내색 안 한, 어쩌면 못한 네가 매번 안쓰러웠다. '아버지, 힘들어요' 그랬으면 내 심장이 터졌을 거야. 그걸 너도 아니까 아무 내색 없이 눌러 참은 네 속은 어떨까? 아들아. 많이 왔다. 사랑한다. 보고 싶다. 꼭 꼭 건강해라.

2005년 마지막 날에 아버지가

2장 부끄러움을 알기 위한 역사

아직도 우리 사회에서는 병역거부를 최근 등장한 이슈로 치부하는 경향이 있다. "병역을 거부해?"라는 냉소 섞인 질문에는 병역거부를 마치 민주화 이후에 나온 팔자 좋은 궤변쯤으로 여기는 인식도 담겨 있다. 물론 한국에서 병역거부가 사회적 의제로 등장한 것은 최근이지만, 그 역사는 일제 시기까지 올라간다. 지난 60여 년간 1만 5천 명이 넘는 이들을 감옥에 보내 왔던 우리 사회가 병역거부자들과 그들의 가족들에게 가한 폭력의 '양'이란 차마 말할 수도 없다. 이러한 역사를 알아야 병역거부에 대해 우리가 던지는 조소가 얼마나 잔인한 폭력을 담고 있는지를 깨달을 수 있다. 역사를 공부하는 이유는 부끄러움을 느끼기 위해서다.

지금까지 활자화된 2000년대 이전까지의 한국 병역거부 역사는 '여호와의 증인'Jehovah's Witnesses과 '제칠일안식일예수재림교회'Seventh-day Adventist Church(이하 재림교회) 신도들의 병역거부와 그에 대한 국가의

---

* 이 장을 꼼꼼하게 검토해 주시고, 중요한 조언을 해주신 양심적 병역거부 수형자 가족 모임 공동대표 홍영일 선생님께 깊은 감사를 드린다.

탄압을 중심으로 서술되어 왔다. 이러한 서술은 비록 소수이지만 두 종교 이외의 병역거부 사례들을 담고 있지 못하며, 병역거부의 역사를 지나치게 처벌 중심으로 환원한다는 한계를 지닌다. 이를 극복하기 위해선 새로운 사료를 발굴하는 노력이 이루어져야 하지만, 이 책에서 그러한 작업을 진행하지는 못했다. 그럼에도 접근 방식의 폭을 넓혀 보고자, 병역거부의 역사를 한국 징병제의 형성 과정과 교차시키면서 병역거부가 가진 역사적 맥락과 함의를 조금 더 풍부하게 조명해 보고자 한다.

1. 군국주의 일본이 직감했던 '위험': 일제 시기

최초의 병역거부 기록

병역거부와 관련된 조선의 최초 기록은 1939년 등대사燈臺社 사건이다. 등대사란 여호와의 증인의 다른 이름이다. 1884년 미국에서 설립된 여호와의 증인 출판부의 이름이 'Watch Tower Bible and Tract Society'인데, 여호와의 증인 교파를 일본에 소개한 아카시 준조明石順三가 이를 등대사로 번역한 것이다(김두식, 『평화의 얼굴』, 260쪽). 우리가 주변에서 종종 접하는 여호와의 증인 책자인 『파수대』 역시 이 'Watch Tower'를 번역한 것이라 할 수 있다.

중일전쟁이 본격적으로 전개되자 일본은 넓어진 전장에 병력을 공급하기 위해서 징병제를 전면적으로 확대했다. 그리고 곧 자국 내 여호와의 증인 신도들의 병역거부에 직면했다. 이들은 여호와 이외의 피조물에 예배를 드릴 수 없다며 천황에 대한 충성서약을 거부하고, 지급받은 총기를 살인병기라면서 반납하려 했다. 비록 두 명의 여호와의 증인 신도들이 한 병역거부였지만, 파시즘으로 치달아 가던 일본은 이들의 존재가 자신들에게 얼마나 '위험'한지를 직감했다. 이후 여호와의 증인 신도들에 대한 검거 열풍이 시작되었다(阿部知二, 『良心的兵役拒否の思想』, 150~151쪽).

일본 정부는 이들을 '광적인 평화론자'로 몰아붙이면서 구속시켰고, 당시 식민지였던 대만과 조선에서도 여호와의 증인 신도들을 잡아들였다. 조선에서는 1939년 6월 신사참배와 동방요배 거부 문제로 33명의 여호와의 증인 신도를 구속시켰는데, 이는 당시 교세에 비춰 볼 때 거의 전원이 구속된 것이었다(한홍구, 「'여호와의 증인' 앞에서 부끄럽다」). 구속된 여호와의 증인 신도 문태순은 조사 과정에서 "우리는 전쟁에 반대한다. 만약 우리가 전쟁에 나가서 상관으로부터 적병을 사살하라는 명령을 받았다 할지라도 이것은 여호와의 증인으로서는 못할 일이다. 원수라도 인간인 이상 죽이면 안 된다"라며 자신의 평화주의 신념을 명확히 표현했다(구라다 마사히코, 「일제하 한국 기독교와 일본의 천황제와의 갈등 관계에 대한 역사적 고찰」, 86쪽). 이 사건은 신사참배 문제와 연결되어 있었다는 점에서 엄밀히 말하자면 '병역거부 기록'이라기보다는 '병역거부 관련 기록'에 가깝지만, 그럼에도 당시 여호와의 증인에 대한 검거가 일본에서 발생한 병역거부의 맥락에서 진행된 것이라는 점과 문태순의 평화주의적 신념 등을 통해서 볼 때 이 사건이 병역거부와 가지는 관계는 상당했다고 할 수 있다.

1944년 식민지 조선에서 일제에 의한 징병제가 본격적으로 실시된 이후 병역거부로 처벌이 발생한 기록은 발견되지 않았다. 여호와의 증인 신도들이 이미 감옥에 갇힌 상황이었고, 한국의 병역거부 역사에서 또 다른 줄기를 형성하고 있는 재림교회 역시 일제의 탄압에 의해서 1939년 12월 이미 교단을 해체한 상황이었기 때문이다(강인철,「한국 사회와 양심적 병역거부」, 109쪽). 그러나 이 시기에 병역거부가 없었다고 말하기는 어렵다. 실제 일제에 의한 징집이 시작되자 많은 조선인들이 이를 피하고자 몸을 숨겼기 때문이다. 이는 전통적인 평화주의 신념에 따른 병역거부가 아니라고 할지라도, 식민지 민중들의 분명한 병역거부였다고 볼 수 있다. 영국의 지배를 받았던 북아일랜드 젊은이들이 제1차 세계대전 당시 영국의 징집 요구에 대해서 "영국군은 우리 북아일랜드 사람들을 지켜 주는 군대가 아니므로, 병역에 종사할 수 없다"라며 병역을 거부했던 것처럼, 식민지 민중들이 저항의 방식으로 병역거부를 택해 왔던 것은 오래된 역사이다(김두식,『평화의 얼굴』, 212~213쪽 참조).

　해방된 조선에서 끝까지 전향하지 않고 감옥 문을 나온 사회주의 혁명가는 20여 명에 불과했다. 전시동원이 극에 달하던 일제 말기, 국내 대부분의 지식인과 종교지도자들은 친일로 옷을 갈아입고 신사참배와 군 입대를 독려했다. 그러나 구속된 여호와의 증인 33명은 끝까지 감옥에서 신념을 지켰다. 이들 중 4명은 옥사했고, 나머지 29명은 미결기간 2년을 몰수당하여 거의 광복 무렵에 형기가 종료되거나, 예방구금법에 의해 출소 후 즉시 청주예방구금소에 구금되어 광복이 되고 나서야 5년이 넘는 감옥살이를 마치고 출소하게 된다. 국사편찬위원회는『한민족독립운동사자료집』별집에서 이들의 사례를 다른 독립운동가들과 함께 다루고 있다. 한홍구는 양심을 지키려는 동일한 행동이 일제 시기에는 항일운동으로 찬양된 반면, 정부 수립 이후에는 반국가적 범죄로 처벌되는 우리 사회의 모순을 지적하면서 할아버지는 일제의 감옥에, 아버지는 군사독재의 감옥에, 그리고 아들은 '민주화된 시대'의 감옥에 가는 참담한 현실을 "여호와의 증인들에게는 여전히 일제강점기가 계속되고 있었던 것"이라고 비판한다(한홍구, 「한국의 징병제와 병역거부의 역사」, 307~308쪽).

식민지의 군국주의 유산

제2차 세계대전의 또 다른 전범국인 독일 역시 여호와의 증인을 비롯해 메노나이트, 퀘이커, 형제단, 나사렛파 교도 등 병역거부를 실천하는 종교 신도들을 탄압했다. 특히 여호와의 증인에 대한 탄압이 악랄했는데, 강제수용소에 넣고 "국법을 준수하고 손에 무기를 들고 조국을 방어"하겠다고 서명할 것을 강요했다. 여호와의 증인 신도들은 다른 수용자들과는 달리 이 글에 서명만 하면 풀려날 수 있었지만 대부분 신념을 지켰고, 나치는 그런 그들을 죽음으로 몰아갔다. 여호와의 증인 자료에 의하면 나치는 여호와의 증인 병역거부자 270여 명을 처형하고, 강제수용소에 약 4,200명을 수감시켜 그 중 1,490명을 죽음에 이르게 했다(『파수대』, 2007년 10월 15일; 2008년 7월 1일). 이는 일본의 등대사 사건과 함께 군국주의 국가의 본질을 보여 주는 단면이라 할 수 있는데, 제2차 세계대전 참전이라는 동일한 상황하에서도 병역거부권이 활발하게 논의되었던 서유럽과 대비해서 본다면 더욱 뚜렷해진다.

그러나 전쟁이 끝난 이후 전범 국가였던 독일과 일본의 변화는 극적이었다. 전후 독일은 나치 체제가 벌였던 학살에 대한 반성을 담아 헌법에 해당하는 기본법에 병역거부를 명문화하였다. 독일 기본법 4조 3항은 "누구든지 양심에 반하여 군 복무를 강요당하지 않는다"라고 규정하고 있다. 독일에서 병역거부권을 명문화한 배경에는 제2차 세계대전 이후 '반전평화'라는 시대적 분위기 속에서 전쟁 방지의 법적 수단으로서 병역거부가 이해된 측면이 있지만(이재승, 「독일에서 병역거부와 민간봉사」, 156쪽), 나치 체제하에서 병역거부자들을 박해하고 죽음으로까지 몰고 갔던 것에 대한 반성의 측면 역시 담겨 있었다. 나치가 1935년 독일에 징병제를 재도입했을 때, 병역거부자들은 집단수용소를 거치지 않고 곧바로 사형을 당하기도 했을 정도로 혹독한 탄압을 겪어야 했다. 그럼에도 종교인들을 중심으로 한 병역거부는 꺾이지 않았고, 전쟁이 끝난 후 독일에서 양심적 병역거부자들은 나치에 집단적으로 대항했던 드문 세력으로 인정받게 되었다. 서독 제헌의회에서 양심적 병역거부 조항이 기본법에 포함되도록 적극적으로 활동한 사민당 한스 분더리히 Hans Wunderlich 의원은 "제3제국에서 여호와의 증인들이 어떤 처우를 받았는지, 어떻게 그들이 살해되었는지, 그들이 양심을 지키기 위해 얼마나 용감하게 죽어 갔는지"를 말하면서 병역거부의 권리가 보장되어야 함을 주장했다(문수현, 「전후 서독의 양심적 병역거부에 대한 논의」, 112쪽).

　일본의 경우 패전 후에 만들어진 신헌법에는 병역거부권이 명문화되어 있진 않지만, 훨씬 더 급진적인 방식으로 군대와 전쟁을 포기했다. 국제분쟁을 해결하는 수단으로서의 교전권을 포기하고 군대 보유를 금지하는, 헌법 9조로 대표되는 평화헌법을 '껴안았기' 때문이다(다우어, 『패배를 껴안고』 참조). 물론 미일안보조약에 기댄 일국 평화주의라는 한계, 오키나와를 뒤덮고 있는 미군기지, 그리고 군비 규모 세계 5위권의 일본 자위대의 존재 등이 '평화헌법'이라는 표현을 무색하게 하는 것은 사실이다. 그러나 일본이 평화헌법을 통해서 전쟁행위에서 나름의 거리를 유지해 왔으며, 일본 우파들의 수많은 개헌 시도에도 불구하고 그 헌법이 현재까지 지켜지고 있음은 분명 평가해야 할 지점이다.

가해의 기억은 병역거부를 평화의 권리로 인정하도록 만들었지만, 피해의 기억은 더욱더 강력한 무장을 갈구하면서 병역거부를 범죄시했다. 일본의 식민지였던 한국과 대만의 병역거부자들에게는 식민 지배가 끝나고 나서도 혹독한 시련이 계속되었다. 대만은 2000년까지 한국보다 훨씬 더 가혹한 형량으로 병역거부자들을 처벌했다. 이는 대만이 중국과의 군사적 대립을 이유로 1990년대 중반까지 2천여만 명의 인구로 한국과 비슷한 60만 대군을 유지했을 만큼 군사화된 사회였기 때문이다. 그러나 2000년 대체복무제를 도입하면서 대만은 비로소 군국주의 유산 중 하나를 청산할 수 있었다. 당시 민진당 첸수이벤陳水扁 총리는 대체복무제 도입 직후인 2000년 12월 '세계 인권의 날'에 맞춰 양심적 병역거부로 수감 중이던 6명과 가석방 중이던 13명을 특별사면하면서 자국의 인권 위상이 높아졌음을 강조했다(『한겨레21』, 2001년 3월 29일). 우리의 병무청에 해당하는 대만 역정서役政署 관리는 이전까지 병역거부자에 대한 처벌이 "자국 내의 인권이 제대로 보호되지 않는다는 인상을 심어 주므로 대외적인 국제 이미지에 심각한 훼손"을 가져왔다고 고백하기도 했다(병역거부연대회의, 「타이완 대체복무제도 시찰 보고서」).

그러나 한국 사회에서는 여전히 천여 명을 넘나드는 병역거부자들이 감옥에 있다. 2000년 이후 사회운동의 성과로 많은 변화가 있었던 것은 사실이지만, 아직도 '감옥'이라는 노골적인 반인권 상황은 그대로다. 앞서도 말했지만, 역사를 모르면 부끄러움이 없다. 해방 이후 병역거부 역사를 살펴보면 이 말이 더욱 마음에 와 닿는다.

2. 징병제 실시 만세: 정부 수립 이후부터 1960년까지

근대 조선의 징병제 경험

해방 이후 병역거부의 역사를 살피기 위해서는 징병제 역사를 함께 고찰해야 한다. 징병제가 형성되는 과정 속에서 병역거부의 역사를 조망하는 작업은, 병역거부의 역사가 특정 집단의 '고난사史'로 한정되는 것을 넘어서서 강압과 통제 속에서 형성되어 온 징병제의 본모습을 드러내고, 병역거부를 그에 대한 저항의 맥락에서 조명하기 위함이다. "대한민국 남자라면 누구나 군대에 가야 한다"가 상식으로 자리 잡는 과정은 결코 자연스럽지 않았다. 하나의 단어처럼 각인된 '신성한 국방의 의무'는, 기실 오랜 시간 권력의 집요한 강압과 통제를 통해서 만들어진 것이다. 이 과정을 통해서 병역거부를 접근해야만 왜 그토록 혹독한 탄압과 처벌이 병역거부자들에게 이어졌고, 이들에 대한 사회적 인식이 일천했는가를 온전히 설명할 수 있다. 또한 병역거부라는 '창'을 통해서 징병제에 접근할 때, 우리 사회의 징병제가 가진 특징 역시 보다 명징하게 드러낼 수 있다. 왜 한국 사회에서 징병제에 대한 저항은 병역거부자들의 고립된 저항으로 머물렀는가에 대한 답을 구하는 과정은 한국 사회에서 군대와 병역이 가지는 독특한 지위와 역사적 연원을 밝히는 과정으로 이어지기 때문이다.

우리 사회에서는 이미 대한제국 시대부터 징병제에 대한 논의가 시작되었다. 1880년대 『한성순보』와 『한성주보』는 유럽의 징병제도를 지속적으로 소개하면서 그것이 가진 병력 충원 방식의 장점을 강조했다. 유길준과 민영환 등 개화파 지식인들 또한 고종에게 당시 대한제국의 군사적 난관을 타파할 방법으로 징병제 실시를 권유했으며, 비록 온전하게 시행되지는 못했지만 제도화되기도 하였다(현광호, 「대한제국기 징병제 논의와 그 성격」). 이들에게 징병제는 근대화된 국가의 상징으로, 제국주의 열강들의 세 싸움 속에 존재했던 조선의 어려운 상황을 타개할 수 있는 부국강병의 수단으로 인식되었다. 이러한 인식은 식민지 시기에도 이어졌는데, 해외 독립운동단체들은 국권 회복 이후에 가장 시급하게 해야 할 과제 중 하나로 '징병제 실시'를 꼽았다(박노자, 「징병제: 개화기 때 실현되지 못한 근대의 꿈」, 54쪽).

부국강병의 수단이라 소개된 징병제였지만, 우리 사회가 최초로 근대적 징병제를 경험하게 되는 순간은 역설적이게도 식민지 시기였다. 일제는 병역이야말로 일본 신민으로서의 가장 숭고한 의무이자 특권이며 '내선일체'의 완성이라 선전하며 징병제 실시를 미화했지만, 실제 병역의 확대가 참정권 등의 권리 확장으로 이어지는 것을 철저히 막고자 했다(최유리, 「일제 말기 징병제 도입의 배경과 그 성격」, 406~412쪽). 이는 이후 병역이 민중들에게 참정권과 같은 시민권 획득 과정이나 권리보장으로 연결되기보다는 국가의 폭력적인 동원으로 각인된 역사적 기원이라 할 수 있다(문승숙, 『군사주의에 갇힌 근대』, 77쪽). 일제 말기인 1944년에 본격적으로 시행된 징병제는 채 2년도 안 되는 짧은 기간에 39만여 명에 달하는 조선인을 전장으로 끌고 갔다.

몸에 새겨진 징병의 기억

이러한 역사를 겪어 온 우리 사회에서 징병제는 익숙한 무엇이었을 것이다. 그러나 식민지에서 벗어난 신생 독립국이자, 남북으로 갈린 정치적·군사적 조건 속에서 '익숙한' 징병의 의미는 결코 단순하지 않았다. 한쪽에서는 "징병제 실시의 역사적인 제일보를 청사靑史에 영구히 빛내고자 하는 징병제 실시 축하기념식"에서 "징병제 실시 만세"를 삼창하는 목소리가 울려 퍼졌지만(『자유신문』, 1949년 12월 20일), 다른 쪽에서는 일제하에서 동원되어 나간 군인들이 귀환하면서 "우리들은 전부가 징병, 지원병, 학병, 징용 등으로 전쟁에 강제 참가를 받은 청년들이다. …… 조선 사람 800명 가운데 살아난 것은 겨우 70명뿐"이었다며 자신들이 겪었던 처참한 상황을 증언하는 목소리도 나왔다(『조선일보』, 1946년 1월 12일). 물론 일제의 총알받이로 끌려 나간 징병과 해방된 조국을 지키기 위한 징병은 다르다고 말할 수도 있을 것이다. 그러나 동원이란 신체적 실천이며, 군인으로서의 동원은 죽음으로의 동원을 내포하고 있다는 점에서 두 목소리는 분명 공통점을 지녔다(도미야마 이치로, 『전장의 기억』, 33~36쪽).

다칠 수도 있고, 죽을 수도 있다는 '가능성' 앞에서 개개인들의 신체가 예감했던 공포와 두려움이, '일본 천황'에서 '대한민국'으로 동원 방향이 달라졌다고 해서 사라질 수 있었을까? 일제 말기 총동원체제에서 사용되었던 수사들이 채 10년도 지나지 않아 방향을 바꾸어 다시 울려 퍼졌을 때, 민중들은 결코 그 '동원'의 구호를 자연스럽게 받아들일 수 없었다(김학재, 「정부수립 후 국가감시체계의 형성 과정」, 138쪽). 민중들에게는 일제 식민지하에서의 징용·징병과 대한민국 정부 수립 직후의 징집이 질적으로 다르게 다가오지 않았기 때문이다(김동춘, 「한국의 분단국가 형성과 시민권」, 182~183쪽). '우연히' 남한 혹은 북한의 시민이 되어 버린 주민들이 식민지 시기와 다른 '충성심'과 '소속감'을 이 시기에 강하게 가지고 있었다고 보기도 어려웠다(김동춘, 『전쟁과 사회』, 107쪽).

실제 당시 사람들에게는 계속되는 징집과 동원이 '수난'으로 인식되었을 것이다. 일제 징용에서 한 팔을 잃은 아버지가 한국전쟁에 동원되어 나간 아들이 다리를 잃고 돌아오는 것을 마중 가며 시작되는 하근찬의 소설 『수난이대』는 당시 민중들이 체험했던 징병의 맨 얼굴을 담고 있다. 병역법이 통과되던 1949년 10대 뉴스에 '징병검사 실시'가 '김구 씨 피살사건'에 이어 간발의 차로 2위에 오를 만큼 사람들은 징병제의 실시에 매우 민감하게 반응하고 있었고(『국도신문』, 1949년 12월 31일), 국방부는 1949년 8월 6일 병역법 공포를 전후로 법률 시행 전 "강제모병은 있을 수 없다"는 담화를 지속적으로 발표하면서 징병에 대한 사회적 거부감을 달래야만 했다(『한성일보』, 1949년 1월 6일; 『경향신문』, 1949년 7월 28일). 그러나 병역법을 통한 징집은 첫 징병검사가 실시된 1950년 1월 이후 중단되었고, 이후 관련 업무를 담당하던 부서마저 해체되었다. 이승만 정권이 필요 이상의 병력을 소유할 경우 북한에 대한 군사행동을 벌일 우려가 있다는 판단하에 미국이 한국군 정원을 10만으로 동결했기 때문이다.

제대로 된 병력동원제도가 부재한 상태에서 한국전쟁이 발발하자, 군은 가두징집, 강제징집이라는 폭력적인 방식으로 병력을 충원했다. 당시 이를 '훌치기'라고 불렀는데, 길거리에서 소총을 어깨에 매어 보아 땅에 닿지 않을 정도면 마구잡이로 끌어갔다(국방군사연구소, 『한국전쟁지원사』, 153~155쪽). 심지어 총을 들이대며 가택 수색을 하기도 했다. 전쟁 발발 직후인 1950년 8월 초 육군본부 소속의 장교 몇 명이 대구시 거리에서 불과 이틀 만에 천여 명을 징·소집하기도 했을 정도였다(남정옥, 「국민방위군」, 157쪽). 영화 「태극기 휘날리며」의 두 주인공이 피난길에 무작정 전선으로 끌려가는 장면은 이러한 역사적 사실을 담고 있다. 1944년 일제의 징병제 이후 우리 사회가 경험한 두번째 징병제는 이렇게 시작되었다.

한국전쟁과 병역거부

한국전쟁 시기 폭력적인 전시 동원 속에서 여호와의 증인 및 재림교회 신도들의 병역거부도 등장했다. 현재까지 확인된 기록으로 볼 때, 남한 최초로 집총거부*를 이유로 처벌받은 이는 재림교회 신도였던 박재식이다. 그는 1952년 4월 해병대에 입대하였다가 집총을 거부해서 심한 구타를 당했고, 6개월간 입원하게 되었다. 1952년 6월에 입대한 재림교회 신도 김인용 역시 육군훈련소에서 집총거부로 심한 구타를 당했다. 북한군의 경우에는 재림교회 신도들의 집총거부에 대해서 위협을 가한 후에 따르지 않을 경우 비전투분야에 복무를 시키든지, 불구자 부대와 같은 곳에 편입시켜서 상징적인 형벌을 가했다(이영린, 『한국재림교회사』,

---

* **병역거부와 집총거부** | 병역거부와 집총거부는 큰 틀에서 양심적 병역거부의 갈래로 볼 수 있지만, 구별되는 개념이다. 병역거부가 일체의 군사행위를 거부하는 것이라면, 집총거부는 실제 총기를 사용하는 행위를 거부하는 것이다. 한국에서는 여호와의 증인이 병역거부의 전형적인 예라고 할 수 있는데, 그들은 군 복무 자체를 거부하며 군사적인 것과 연관되는 것은 직업으로 택하지도 않는다. 이들은 징병제 실시 초기부터 입대 자체를 거부해서 병역기피죄로 처벌받아 왔다. 이와는 다르게, 재림교회 신도들은 군대 내에서 비전투복무를 받아들이며, 입영 후 집총명령을 거부하고 항명죄로 처벌받았다. 병역거부자는 대체복무를 주장하지만, 집총거부자는 비전투분야의 복무를 요구하는 차이를 가진다. 홍영일은 여호와의 증인들의 입장을 '집총거부'로 한정시켜 군대 내 비무장 근무가 제시되는 일도 있었다며, 두 개념에 대한 사회적 이해 부족을 지적한다(홍영일, 「양심적 병역거부와 관용의 증가」, 17쪽). 김두식 역시 이 두 개념이 '군 복무를 할 의사'라는 본질적인 차이가 존재함에도 양자의 차이가 무시되어 왔다고 비판한다(김두식, 『평화의 얼굴』, 352쪽). 이 책에서는 재림교회의 집총거부 행위를 별도로 지칭할 필요가 있는 경우에는 '집총거부'로, 그렇지 않은 경우에는 '병역거부'로 표현한다.

248~250쪽; 강인철,「한국 사회와 양심적 병역거부」, 111~112쪽).

이 시기 여호와의 증인 신도들에 대한 처벌 기록 역시 존재한다. 북한에서 여호와의 증인 신도 노병일은 군 입대를 거부하다가 총살의 위협을 당했지만, 상관은 실탄을 허공에 발사하고는 귀가시켰다. 한국에서는 1953년 병역거부를 선언한 박종일이 군사법정에서 3년형을 선고받고 복역한 기록이 있다(평화박물관 건립추진위원회,『총을 들지 않는 사람들』, 38~39쪽). 문서화된 자료가 극소수이기에, 한국전쟁 당시에 남한과 북한의 군대가 병역거부자 처리 문제에 일관된 차이를 가졌다고 할 수는 없다. 해당 상관의 성향에 따른 우연한 차이라고 보는 것이 정확할 것이다. 그럼에도 한국전쟁 속에서 존재했던 관용의 사례는 전쟁이라는 조건이 병역거부에 대한 처벌을 무조건 정당화시킬 수 없음을 먼 나라의 예가 아닌 우리 역사를 통해서도 확인할 수 있다는 점에서 중요하다.

전쟁이 끝난 직후에도 일관된 처리 기준이 부재했기에 집총거부자에 대한 결정권은 해당 상관에게 주어져 있었다. 간혹 이해심을 갖고 있는 이들은 비무장복무를 허용해 주었지만, 대부분의 상관들이 취했던 방식은 '사람 만들어 준다'며 살인적인 구타를 하거나 총을 들이대며 위협하는 것이었다(한홍구,「인민군도 무작정 처벌 안 했다」). 그 과정에서 집총거부자들은 '비非국민', '이적행위자' 혹은 '빨갱이보다 나쁜 부류' 등의 언어로 오명 부여stigmatization의 대상이 되었다(강인철,「한국 사회와 양심적 병역거부」, 113쪽). 1958년부터는 이들에 대한 처리가 형사처벌로 규정되면서 재림교회 집총거부자들은 모두 군법회의에 회부되게 된다. 입영 자체를 거부했던 여호와의 증인 중에서도 민간법정에서 실형을 선고받는 이들이 생겨나기 시작했다.

이 시기에 여호와의 증인과 재림교회뿐만 아니라 장로교 신도인 문기병, 그리고 함석헌이 세운 씨알농장에서 함께 생활했던 홍명순도 병역거부로 복역한 기록이 남아 있다(강인철, 「한국 사회와 양심적 병역거부」, 115~116쪽; 김두식, 『평화의 얼굴』, 267쪽). 문기병은 훈련소 군목과 소속 교회 목사의 만류에도 불구하고 끝까지 집총거부의 신념을 지켰다고 기록되어 있다(오만규, 『집총거부와 안식일 준수의 신앙양심』, 360쪽). 함석헌의 기독교 평화주의에 영향을 받은 홍명순은 자신의 병역거부 동기를 다음과 같이 증언했다. "함 선생님은 늘 말씀하셨습니다. '6·25 전쟁을 치르고 나서도 나는 한 명의 목사도 전쟁의 잔인함을 비판하는 것을 들어 보지 못했다.' 이런 선생님의 말씀을 들었을 때 나는 징병에 응하기보다는 평화의 길을 택해야겠다고 다짐했습니다"(김성수, 『함석헌 평전』, 105쪽).

또한 한국전쟁을 전후로 벌어졌던 민간인 학살을 목도한 이후, 군대를 거부하겠다는 신념을 가지고 일본으로 밀항한 이들의 이야기 역시 전해진다. 재일조선인 김성호 씨는 해방 이후 벌어졌던 빨치산과 국방경비대, 경찰, 국군, 인민군 사이의 폭력 속에서 병역거부를 결심하게 되었다. 특히 그는 초등학교 시절 국방경비대 23연대가 창고에 가두어 두었던 '공비' 한 사람을 학교 운동장으로 끌고 나와 칼빈총으로 찌르고 죽이는 것을 목격했던 경험 속에서 "저것은 누구고, 이것은 누구고, 왜 그렇게 해야 하는 건가, 그때 일평생 무조건 전쟁에 반대한다, 군대는 안 가겠다"고 결심했다. 그러던 중 고등학교 3학년 때 신체검사에서 갑종 합격 통지서를 받고 언제 영장을 받을지 모른다는 공포에 떨다가 일본으로 밀항했다. 이후 김성호 씨는 일본에 정착해서 한국 민주화운동을 지원하는 활동에 참여해 왔다(정영신, 「죽어도 군에는 가지 않겠다고 일본으로 밀항해…」).

비록 소수이지만 이러한 사례들은 특정 종교를 넘어 한국전쟁과 민간인 학살에 대한 체험을 바탕으로 한 병역거부자들, 전쟁과 폭력을 자신의 삶에서 걷어내고자 했던 이들이 면면히 존재해 왔음을 보여 준다.

한국전쟁 직후, 오히려 가벼웠던 처벌

한국전쟁이 끝난 직후인 1950년대의 열악한 안보 상황에서도 병역거부자에 대한 국가의 태도는 이후 군사정권의 태도와 비교했을 때 훨씬 유연했다고 할 수 있다. 비록 제대로 집행되지는 않았지만 국방부 장관이 집총거부자에 대한 비전투분야 복무를 허용하는 명령을 내리기도 했다. 1957년 민간인 출신 국방부 장관 김용우는 각 군 참모총장에게 재림교회 병사들이 가급적 비전투분야에서 복무할 수 있도록 배치할 것을 명령했다(특명 국방총제2288호, 1957년 2월 25일). 이는 집총 훈련을 면제하고 비전투 병과에 배치시켜 주고 군대에서 안식일을 지킬 수 있도록 허락해 달라는 재림교회 신도들의 진정을 받아들인 결과였다.

이에 대한 사회의 반응은 격렬했다. 한국일보는 1957년 3월 8일자에서 「교리가 헌법보다 중요한가?」라는 제목으로 재림교회의 비무장 복무 요구가 특권을 바라는 행위이며, 종교와 국가 간의 충돌이 발생할 경우 국가적 입장이 우선이라는 사설을 실었다. 서울신문 역시 같은 날 기사에서 「괴怪! 집총거부 진정陳情」이라는 제목으로 "국가보다 교회를 앞세운 안식교도"라는 비판 기사를 실었다. 서울신문은 다음날에는 「신앙의 자유를 위해서라도 용감히 총을 들라: 해괴스런 안식교도들의 반

<표 2> 병역거부 구속자 시기별 통계

시기 (년)	구속자 수 (명)	평균 형량 (개월)	시기별 주요 특징
1950~1953	3	36	한국전쟁
1954~1972	708	10	민간재판
1973~1993	4,311	24	강제입영 시작, 군사재판, 반복처벌
1994~2000	4,058	34	법정최고형 3년 선고, 군사재판
2001~2008.8	4,768	18	강제입영 종결, 민간재판 1년 6월 선고, 사회운동 등장
미상	47	7	
합계	13,895	24.1	

출처: 홍영일, 「양심적 병역거부 역사와 대체복무에 대한 입장」, 145쪽에서 일부 수정. 이 자료는 여호와의 증인 한국 지부에서 2006년 3~5월 국내 여호와의 증인들을 대상으로 진행한 조사 내용과 이후 매월 수감 사실을 알려 온 병역거부자 자료를 기초로 만들어진 것이다. 때문에 1960년대까지 입영 후 집총거부를 선택했던 재림교회 신도들의 숫자와 형량은 반영되어 있지 않다. 또한 2001년 이후부터 공개적으로 병역거부를 선언한 정치적 병역거부자 역시 포함되어 있지 않다.

란」이란 제목의 사설을 내보냈다(진상범, 「한국 사회 양심적 병역거부에 대한 국가와 종교의 대응」, 202~203쪽). 그러나 국방부 장관의 명령에도 불구하고 각 부대에서는 집총거부자에 대한 폭행과 고문이 중단되지 않았고, 결국 1958년부터 징역형을 선고하는 것으로 병역거부자에 대한 방침이 통일되었다.

형사처벌로 귀결되었지만, 1958년 당시의 형량은 6개월에서 1년 이내였다. 이는 이후 군사정권과 비교했을 때 상대적으로 가벼운 형량이었다. 병역거부자에게 실형선고가 굳어진 후에도 그 형량과 재판 방식은 시기마다 차이를 가지는데, 이를 표로 정리해 보면 <표 2>와 같다.

1954년부터 유신 이전까지의 형량은 평균 10개월 정도였지만, 유신 직후인 1973년부터는 2배 이상으로 높아졌다. 유신 이후 박정희 정권은 병역거부자들을 강제입영시켰고, 이전까지 민간법정에서 재판을 받았던 여호와의 증인들이 군사법정에서 재판을 받기 시작하면서 형량이 높아지게 된 것이다. 이는 병역거부자들에 대한 처벌의 강도가 구체적인 군사적 위협이나 안보 상황이 아니라 유신 이후 사회를 강력하게 병영화시키려는 정권의 통치 전략 속에서 결정된 것임을 보여 준다. 병역거부자들의 높아지는 형량은 우리 사회가 병영국가garrison state[*]가 되어 가는 것을 상징하는 비극적인 숫자였다.

3. 입영율 100% 사회: 박정희 정권부터 2000년까지

징집체제 완성을 위한 집요한 노력

5·16 군사쿠데타가 발생한 1960년, 입영 대상자 중에서 병역기피자의 비율은 35%에 달했다(병무청, 『병무행정사』 상권, 750쪽). 당시의 여러 조건들을 고려해 본다면 실제보다 낮게 추산되었을 가능성이 높기에 입영 대상자의 절반에 가까운 사람들이 징집을 기피했다고 추정할 수 있다. 이러한 기피의 이유가 생계를 위한 것이든, 군 내부의 폭력적 문화에 대한 공포심이든, 소수의 종교적 신념에 의한 병역거부이든 징병제에 대한 개인적 회피, 소극적 저항이 상당했음을 알 수 있다.

---

[*] **병영국가** | 해럴드 래스웰(Harold Lasswell)이 제시한 모델로서, 다른 모든 사회적 목표가 전쟁 준비에 종속될 만큼 군사화된 국가를 의미한다. 이러한 국가에서는 국가안보에 대한 공포를 조성하는 것이 주된 통치 전략이 된다(Lasswell, "The Garrison State and Specialists on Violence" 참조).

그러나 박정희 군사정권이 들어선 이후 병역기피자의 비율은 현격하게 줄어들었다. 쿠데타 이후 한 달도 되지 않았던 1961년 6월 9일 군정은 내각공고 1호로 병역의무 불이행자 자수 신고 기간을 설정하는데, 이를 통해 10일 동안 무려 24만 명이 넘는 자진신고를 받아낸다. 이것을 시작으로 박정희 군사정권은 권력의 근거인 군부를 강화하고, 전 사회의 병영화를 위해 '입영율 100%'를 사회적 목표로 삼는다. 전 사회적인 통제, 기피자에 대한 강력한 처벌과 사회적 낙인 등의 집요한 노력을 통해 징집체제를 완성해 나간 것이다(신병식, 「박정희 시대의 일상생활과 군사주의」, 156~159쪽).

박정희 정권이 징병제를 강화하는 과정에서 가장 먼저 부딪혔던 문제는 개인을 통제·감시할 자료의 부재였다. 이 속에서 등장한 것이 1962년 주민등록제도였다. 홍성태는 한국의 주민등록제도가 다른 사회에서는 유례가 없는 강력한 통제 시스템으로서 '병영국가'로 들어가는 필수적인 조치였다고 평한다(홍성태, 「주민등록제도와 총체적 감시사회」). 이러한 통제는 노동시장을 통해서도 이루어졌는데, 박정희 정권은 군 미필 남성에 대한 고용을 불법화함으로써 징병제의 그물을 더욱 촘촘하게 만들었다(문승숙, 『군사주의에 갇힌 근대』, 83쪽). 각 직장에 직원들의 병역 관련 서류를 비치할 것을 의무화했고, 더 나아가 1970년 3월에는 공무원과 국영기업에서 병역미필자들을 "일단 모두 해직"시키고 "억울한 사람 따로 구제"하겠다는 결정까지 내린다(『조선일보』, 1970년 3월 4일).

1960~70년대의 병역기피자 단속 통계를 보면, 징집체제의 완성을 단적으로 확인할 수 있다. 1960년 35%에 달하던 기피율은 1968년 13%까지 떨어졌고 1971년에는 7.8%, 1972년에는 4.4%가 된다. 병역기피

율의 지속적인 하락 속에서 1974년 이후에는 병역기피율이 0.1% 이하에서 고정된다(병무청,『병무행정사』상권, 750쪽; 하권, 799쪽).

입영율 100% 달성을 위해 병역거부에 대한 처벌 역시 강화되어 갔다. 1958년 이후 형사처벌이 일반화되면서 6개월에서 1년 이내의 형이 내려졌다면, 쿠데타 이후에는 그 강도가 보다 높아졌고, 병역거부는 병역기피보다도 무겁게 취급되었다.

그 무거움의 단적인 예가 '반복처벌'과 '가중처벌'이다. 군형법이 제정된 1962년 이후 항명죄에 대해서 2년 이하의 징역형만이 선고될 수 있도록 법률이 제정되었기 때문에 처벌 형량이 2년을 넘지 않았을 것이라 예상할 수 있겠지만 현실은 그렇지 못했다. 훈련소에서 총을 잡으라는 명령을 거부해서 항명죄로 수감된 이후 출소를 하면 다시 훈련소로 보내지고 또다시 재판을 받는 반복처벌의 악순환이 이어졌다. 심지어 두번째 재판에서는 동일한 전과가 있다는 이유로 첫번째보다 가중된 형량을 선고받아 복역해야 했다. 반복처벌이 가능했던 이유는 1957년 8월 15일 법률 제444호로 전문 개정된 병역법 제5조에 "6년 이상의 징역 또는 금고에 처형된 자는 병역에 복무할 수 없다"라고만 규정되어 있기 때문이었다. 6년 이하의 형은 징병 의무가 면제되는 35세까지 계속 반복될 수 있었다. 따라서 그 이하의 형기를 받고 복역을 한 후 출소하면 다시 입대영장이 나오는 어처구니없는 일이 생겨났다.

이러한 반복·가중처벌로 인해 재림교회 신도였던 최방원은 1963년부터 네 차례의 징역형을 선고받아 1970년 12월까지 7년 6개월을 감옥에서 보내야 했다. 강력한 처벌 속에서 재림교회 집총거부자는 1960년대 이후 급감했고, 결국 1970년대 중반 교단 차원에서 교리를 수정하

면서 집총거부에 대한 입장을 철회하였다(강인철, 「한국 사회와 양심적 병역거부」, 117~119쪽).[*]

이렇게 재림교회를 굴복시킨 국가는 여호와의 증인에 대한 탄압의 강도를 더욱 높이게 된다. 여호와의 증인 신도들은 1970년대 중반의 강제입영 정책이 나오기 이전까지 재림교회 신도들과는 다른 형식으로 병역거부를 했기 때문에 형량에서도 차이가 있었다. 재림교회 신도들이 입영 후에 집총을 거부했기 때문에 군형법에 따라 항명죄로 기소되었다면, 여호와의 증인들은 입대 자체를 거부하고 민간법정에서 병역법 위반으로 6개월에서 8개월의 실형을 선고받아 왔다(홍영일, 「양심적 병역거부와 관용의 증가」, 28쪽). 그러나 유신 이후 여호와의 증인들은 복무의사에 상관없이 강제입영당했고, 군대 안에서 항명죄로 이전보다 훨씬 높은 형량을 선고받게 되었다.

머리를 들고 살지 못하게 하라

유신을 계기로 더욱 극에 달했던 병역거부에 대한 탄압은, 유신 이후 영구 통치를 위해 이루어졌던 전 사회적 통제의 맥락에서 이해해야 한다. '입영율 100%' 달성은 단지 병력 충원만을 위한 목표가 아니었다. 그것은 한 사회가 철저하게 통제되고 있음을 구성원들에게 보여 주기 위한

---

[*] **재림교회의 병역거부** | 재림교회의 이러한 결정이 군사정권의 강력한 탄압이 만들었던 결과인 것은 사실이지만, 이것이 한국만의 예외적인 사례는 아니다. 제1차 세계대전 당시 독일 재림교회는 독일의 전쟁 수행을 전면적으로 지원하겠다는 결정을 내리고 신도들에게 조국 수호를 위해 총기를 들라고 촉구했다(오만규, 「제칠일안식일예수재림교회 비무장 군 복무의 기원과 발전」, 95쪽). 또한 시기적으로 약간의 차이가 있지만 1970년대에 들어 재림교회는 전 세계적으로 '무장전투원 군 복무'를 하나의 선택항으로 열어 두는 결정을 내린다(강인철, 「한국 사회와 양심적 병역거부」, 125쪽). 그러나 최근 한국의 재림교회 신도 중에서 이러한 역사를 비판적으로 평가하며 병역거부를 택하는 이들이 다시 등장하고 있다.

박정희 정권의 통치 전략이었다. 근대국가는 관료집단이나 경찰·군대와 같은 기구들을 통해서만 통치하는 것이 아니라, 자신의 존재감을 구성원들의 일상 속에 각인시키면서 사회를 지배해 나간다. 신문에 병역기피자들의 실명이 게재되는 것을 보면서, 사람들은 국가의 그물망 같은 통제 속에서 절대 '탈영'할 수 없음을, 그리고 탈영하는 순간 직면할 폭력을 예감했다.

이러한 통제의 정점은 규율의 '도덕화'라 할 수 있다. 근대국가는 범죄를 '비행' 내지 '일탈'의 영역으로 구성하고, 규칙을 위반한 자를 도덕을 어긴 비행자, 또는 일탈자로 규정하는 메커니즘을 통해서 감시와 통제를 완성해 간다. 이 속에서 대중들은 비행자 혹은 일탈자가 되지 않기 위해서 내면화된 도덕에 따라 스스로를 감시하고 검열하게 된다(푸코, 『감시와 처벌』, 393~444쪽). 박정희 정권 역시 '공중도덕'이라는 이름으로 규율을 내면화시켰는데, 병역은 그 중 가장 높은 단계의 공중도덕으로 위치 지워졌다(신병식, 「박정희 시대의 일상생활과 군사주의」, 154~155쪽).

1973년 1월 20일 박정희 대통령이 "앞으로 법을 만들어서라도 병역을 기피한 본인과 그 부모가 이 사회에서 머리를 들고 살지 못하는 사회 기풍을 만들도록 하라"고 '친히' 내린 명령은 이 도덕화의 본질을 단적으로 보여 준다(『한겨레』, 2009년 1월 16일, 「빨갱이 몰아 때리고 물고문 집총거부자 '고의적 타살'」). 이 명령에 호응해서 조선일보는 1973년 1월 23일 「인간 의무로서의 병역」이란 사설에서 병역기피자들과 그의 부모들을 "더불어 함께 살 수 없는 반사회적인 인간들"이라고 규정했다. 그 직후인 1월 30일 '병역법 위반 등의 범죄 처벌에 관한 특별조치법'이 제정되면서 검찰과 경찰이 병무청과 합동으로 병역기피자 단속을 대대적으로 시작했다. 이 단속을 책임졌던 대검찰청은 병역기피를 뺑소니, 유괴, 마약, 보건 범죄, 폭력과 함께 6대 '사회악'이라 명명했고(『조선일보』, 1973년 2월 23일), 1972년 2월 3일 중앙병무사범방지대책위원회에서 나온 '국가비상사태하에서의 병역기피자 단속 방침'에서는 "(병역)기피자의 이름을 각 시·군 공보지 및 게시판에 공고"하라는 결정까지 내려졌다(『중앙일보』, 1972년 2월 3일).

곧이어 나온 대통령훈령 34호 '병무행정 쇄신 지침'(1973. 2. 26)은 더욱 노골적으로 병역기피자를 '비국민적인 행위자'로 낙인찍은 후 "일체의 사회활동을 제한하고 단호히 색출 엄단"할 것을 지시한다. 심지어 문교부는 "새마을운동과 병행하며 기피자 없는 마을을 육성"하라는 훈령까지 내렸고, 실제 지역 차원에서 '(병역)기피자 없는 마을 만들기' 운동이 전개되기도 했다(신병식, 「박정희 시대의 일상생활과 군사주의」, 159~161쪽). "대한민국 남자라면 누구나 군대 가야 한다"라는 언사는 이처럼 겹겹의 억압과 감시 속에서 관철될 수 있었다. 그리고 이 역사는 그 '누구나'에서 벗어나는 순간 가해질 폭력을 담고 있다.

병무청은 입영율 100% 달성을 위해서, 당시 병역기피자 중 50%가 넘는 비율을 차지했던 여호와의 증인들을 강제로 입영시키는 조치를 단행했다. 강화된 사회적 통제 속에서 병역기피자의 숫자가 급감하자, 여호와의 증인 신도들의 병역거부를 주목할 수밖에 없었던 것이다. 이 강제입영의 실상을 살펴보면 병무청 직원들이 여호와의 증인들의 종교집회 장소를 급습하여 징집 대상자로 보이는 청년들을 군부대로 연행한 후에 그곳에서 영장을 발부하거나, 직접 집으로 찾아가 영장 없는 불법 연행을 자행하는 사실상의 '납치'였다. 가족들의 신변을 위협하는 협박도 이루어졌는데, 1975년 6월 30일 박노권 씨의 집에 찾아온 병사담당자는 "병무소집에 불응한다면 본가의 여동생을 연행하여 고문을 가하겠다", "3가(본가, 처가, 외가)가 패망당할 것이다" 등의 위협을 가하며 박노권 씨를 충남지방병무청으로 강제 연행하였다. 심지어 그의 소집일자가 1975년 7월 1일이었는데도 말이다. 입영거부를 한 이의 가족들이 다니는 직장에 공문을 보내서 퇴직 압력을 넣는 일도 빈번했다(한홍구, 「한국의 징병제와 병역거부의 역사」, 309쪽).

강제입영된 여호와의 증인에게 반복처벌도 이루어졌다. 법정최고 형량은 2년이었지만 여러 편법을 통해서 이들을 보다 가혹하게 탄압했던 것이다. 양심적 병역거부로 한국에서 가장 긴 기간인 7년 10개월을 복역한 여호와의 증인 신도 정춘국은 수기를 통해서 자신이 겪었던 반복처벌의 끔찍한 경험을 다음과 같이 적고 있다.

저는 앉은뱅이로 3년 세월을 방 안에 갇혀서만 살았습니다. 3년이 지나만 스물아홉 살이 되었고, 새벽 네 시 대전교도소 보안과 사무실에서 자유를 꿈꾸던 저를 검은 가죽잠바의 병무청 직원이 또 징집영장을 들고서 굳은 얼굴로 기다리고 있었습니다. 교도소 밖을 나서 또다시 붙잡혀 가는 아들을 보며 저의 어머니 눈에서는 피 같은 눈물이 쏟아졌고, 저는 32사단 군부대로 실려 갔습니다. …… 32사단에서는 병역법 전과가 있다며 누범 가산을 한다고 했습니다. 징집할 때는 전과로 인정하지 않는다고 징집하더니 형을 줄 때는 전과로 인정하였습니다. 1977년, 그리하여 항명 최고형 2년인 것을 두 곱으로 4년을 선고했습니다. (정춘국, 「잊혀질 수 없는 기억에 대한 조사」)

반복처벌뿐만이 아니었다. 강제입영 이후 집총 명령을 거부하는 여호와의 증인들에 대한 폭력은 계속되었고, 그 과정에서 사망하는 경우까지 발생했다. 1976년 3월 19일 여호와의 증인 이춘길은 항명죄로 영창에 있는 동안 심한 구타를 당해서 비장 파열로 숨을 거두었다. 김종식은 논산훈련소에서 집총 거부를 이유로 맞아 죽었다(한홍구, 「한국의 징병제와 병역거부의 역사」, 310쪽). 신념을 포기한 죄책감에 자살하는 경우도 있었는데, 1981년 8월 숨진 김선태는 내리막길에서 굴러가는 드럼통 속에 몇 시간씩 갇히는 고문을 당했다. 고문을 멈추기 위해 그는 훈련을 받겠다고 말을 했지만, 몇 시간 뒤 부대 근처 배밭에서 목을 매 숨졌다. 그러나 이 비참한 죽음에 대해서 국가폭력의 책임이 밝혀진 것은 30년이 넘게 지난 최근에 이르러서였다. 대통령소속 군의문사진상규명위원회는 2009년 1월 15일 "국가의 반인권적 폭력과 가혹 행위로 숨진 점이 인정된다"며 국가의 책임을 인정하는 국가기관의 첫 진상규명 결정을 발표했다(『한겨레』, 2009년 1월 16일, 「군대서 숨진 '여호와의 증인'에 "국가책임" 첫 인정」).

이러한 고통은 군대에서만이 아니라 학교에서도 이어졌다. 1949년 최초의 병역법부터 학생 군사훈련을 명문화했던 대한민국에서는 학생마저 군인이 되어야 했고, 총을 들 수 없다는 신념을 가진 이들은 '학생'이 될 수도 없었다. 여호와의 증인 신도였던 김재현은 1988년 3월부터 1989년 11월까지 교련 거부로 많은 고난을 겪었다. 결국 함께 학교를 다니던 다른 신도들에게 더 이상 부당한 체벌을 하지 않는다는 약속을 학교로부터 받아낸 후 본인은 자퇴를 해야만 했다.

수업시간의 체벌만으로는 의지를 굽힐 수가 없다고 판단한 교련 선생님은 시도 때도 없이 저희(저를 포함한 몇 명의 교련 거부 학생, 모두 여호와의 증인이었음)를 때리고 억압하기 시작하였습니다. …… 외국어고등학교에 입학시켜 기대가 크셨을 터인데 그 아들이 매일같이 파김치가 되어 하교하더니 급기야 자퇴를 하겠다고 했을 때, 그런 극단적인 선택을 해야만 했던 아들에게 눈물을 보이지 않기 위해 어머니는 얼마나 숨죽여 눈물을 닦으셨을까. 저는 감히 상상할 수도 없습니다. (홍영일, 「양심적 병역거부와 관용의 증가」, 38~39쪽)

민주화가 비껴간 병역거부

이후 군사정권은 막을 내렸고 전 사회가 민주화의 분위기에서 변화해 갔지만, 병역거부자들에 대한 처벌은 오히려 강화되었다. 1990년대에 들어와서 여호와의 증인들이 군형법 44조의 항명죄 위반으로 법정최고형인 2년을 선고받는 것이 당시 일반 사병의 복무기간보다 짧기 때문에 형평성이 맞지 않는다는 의견이 제기되었다. 군 복무와 감옥을 동일한 시간으로 비교하는 것 자체가 희극이자 비극이겠지만, 이러한 의견이 실제 재판에 적용되는 과정은 더욱 그랬다. 강제입영 첫날 총을 주고, 이를 거부하면 다음날 한 번 더 총을 주었는데, 이를 두 번의 범죄를 저지른 것으로 인정해 경합범으로 가중처벌했던 것이다. 이러한 논리를 적용한 일부 법무관들은 최고형인 징역 2년에 2분의 1을 더한 3년을 선고하는 것을 '관행'으로 삼았다.

이것이 위법한 판결이라는 문제 제기에 대해 대법원은 "상관으로부터 집총을 하고 군사교육을 받으라는 명령을 받고도 여러 번 이를 거부한 경우에는 하나의 항명죄만 성립하는 것이 아니라, 그 명령 횟수만큼 항명죄가 성립한다"라며 문제가 없다고 판결했다(대법원, 92도1534). 대한민국 최고법원이, 오늘 총 주고 안 받으면 내일 다시 총 주어서 '곱징역'을 살게 하는 '짓'을 정당하다 판결한 것이다. 그러나 일선 군판사를 중심으로 이러한 비상식적인 법 적용에 대한 비판이 계속되자, 1994년에는 아예 항명죄의 최고형량을 3년으로 높이고 법정최고형인 3년을 그대로 선고했다. 형사법 체계에서 법정최고형이 그대로 선고되는 경우는 이 경우가 거의 유일할 정도로 병역거부자에 대한 처벌이 가혹했다. 민주화 이후에 오히려 병역거부자에 대한 처벌이 강화된 역설은 군부독재가 종결된 이후에도 극복되지 않은 우리 사회의 군사주의를 보여 줌과 동시에, 한국 사회의 민주화가 그만큼 불완전했다는 것을 방증하는 것이라고 할 수 있다.

2001년부터는 입영 자체를 거부하고 민간법정에서 재판을 받는, 원래 여호와의 증인들이 병역거부를 하던 방식으로 돌아갔다. 그 결과 재징집을 면할 수 있는 최소형량인 1년 6월이 선고되기 시작했다. 병역거부자들에 대한 1년 6월 형량은 이후 계속 유지되는데, 이는 현행법상 처벌이 불가피하지만 이 처벌이 과연 정당한가를 고민했던 사법부가 내놓은 '맞춤형량'이었다. 김두식은 군사법정과는 달리 민간법정에서 독립성이 확보된 법관이 판결할 수 있게 되자 형량이 줄어든 것은 법관들이 군법무관으로 복무하던 시절 병역거부자들에 대해서 기계적인 기소와 판결을 했던 것에 대한 반성적 고려에 따른 것이라고 평가한다(김두식, 『평화의 얼굴』, 281쪽; 이러한 평가는 분명 설명력을 가지지만, 판사를 당연히 남성이라 전제한 점은 지적할 필요가 있다).

앞서 살핀 바와 같이 병역거부자에 대한 처벌은 한국 사회의 징병제, 군사주의와 밀접한 연관을 맺으며 변해 왔다. 그러나 그러한 변화 속에서도 병역거부자들은 일관되게 형사처벌을 감내해야 했고, 그 시간이 쌓여 감에도 불구하고 이들의 고통은 사회적으로 가려져 왔다.

4. 병역거부가 가려져 왔던 이유

군사주의와 이단 낙인

병역거부가 오랜 시간 가려져 왔던 이유 중 첫번째로 한국 사회의 강고한 군사주의를 꼽을 수 있다. 군사정권은 사회 내부에서 병역과 군대를 신성화시키는 작업을 지속적으로 진행했고, 병역기피자에 대한 처벌과 낙인을 강화시켰다. 이러한 상황에서 병역거부자는 철저하게 고립되어 갔다. 민주화 이후에 소수자 인권 문제가 이슈화되는 과정에서도 병역거부자 문제는 의제화되지 못했는데, 이는 지난 시기 만들어진 강력한 군사주의 속에서 군대라는 대상이 도전할 수 없는 성역으로 인식되었기 때문이다.

한홍구는 감옥에 가고 분신까지 하면서 군부독재에 맞섰던 치열한 1980년대 학생운동권 중에서 양심적 병역거부자가 단 한 명도 없었음을 지적하면서, 이는 한국 사회의 군사주의가 얼마나 강력했는가를 보여 주는 것이라 말한다(한홍구, 「인민군도 무작정 처벌 안 했다」). 권인숙 역시 병역거부와 같은, 군사행위 자체에 대한 거부는 1980년대 학생운동에 존재하지 않았다고 말한다. 전방입소거부나 교련반대와 같은 실천들은 존재했지만, 이는 반군사주의적 저항이었다기보다는 정권에 대한 저항이나 반미反美운동의 맥락에서 행해졌기 때문이다(권인숙, 『대한민국은 군대다』, 213~214쪽). 이처럼 운동 진영 내부에서조차 군사주의에 대한 감수성은 척박했다. 악마와 싸우면서 악마를 닮아 간다는 말처럼, 군부독재와 싸우면서도 군사주의에 대한 비판적 인식을 갖지 못했던 것이다. 1994년에 발표된 차명제의 논문 「한국 사회에서 새로운 사회운동의 활성화 가능성」은 한국 사회의 평화운동이 취약한 이유 중 하나로 양심적 병역거부의 부재를 들고 있는데, 한국 사회의 강력한 군사주의 속에서 병역거부자들의 처벌을 인권 침해로 인식하고 이들의 고통에 연대할 수 있는 감수성과 평화운동 모두가 극도로 취약했던 상황이었다.

병역거부가 비가시화되었던 또 다른 원인으로는 '이단 낙인'이 있다. 한국의 역사 속에서 병역거부자의 절대 다수였던 여호와의 증인에 대한 사회적 편견으로 인해, 병역거부라는 행위가 여호와의 증인 신도들만의 '별난' 행위로 인식되었던 것이다. 이에 따라 이들의 병역거부 행위를 처벌하는 것이 '양심의 자유'를 침해하는 인권 문제라고 연결 짓지 못하였다.

병역거부운동 등장 이후에 많은 힘을 보탰던 정진우 목사가 2002년 초 민가협 집회에서 발언한 내용은, 민주화운동을 비롯한 사회운동에 헌신적으로 참여했던 진보적인 종교인조차 피해 갈 수 없었던 이단 낙인을 잘 보여 주고 있다.

내 이웃을 내 몸과 같이 사랑하라, 그런 명령을 가장 절대적으로 믿고 산다는 목사인 제가, 그분들이 양심을 지키고 평화를 사랑하며 진실을 지키기 위해서 고생을 하고 있는데 눈멀고 귀먹은 것처럼 그들을 이단이라고 손가락질하고 단 한 번도 진지하게 그분들의 목소리에 귀 기울여 본 적이 없는 제 자신이 얼마나 부끄럽고 초라했는지 모릅니다. (김환태 감독 다큐멘터리, 「총을 들지 않는 사람들」 중에서)

정진우 목사와 같은 진보적 종교인들은 병역거부운동의 등장 이후 자신들의 편견을 직시했고, 깊은 반성을 통해 병역거부를 이해해 갔다. 고 김수환 추기경께서도 2002년 3월 "종교적 신념에 의한 양심적 병역거부가 존중되어야 한다"라고 말씀하시면서 나름의 입장을 밝혀 주셨다. 그러나 이는 예외적인 모습이라 표현하는 것이 정확할 정도로, 주류 종교 일반의 태도는 냉담하기 그지없었다. 특히 한국기독교총연합을 비롯한 보수적 개신교 단체들은 경직된 국가안보관을 대변하면서 기독교 평화주의의 중요한 역사인 병역거부를 부정하고 매도했다. 또한 이들은 병역거부라는 행위에 대한 논쟁보다는 여호와의 증인을 이단으로 낙인찍는 것에만 열중했다.

종교연구자 진상범은 이러한 두 가지 측면을 '이중적 층위'라고 명명하면서 한국 사회에서 병역거부가 놓인 지형을 설명한다. 병역거부에 대한 처벌 중심의 국가적 억압과 함께 소수 종파에 대한 주류 종파의 냉소와 비판이라는 두 층위가 양심적 병역거부자들이 우리 사회에서 가려져 왔던 원인이라는 분석이다. 그는 그 중에서 한국 주류 종파가 병역거부에 대해 보여 왔던 행태를 매우 비판적으로 평가한다. 서구 역사에서는 소수 종파에 대해 국가의 탄압이 발생했을 경우, 이를 종교의 자유가 훼손되는 것으로 것으로 인식하고 공동의 행보를 만드는 것이 일반적이었다. 특히 병역거부는 종교의 자유와 함께 '평화주의'라는 종교 본연의 가치를 표출하는 적극적인 행위로 여겨졌기에, 연대의 고리는 더욱 단단했다. 그러나 한국의 경우에는 주류 종교가 국가의 종교 탄압을 거든 셈이다(진상범, 「한국 사회 양심적 병역거부에 대한 국가와 종교의 대응」, 195~202쪽).

중립을 지켰던 여호와의 증인

이러한 두 가지 요인들과 함께 정치적 중립을 중요하게 생각하는 여호와의 증인 교파의 특성 역시 이 문제가 비가시화되어 온 중요한 요인이라고 할 수 있다. 이러한 종교적 특징으로 인해 여호와의 증인 신도들은 오랜 처벌과 탄압에도 불구하고 피해 사실을 공론화하거나 사회활동의 주체가 되는 것을 조심스러워했다. 대법원이나 헌법재판소를 통해 법체계 내의 문제 제기를 이어 갔지만, 적극적인 사회운동이나 공론화를 시도하지는 않았다. 한홍구는 여호와의 증인이 가진 종교적 특성이 운동의 등장을 늦췄다는 것에 동의했다.

한홍구 여호와의 증인들은 참 특별한 집단이다. 어떤 선생님이 그랬다. 여호와의 증인들 참 바보라고. 누가 당신들 보고 저항을 하래? 저항하지 말고 때리면 아야야. 때렸을 때 왜 때려 하면 저항이지만, 맞은 다음에 아야야 하는 것은 되는 거 아니냐. 피해를 드러내라. 다른 집단이 만 명 감옥에 갔어 봐라. 난리가 나지. 물론 여호와의 증인들이 그렇게 침묵한 것 역시 스스로의 신념을 지켜 온 것이고, 이러한 원칙이 지금까지 신념을 꺾지 않을 수 있었던 동력이라고 본다.

이러한 종교적 특성은 운동이 등장한 2000년 이후에도 이어진다. 물론 여호와의 증인 신도들은 관련 자료와 글, 수기 등을 통해서 병역거부운동의 공론화 과정에 많은 역할을 담당했지만, 사회운동과의 일정한 거리를 유지하면서 신중한 모습을 취했다. 국가인권위원회가 설립된 직후인 2001년 11월 26일, 여호와의 증인 신도이자 성우인 양지운은 '양심적 병역거부자 수형자에 대한 차별행위의 개선 권고 및 구제에 관한 진정서'를 제출했는데, 이는 교도소 내에서 여호와의 증인 종교집회가 금지된 것이 종교의 자유를 침해한 것이라는 진정이었다.* 이 진정이 병역거부를 공론화시키는 데 기여했고, 실제 교도소 내의 변화를 가져온 주요한 사건이었음에는 틀림없지만, 당시 병역거부에 관한 사회적 토론이 이미 뜨거웠다는 것을 고려해 본다면 제한된 수준의 요구였다고 볼수 있다.

그러나 병역거부자들의 고통은 오랜 침묵을 깨고 2000년에 비로소 공론화될 수 있었고, 사회운동으로 이어졌다. 그렇다면 왜 2000년에 이러한 변화가 생겼던 것일까? 병역거부운동의 등장 원인을 밝히는 과정은 사회운동으로서 병역거부운동을 분석하는 시작이다. '신성한 국방의

---

* **병역거부와 종교의 자유** | 양심적 병역거부자 수형자에 대한 차별 관련 진정은 국가인권위원회가 설립되고 두번째로 진정을 받은 사안이었다. 첫번째는 장애인 관련 문제였는데, 이남석은 이러한 초기 진정들은 그동안 한국 사회에서 어떤 이들이 가장 심각하게 인권을 침해받고 있었는가를 말해 주는 것이라고 평한다(이남석, 『양심에 따른 병역거부와 시민불복종』, 78쪽). 이 진정에 대해서 국가인권위원회는 "법무부가 구금시설 내의 여호와의 증인 수용자들에게 종교집회를 불허하는 것은 평등권 및 종교의 자유를 침해한 행위이므로, '여호와의 증인' 수용자들도 종교집회를 가질 수 있도록 허용할 것"을 법무부에 권고했다. 이후 법무부는 그들의 종교 교리가 실정법 위반의 이유였는데, 이 종교집회를 허용하면 실정법 위반 행위의 정당성을 강화하는 것이라며 국가인권위의 권고 수용 불가 입장을 밝혔다. 이에 이례적으로 국가인권위는 권고 수용 재고를 요청했고 그로부터 6개월 뒤 법무부는 소수의 수용자들에게도 집회를 허용하기로 결정한다. 병역거부운동의 맥락에서 진행되었던 이 일은 병역거부운동이 종교적 자유의 신장과 밀접한 연관이 있음을 보여 주는 사례이다.

의무'에 '감히' 도전했던 사회운동은 언제, 어떻게 만들어졌는가? 그리고 그 운동의 주체들은 군사화된 한국 사회에서 무엇을 말했으며, 무엇을 삼켜야 했을까?

3장 병역거부, 운동이 되다

오랜 시간 가려져 왔던 양심적 병역거부자들의 감옥행은 왜 2000년에 알려지게 되었고, 사회운동으로 이어졌을까? 2000년 이전에 이 문제에 대한 논의가 부재했던 것은 아니다. 1985년 군법무관으로 복무 중이던 유남석 중위는 여호와의 증인에 대한 계속된 처벌에 법적 문제가 있다는 내용의 「양심상의 병역거부에 관한 법적 고찰」이라는 논문을 발표했다. 군 복무나 교도소 참관 등의 개인적인 경험을 통해서 이 문제를 접하게 된 법학 교수들과 변호사들의 문제 제기도 간헐적이나마 이어져 왔다(김두식, 『평화의 얼굴』, 251쪽). 그러나 이 노력들이 사회적 관심으로 이어지지는 못했다.

결국 이 문제가 사회적 쟁점으로, 그리고 사회운동으로 등장하게 된 계기는 외국 활동가로부터의 제안이었다. 이를 통해 국내 시민단체 활동가들이 병역거부에 대해 인지하게 되었고, 이후 오랜 시간 가려져 온 병역거부자들의 고통이 알려지게 되었다. 그러나 외국 활동가의 제안이라는 외부적 요인으로 운동의 등장 모두를 설명할 수는 없다. 외부의 제안이 한국 사회 내에서 사회운동으로 발전할 수 있었던 것은, 민주화 이후 소수자 인권에 대한 전반적 인식이 사회 전반에 확산되었고, 평화운동이라는 새로운 사회운동의 흐름이 존재했기 때문이다. 또한 사회운동이 시작된 직후에 등장한 정치적 병역거부자는 병역거부라는 이슈가 종교적 편견 속으로 매몰되는 것을 극복할 수 있게 해주었다.

1. 왜 2000년이었을까

징병제, 이제 때가 되지 않았는가

"왜 2000년에 병역거부운동이 등장했는가"라는 질문에 대한 가장 직접적인 대답은 외국 활동가에게 병역거부를 포함한 징병제에 대한 운동을 제안받은 시기가 그때라는 것이다. 아시아에서 가장 역동적인 사회운동 경험을 자랑하는 한국이지만, 양심적 병역거부운동은 해외 활동가의 조력에 의해 비로소 촉발될 수 있었다.

한국보다 훨씬 더 긴 형량으로 병역거부자를 처벌해 왔던 대만은 2000년 군 개혁의 일환으로 대체복무제를 도입했다. 바로 그 2000년에 한국에서 아시아유럽정상회의, 즉 아셈ASEM이 열렸고, 여기에 반대하는 전 세계 사회운동가들은 한국에서 아셈피플스포럼ASEM People's Forum이라는 대안행사를 조직했다. 이 행사에서 평화인권연대 활동가 최정민은 퀘이커의 사회단체인 미국친우봉사위원회American Friends Service Committee, AFSC 활동가에게 병역거부에 관한 활동을 처음으로 제안받게 되었다.

최정민 아셈회의['아셈피플스포럼'을 지칭한다]에서 AFSC에서 동아시아를 담당하는 카린 리가 대만에서 대체복무제가 도입된 이야기를 하면서 한국에서도 징병제에 대한 문제 제기 활동을 할 때가 되지 않았냐는 제안을 했다. 그때 받았던 것이 퀘이커와 WRI가 함께 만들었던 『유엔 인권시스템을 이용해서 어떻게 병역거부 문제를 해결할 것인가』라는 책이었다. 당시에 이 책을 번역하고 어떻게 활동할지 논의해 보자는 초기적인 고민을 가지고 몇몇 사람들과 이야기를 나누었다. 2000년 겨울 들어갈 때쯤이었는데 그때 여호와의 증인들도 처음 찾아가 보았다. 사실 나는 병역거부라는 단어도 몰랐고, 여호와의 증인들이 있는지도 몰랐다. 그런데 이야기를 해보니 군대 다녀온 남자들은 모두 알고 있었던 사실이었다.

평화단체에서 활동해 온 최정민에게도 병역거부자의 존재와 이들의 처벌은 '처음 듣는 일'이었다. 그만큼 병역거부자의 존재는 철저하게 가려져 왔던 걸까? 아니었다. 최정민이 더욱 놀랐던 것은 '군대 다녀온 남자들'은 모두 병역거부에 대해 알고 있었다는 것이었다. 이 문제로 모인 남성 활동가들은 대부분 군대 경험 속에서 훈련소에서 집총을 거부하는 여호와의 증인들을 봤고, 이들의 감옥행에 대해서도 알고 있었다.

아는 만큼 보인다고 한다. 알지 못하면 봐도 그것이 무엇인지 모른다는 것이다. 병역거부자들의 형사처벌이 이어진 지 반세기가 넘는 시간 동안 수많은 남성들은 훈련소에서 총을 잡을 수 없다는 이유로 구타당하고 영창으로 끌려가는 병역거부자들을 봐 왔다. 또한 군사정권 시절 투옥되었던 다수의 민주화운동가들 역시 교도소에서 병역거부자들을 만나 왔다. 그러나 그들은 병역거부가 무엇이고, 병역거부자들을 처벌하는 것이 어떤 의미인지 정확히 인지하지 못했다(한홍구, 「한국의 징병제와 병역거부의 역사」, 313쪽). 앎이란 사회적 조건 속에서 이루어지는

데, 한국 사회의 군사주의가 이 봄과 앎 사이를 가로막아 왔기 때문이다.

군사주의란 국가안보와 그것을 위한 군사력을 '절대선'으로 상정하는 이데올로기이다(군사주의를 이데올로기로서 접근하는 연구로는 Hook, *Militarisation and Demilitarisation in Contemporary Japan* 참조). 우리 사회는 해방 이후 반공국가로서 전쟁 준비를 핵심적인 국가 정체성으로 삼아 왔다(문승숙, 『군사주의에 갇힌 근대』, 46~73쪽). 대한민국 수립 직후인 1949년 문교부가 모든 교과서 및 서적에 새기게 했던 '우리의 맹세'는 절대화된 안보 속에서 적을 향한 폭력이야말로 '우리'의 의무가 되었던 우리 사회의 모습을 잘 보여 준다. "첫째, 우리는 대한민국의 아들딸, 주검으로써 나라를 지키자. 둘째, 우리는 강철같이 단결하여 공산침략자를 쳐부수자. 셋째, 우리는 백두산 영봉에 태극기 날리고 남북통일을 완수하자." 이후 박정희 정권에서도 국민이 되기 위해서는 "한 손에 망치 들고 건설하면서, 한 손에는 총칼 들고 나가 싸"워야 했다.

이러한 우리 사회의 군사주의는 총을 잡을 수 없다는 사람이 눈앞에서 구타당하고 감옥으로 끌려가는 모습을 봤음에도 그것은 당연한 처벌이라고, 혹은 별난 종교를 믿어서 저 고생을 한다고 생각하도록 해왔다. 봤지만 몰랐고, 느낄 수도 없었던 것이다. 마찬가지의 이유로 병역이란 것을 '거부'할 수 있다는 상상도, '병역거부'라는 언어도 부재할 수밖에 없었다.

결국 외국 활동가의 제안 이후에야 활동가들은 '양심적 병역거부'가 무엇이며, 병역거부자를 처벌하는 것이 심각한 인권 침해라는 것을 깨닫게 된다. 그리고 병역거부 문제와 관련한 현황 파악과 외국 자료 번역과 같은 기초적인 작업을 시작한다. 대중들에게 이 문제가 알려진 계기가 된 『한겨레21』의 「차마 총을 들 수 없어요」 역시 외국 활동가를 통해 이 문제에 대한 고민을 시작했던 최정민이 있었기에 가능했다.[*]

최정민 신윤동욱이 쓴 기사 역시, 아셈회의[아셈피플스포럼] 이후 병역거부에 대해서 고민하고 있었던 내가 계기가 되었다. 당시 내가 100인위[운동사회 내 성폭력 뿌리뽑기 100인 위원회] 활동을 하고 있었고, 그 활동과 관련해 신윤동욱이 인터뷰를 했다. 인터뷰를 마친 후에 다른 활동을 묻는 질문에 병역거부를 이야기했고, 그것을 계기로 신윤동욱이 여호와의 증인들을 만나게 되었고 관련된 자료를 모아서 기사를 썼다.

외국 활동가들의 역할은 단순한 문제 제기 이상이었다. 그들은 아셈피플스포럼에서 던진 문제의식을 한국 사회에서 구체적인 활동으로 만들기 위해 '징병제와 군 복무의 실태 및 대안 모색을 위한 워크숍'을 한국 평화활동가들에게 제안했고, 그 준비 과정에서도 상당한 역할을 했다.

최정민 AFSC가 주도해서 대만에서 대체복무제 도입을 주도했던 국회의원과 황마마黃媽媽라는, 군 의문사로 자신의 아들을 잃은 어머니를 부르고, 군 관련 활동을 어떻게 하는지를 알아보자 해서 콜롬비아에서도 활동

---

[*] 한국 병역거부운동에서 이 기사를 쓴 신윤동욱 기자와 주간지 『한겨레21』의 역할은 상당했다. 2001년 2월 기사 이후 3월 1일자에 성우 양지운 씨가 여호와의 증인이며 그의 아들이 감옥에 있음을 보도했고, 3월 8일자에는 「국방 의무라는 이름의 굴레」, 3월 29일자에는 대만의 사례를 담은 「우리는 감옥에 가지 않아요」라는 기사를 연속적으로 이어 갔다.

가 한 명을 부르고, 재정도 그쪽에서 제공했다. 조직위원회가 이 문제에 대해서 관심이 있을 만한 사람들을 모아서 50명 정도의 규모로 비공개로 워크숍을 진행했다.

이 워크숍을 통해서 한국 병역거부운동의 초동 주체들이 꾸려지고 이후의 활동을 만들어 나가는 토대가 형성되었다. 이처럼 한국 병역거부운동은 해외 활동가들의 직접적인 도움을 받으면서 등장하게 된다.

그러나 병역거부운동이 한국 사회에서 피어날 수 있었던 것에는 사회 내부의 요인 역시 중요했다. 만약 국가폭력의 희생자에 대한 연대감과 인권 감수성이 부재했다면, 병역거부 문제가 공론화될 수 있는 가능성은 높지 않았을 것이다. 또한 1990년대 중후반에 등장했던 평화운동의 문제의식 역시 중요했다. 최정민은 인터뷰에서, 당시 평화단체 활동가들에게 그동안 도전받지 않아 왔던 '징병제'와 '군대'에 대한 문제 제기가 필요하다는 인식이 존재했고, 때문에 이들이 병역거부운동을 자신의 과제로 받아안았다고 언급했다. 이 조건들을 바탕으로 해외 활동가들의 자극과 제안이 한국의 사회운동으로 이어질 수 있었다.

2. 운동이 피어날 수 있었던 조건들

'과거사 진상규명' 프레임

1998년 정권 교체 이후 과거 국가폭력이 만든 참혹한 죽음의 진실을 규명하고, 희생자들의 명예를 회복하기 위한 운동이 전 사회적으로 확산되었다. 김대중 정부 역시 이러한 사회적 분위기에 호응하고, 최초의 정권 교체라는 역사적 의미를 분명하게 하기 위해서 과거 군사정권하에서 발생한 국가폭력 사건들에 대한 정부 차원의 조사를 '의문사 진상규명을 위한 특별법' 제정 등을 통해서 시작했다. 국가폭력이 자행한 인권 유린에 대한 진상규명과 피해자 명예회복 등으로 구성되었던 당시 '과거사 청산'의 흐름은 유가족 및 이해 당사자들만의 보상과 명예회복을 넘어서서, 한국 사회의 민주주의 이행과 공고화를 위한 토대를 구축하는 과정이었다.

병역거부운동의 등장 시기인 2000년도는 이 '과거사 진상규명'의 자장이 사회운동에 강한 힘을 미칠 때였다. 최정민은 병역거부를 접하면서, 당시 과거사 진상규명 운동이 만든 프레임 속에서 이 문제를 인식하게 되었다고 말한다.

최정민 국가폭력에 의한 피해. 이런 것들이 의문사나 진상규명의 이름으로 사회에서 많이 이야기되던 시기였고, 나 역시 처음 이들[병역거부자]의 역사를 접하면서는 또 다른 국가폭력의 회생자로서 병역거부자들을 접근했던 것 같다. 만약 이러한 맥락이 없었다면 나도 그랬을 것이고, 이 운동 자체가 훨씬 더디게 진행되었을 것이다.

사회운동은 보다 많은 대중의 지지를 얻을 수 있도록 '프레임'frame이라 불리는 의미 구조를 형성하고자 노력한다.* 하나의 사례를 들어 설명해 보자면, 평택 미군기지 확장을 둘러싼 갈등에서 당시 국방부는 평택 문제를 토지보상금을 중심으로 한 국방부와 지역 주민 간의 갈등이라고 격하했다. 이에 대항하는 전략으로 사회운동은 미군기지의 평택 확장 이전이 '평화권'이라는 인권을 침해한 사안이라 주장했다. 사회적으로 강력한 효과를 발휘하며, 제도적으로도 정착된 '인권' 프레임을 통해서 국방부의 보상금 논리를 반박했던 것이다. 인권 프레임 속에서 주민들의 저항은 인권을 옹호하기 위한 싸움으로 상징화되고, 국가의 강제 토지 수용은 인권 침해 행위로서 규정되었다(임재성, 「평화권을 통해서 본 한국 인권담론 확장과정 연구」, 43~46쪽).

병역거부운동이 의도적으로 사용한 전략은 아니었지만, 1만 명에 가까운 이들이 수감되어 왔다는 충격적인 피해 사실과 이 사실이 오랜 시간 가려져 왔다는 것은 '과거사 진상규명' 프레임에 매우 부합하는 조건으로 작용했다. 이 프레임 속에서 병역거부자는 군사독재 시절 발생한 국가폭력의 피해자로 인식될 수 있었고, '민주화를 이룬 시민'들에게 국가폭력의 피해자들에 대한 연대는 하나의 의무로 다가왔다. 이처럼 과거사 진상규명 프레임은 병역거부가 빠르게 사회운동으로 형성될 수 있었던 배경 중 하나였다.

인권 감수성

과거사 청산 운동이 한국 민주화가 낳은 산물이라면, 인권 감수성이 성장한 것 역시 같은 맥락에서 볼 수 있다. 과거 반독재투쟁 속에서는 '군

---

* **사회운동 연구에서 프레임의 개념** | 어빙 고프먼(Erving Goffman)은 프레임을 '해석의 도식'(schemata of interpretation)이라 정의하였는데, 개인이 삶의 공간 속에서 발생하는 일들에 대해 인식하고 규정하고 명명할 수 있게 해주는 틀이라고 할 수 있다. 사회운동에서 사용하는 '집합행동 프레임'(collective action frames)은 운동 집단이 외부의 상황들을 나름의 논리로 단순화하고 도식화한 인식적 기반을 통해서, 지지자들을 설득하고 자원을 동원해 나가고자 하는 지향성을 담은 프레임을 의미한다(Benford and Snow, "Framing Processes and Social Movements" 참조).

부독재 타도'라는 단일한 목표로 운동의 모든 것이 수렴되었으며, 개인이나 개별 집단의 차이는 유보되었다. 그러나 민주화 이후 소수자들은 자신의 목소리를 내기 시작했고, '인권'이라는 이름으로 이들의 권리를 옹호하기 위한 다양한 운동들이 등장했다(이재승, 「민주화 이후 인권 문제의 전개 양상」, 105쪽).

한홍구는 민주화 이후 성장한 인권 감수성이야말로 병역거부운동이 피어날 수 있는 주요한 배경이었다고 지적한다. 민주화라는 거대한 목표가 '일차적'으로 달성되자 사회운동에서도 그동안 배제되어 왔던 우리 사회 소수자들의 자리가 비로소 등장했다. 보이지 않았던 소수자들을 인권이라는 프리즘을 통해 볼 수 있는 '감수성'이 생겨난 것이다.

> **한홍구** 70~80년대에는 인권을 이야기하지 않았다. 인권은 개인에 기초한 것이다 보니까 '부르주아적인 개념에 기초한 것이다'라고 취급하면서 민중운동 하는 쪽이 이야기하지 않았다. 여호와의 증인들이 감옥에 가는 것이야 [당시 투옥을 겪으며 접해 보았기에] 민주화운동 하는 사람들이 다 아는 일이었다. 그러나 그 사람들에 대해서 동료의식을 느끼거나 그런 것도 전혀 없었다. 하지만 인권 감수성이 많이 생겼다. 인권이라는 프리즘을 통해서 세상을 바라보는…… 그러면서 안 보였던 문제들이나 그냥 지나쳤던 문제들을 살필 수 있었다.

그러나 높아진 인권 감수성에도 불구하고 병역거부자에게 '인권'이란 언어가 연결되기까지는 많은 시간이 필요했다. 비전향 양심수 북송 문제를 계기로 한국사에서 가장 멸시받고 억압받았던 '빨갱이'에게도 인권이 있다는 목소리가 나왔지만, 여전히 병역거부자의 자리는 없었다. 병역거부연대회의의 공동집행위원장인 이석태 변호사 역시 동성애자의 인권 이슈가 등장한 이후에야 병역거부자 이슈가 등장했음을 말하면서 인권 사안 중에서도 병역거부자의 인권 논의가 크게 늦었음을 지적했다(권인숙, 『대한민국은 군대다』, 213쪽). 이러한 '뒤늦음'의 원인은 레드컴플렉스나 동성애 혐오homophobia와는 또 다른 결을 가진, 병역거부의 '특별함'에서 찾을 수 있다. 이 특별함이란, 병역거부가 민주화 이후에도 '마지막 성역'이라 불리는 안보·군사 영역에 속하는 사안이며 한국 사회에서 가장 민감한 징병제와 직접적으로 부딪히는 문제라는 것이었다. 때문에 병역거부가 사회운동으로 등장하기 위해선 보편적인 인권 감수성과 더불어 군사주의에 대한 고민을 가진 주체들이 필요했다.

평화운동의 주체

강고한 군사주의로 인해 병역거부자의 인권이 소위 '빨갱이'라 불렸던 비전향 장기수의 인권보다 늦게 논의되었던 것과 마찬가지로, 평화운동의 등장 역시 다른 사회운동에 비하면 더뎠다.* 1990년대 중후반이 되어

---

* **평화운동의 등장** | 한국 사회에서 평화운동이 언제 등장했는가에 대해서는 다양한 의견이 있지만, 탈냉전과 민주화를 배경으로 1990년대 중반 이후에 운동의 주체들이 형성되었다는 분석이 설득력을 가진다. 여성평화운동에 대한 연구에서는 여성단체를 중심으로 1990년을 전후로 진행했던 군축운동과 반전운동을 그 시작으로 본다. 인터넷 언론 『평화만들기』 대표인 김승국은 1990년대 초반 반핵평화운동연합의 활동이 한국 평화운동의 시초라고 평가했다. 그러나 이러한 사례들이 당시 시대적 맥락 속에서 선도적 의미를 가지는 것은 분명하지만, 하나의 '운동'이 등장했다고 보기에는 무리가 있다. 연구자들은 대체적으로 1990년대 중후반에 평화운동의 주체가 형성되었으며, 2003년의 이라크 반전운동이 대중적 평화운동이 등장하게 된 기점이라는 것에 의견을 모은다. 한국 평화운동에 대한 보다 자세한 논의는 정욱식의 「한국 평화운동의 성과와 전망, 그리고 과제」, 김귀옥의 「한반도 평화체제와 평화문화, 시민사회」, 구갑우의 「한국의 평화운동」 참조.

서야 등장한 평화운동의 주체들은 병역거부운동을 스스로의 과제로 받아들였고, 시초적인 활동을 만들어 나가는 데 적극 참여했다.

> **최정민** AFSC에서 동아시아 담당하시는 분이 아셈 때 나뿐만이 아니라 '평화를만드는여성회'의 이김현숙 선생님이나 몇몇에게 한국에서도 징병제에 대한 문제 제기를 할 때가 되지 않았냐고 이야기를 했다. 한국의 평화활동가들에게 군대나 군사주의에 대한 문제가 심각하다는 공감대가 어느 정도 있었기에 적극적으로 임했다. …… 그렇게 1박 2일 워크숍[징병제와 군 복무의 실태 및 대안 모색을 위한 워크숍]을 한 이후에 징병제도에 관해서는 NSC[국가안전보장회의]에 있었던 김창수 씨를 중심으로 활동을 한다, 평화인권연대에서는 병역거부 관련 활동을 하고, 평화를만드는여성회에서 군 의문사 관련 활동을 한다, 이런 식으로 영역을 나누었다.

병역거부운동은 이처럼 군대와 징병제에 대한 문제 제기의 맥락에서 시작되었다. 그리고 군사 영역을 자신의 활동 분야로서 고민하고 있던 한국 평화활동가들의 존재는 운동이 발현될 수 있었던 주요 바탕이었다. 한홍구는 인터뷰 과정에서 만약 징병제와 군사주의에 관심을 가진 평화운동이 부재했고 주류 통일운동만 존재했다면 병역거부운동이 등장할 수 없었거나, 지금과는 다르지 않았겠는가라는 나의 질문에 동의하며, 병역거부 사안에 있어 통일운동이 보여 주는 한계를 지적했다.

> **한홍구** [통일운동을 했던 병역거부자 유호근의 병역거부 이유인] "동족의 가슴에 총을 겨눌 수 없다"보다 선동적인 구호가 어디 있는가. 주류 통일운동

이 이 문제[병역거부]에 대해서 여전히 적극적이지 못한 것은 심하게 이야기하면 지적 성실성의 문제라고 본다. 주류 통일운동이 민족주의에 근거하다 보니 군사주의에 대한 문제의식이 적었고, 평화적 감수성에 다가가지 못했던 것 같다. 미군 문제에는 그렇게 집중하지만, 군대 일반에 대한 문제의식은 매우 적다. 군사주의 문제를 들여다보게 되면 자기가 발딛고 있는 기반 자체까지 흔들리게 될 것 같아서 그런 것인지. 북한 자체가 엄청난 병영국가이고, 군사주의를 찬미할 수밖에 없는 상황이고. 그것을 비판적으로 바라본다는 것은 어려운 일이었을 것이다.

평화운동이 등장하기 이전까지 한국 사회운동 내부에서는 '통일'이라는 민족적 가치가 '평화'라는 보편적 가치를 압도하는 상황이었다(구갑우, 「한국의 평화운동」, 196쪽). 물론 한반도 분단과 군사적 대치라는 조건 속에서 통일운동이 평화라는 가치를 품었던 것은 분명한 사실이고, 통일운동이 한국적 맥락에서의 평화운동이었다고 평가할 수도 있다. 그러나 통일운동으로 포섭된 평화는 민족의 틀을 넘는 보편적 가치로 존재하기 힘들었다. 여성학자이자 평화연구자 김엘리는 한반도 통일을 위해서 군축이 필요하지만, 통일이 된 후 주변 강대국을 견제하기 위해서 군사력이 증강될 필요가 있다는 운동가들의 의견을 접하고, 민족주의에 기반을 둔 통일운동이 가진 위험성을 지각했다고 말한다(김엘리, 「여성들이 하는 군축·반전운동」, 160~161쪽).

통일운동의 한가운데 존재하는 자주국방의 논리 속에서 '총을 내림으로써 평화를 이루고자 한다'는 병역거부자의 신념은 '구제'의 대상으로 한정될 수밖에 없다. 만약 평화운동이 부재한 상황에서 민족주의에 간힌 사회운동이 병역거부운동을 구성했다면, 병역거부운동은 온전한 사회운동으로 등장하지 못했거나 소수자 권리 보장 이상의 시야를 갖지 못했을 가능성이 컸다.

서로를 이끌었던 평화운동과 병역거부

그러나 병역거부운동을 시작할 당시에 이 운동에 참여했던 이들이 스스로를 평화운동가로서 뚜렷하게 규정지었던 것은 아니었다. 병역거부운동에 있어서 주도적인 역할을 담당해 온 한홍구는 당시 한국군의 베트남 민간인 학살 관련 활동을 하면서 기존 사회운동에서 큰 관심을 받지 못했던 군인과 군사주의에 대한 관심을 키우고 있었지만, 그렇다고 아직 평화운동가라고 스스로의 정체성을 규정지을 만큼은 아니었다고 말한다.

> **한홍구** 당시의 나는 평화운동이라고 부르기 어려운, 아직 무엇인가가 쌓이기 전이라고 본다. 평화운동이라는 항목으로 분류한다면 당연히 평화운동의 범주에 들어갈 수 있는 활동들을 했지만. [미국에서 학위를 마치고] 귀국한 이후에 베트남에 관심을 가지게 되었고, [베트남전 민간인 학살 진상규명 사업 과정에서] 참전군인들과 붙으면서 한국 사회의 병영국가화와 군복을 입는다는 것의 의미, 군사주의의 지속적인 영향을 생각하게 되었다. 이후 군사주의와 징병제 반대에 대한 세미나[징병제와 군 복무의 실태 및 대안 모색을 위한 워크숍]가 열렸다. 『한겨레21』 기사를 보고 1,600명이나 있다는 것은 나도 충격이었고, 무엇인가 있어야 하지 않나 생각하는 차에 파주회의에 간 것이다. 시작할 당시에는 평화운동보다는 인권운동

이 아니었나 싶다. 이석태 변호사, 임종인 변호사, 이재승 교수, 최정민, 그리고 나. 이 사람들이 시작했는데, 인권운동이라는 측면이 강했다.

2000년 당시 평화운동을 둘러싼 여러 조건들은 열악했다. 뒤늦게 등장하여 활동 영역을 모색하는 수준이었고, 군대와 징병제 같은 안보 영역에 대한 고민을 가지고 있었지만 구체적인 개입 지점을 설정하지 못하는 상황이었다. 또한 안보 영역에 대한 문제 제기는 활동가들 사이에서도 조심스러운 일로 인식되었기에 논의 자체도 자유롭지 못했다. 이는 병역거부운동이 최초로 논의된 2001년 2월 '징병제와 군 복무의 실태 및 대안 모색을 위한 워크숍'이 비공개로 열렸던 이유이기도 했다(실제로 이 워크숍 직후에는 징병제의 문제점을 논의하기 위해 자발적으로 만들어진 인터넷 웹사이트 세 곳에 대해 서울지방경찰청의 수사가 시작되기도 했다). 그렇기 때문에 지금의 관점에서 본다면 평화운동이라 부를 수 있는 활동을 하면서도 그것이 평화운동이라는 인식이 미약했고, 스스로의 활동에 대해서 명확한 정체성을 갖지 못했다.

그러나 병역거부운동의 등장에 함께한 이들이 평화운동의 주체들이었음은 분명하다. 사회운동은 운동의 '과정' 속에서 모습과 성격이 달라지고, 주체들 역시 변해 간다. 병역거부운동 역시 마찬가지였다. 비록 운동이 등장할 당시에는 '평화운동가'라는 정체성이 모호했을 수도 있었겠지만, 평화운동 전체의 성장과 병역거부운동의 과정을 통해서 이들은 점점 더 '평화운동가'로서 자리매김해 갔다. 1998년에 만들어져 2001년 워크숍에서 병역거부 문제를 담당하기로 한 평화인권연대는 이후 한국 평화운동에서 주요한 역할을 해나간다. 한홍구 역시 평화박물관을 창립하는 등 활발한 평화운동을 만들어 갔다. 병역거부연대회의의 공동집행위원장인 이석태 변호사를 비롯해서 병역거부자 변론인단을 주도적으로 꾸리고 국회의원으로서 2004년 병역법 개정 법안을 상정했던 임종인 변호사, 대체복무 관련 연구를 이끈 이재승 교수도 이후 평화·군사 영역과 밀접한 연관을 맺어 나갔다.

이 변화의 '과정'을 조금 더 세밀하게 살펴보면, 병역거부와 평화운동의 관계가 상보적이었음을 알 수 있다. 병역거부운동은 평화운동에 대한 문제의식을 가졌던 이들을 통해서 등장할 수 있었지만, 운동의 과정을 통해서 활동가들 스스로가 평화운동가의 정체성을 명확히 해나가기도 했기 때문이다. 이들은 병역거부운동에 참여하면서 군대와 전쟁이 가진 본질적 의미를 마주하게 되었고, 군사주의와 폭력의 문제를 보다 더 깊이 고민할 수 있게 되었다. 병역거부 활동가들이 점점 더 '평화운동가'가 되어 가는 과정은, 한국 병역거부운동이 개인의 권리를 중심에 두고 있는 '인권운동'의 지향을 강하게 가졌던 초기의 모습에서 반전평화라는 가치를 지향하는 '평화운동'으로 변화한 것과도 맞닿아 있다(이에 대해서는 4장에서 구체적으로 살펴볼 것이다).

워크숍 이후 초기 운동 주체들은 공개적인 활동을 시작한다. 2001년 5월에는 '양심, 종교의 자유와 군 대체복무를 위한 토론회'라는 최초의 공개토론회가 평화인권연대, 인권운동사랑방 등 9개 단체의 주관으로 열렸고, 7월에는 대만의 대체복무 실태를 조사하기 위해 NGO 활동가를 중심으로 한 참관단이 파견되는 등 활발한 활동이 이루어졌다. 그러나 활동이 본격적으로 시작되자, 병역거부운동은 곧 커다란 사회적 편견에 직면해야 했다. 바로 여호와의 증인에 대한 '이단 편견'이었다.

3. '여호와의 증인'이 아닌 병역거부자

이단의 별난 행위

2001년 2월 『한겨레21』의 첫번째 보도 이후 2001년 한 해에만 1,500건이 넘는 언론보도가 이루어졌을 정도로 병역거부에 대한 사회적 반응은 뜨거웠다(홍영일, 「양심적 병역거부와 관용의 증가」, 16쪽). 그러나 한국 병역거부자의 절대 다수는 여호와의 증인 신자들이었고, 때문에 병역거부 문제는 곧 여호와의 증인의 문제라는 관념은 병역거부운동이 사회에 등장한 직후 가장 먼저 직면해야 했던 난관이었다. 여호와의 증인에 대한 오래된 이단 낙인 속에서 사회는 이들을 인권을 침해당한 '시민'으로 인식하지 않았다. 여호와의 증인을 이단시해 왔던 편견은 사실상 이 문제가 오랫동안 가려져 왔던 원인이기도 했다.

이 사안이 특정 종교만의 문제가 아닌, 공동체가 함께 노력해야 할 사회문제로 인정되기 위해서는 여호와의 증인들이 군사훈련을 거부하는 것이 '이단의 별난 행위'가 아닌 양심의 자유가 보장해야 할 '양심적 병역거부'이며, 보편적 인권의 문제라는 인식을 만드는 것이 급선무였다. 이 문제가 대중들에게 처음 알려지기 시작한 『한겨레21』 기사에는 이 문제를 인권 문제로 보편화시키기 위한 당시의 논리가 담겨 있다.

총력안보가 절대선이 되고 국가권력이 개인의 인권을 압도했던 역사 속에서 의식적인 은폐이든, 무의식적인 외면이든 이들의 양심적 병역거부는 묻혀져 왔다. 종교인 여호와의 증인이 아니라 양심적 병역거부를 한 시민으로서 이들에 대해 말문을 트자는 얘기다. 기독교 신자이기도 한 김두식 변호사는 "그들의 교리에는 결코 동의하지 않지만"이라고 전제한 뒤 "그러나 '양심적 병역거부'와 관련된 그들의 인권은 보호돼야 한다"고 말한다. (『한겨레21』, 2001년 2월 7일)

그러나 편견의 벽은 높았다. '양심의 자유'와 '종교의 자유'라는 기본권의 의미와 역사에 대해서 달달 외우며 공부했을 법률가들의 법정 공판에서도 이단 논쟁이 이어질 정도였다. 운동의 등장과 함께 꾸려진 병역거부자 변호인단의 변론 역시 여호와의 증인에 대한 편견을 극복하는 것에 집중되었다.

한국기독교총연합회(한기총) 등의 보수 기독교 단체가 병역거부 문제에 조직적으로 반대하면서 '이단' 논쟁은 더욱 거세졌다. 한기총은 2001년 6월 1일 「병역을 거부하는 '여호와의 증인'을 위한 대체복무제 입법을 반대한다」라는 성명서를 통해 여호와의 증인은 "기독교의 탈을 쓴 이단"이고 대체복무제는 "그들을 위한 특혜입법"일 뿐이라고 규정했다. 뿐만 아니었다. 2001년 언론보도 직후 국회의원 천정배와 장영달은 병역거부자들에게 대체복무제를 허용하는 법안을 제출하고자 했지만 해당 지역구의 보수 기독교 단체들이 강력하게 반발했고, 결국 공청회 한번 해보지 못한 채 법안 상정은 무산되었다.

여호와의 증인에 대한 논의가 병역거부운동에 있어서 가장 중요한 쟁점으로까지 커져 가자 병역거부 활동가들은 재림교회 신도들이나 1980년대 군인의 신분으로 양심선언을 했던 이들의 사례를 소개하는 노력을 했다. 그러나 이러한 시도들로도 이단이라는 강력한 낙인을 극복할 수 없었다.

진보도 예외일 수 없었던 이단 편견

'이단'과 같은 낡은 편견이 강력한 사회적 영향력을 행사하면서, 인권 유린의 가장 심각한 형태라 할 수 있는 형사처벌이 용인되었다. 이단자들은 시민이 아니고, 시민이 아닌 이들은 인권 역시 가질 수 없다는 논리였다. 이는 당시의 사회가 가지고 있었던 종교적 관용의 빈곤함을 보여준다. 이 빈곤함은 진보적 사회운동 내부에서도 예외는 아니었다. 사회운동단체들 역시 오태양이라는 정치적 병역거부자*가 등장하기 이전까지는 이 문제에 대해서 적극적으로 연대하는 것을 꺼려 했다.

> **최정민** 2001년 5월에 병역거부 관련 연대체를 제안했는데 몇몇을 제외하고는 받지 않았다. 여호와의 증인 때문이었다. 여호와의 증인이 이단이고 전통적인 운동권의 영역이 아니기에 [연대 제안을] 받을 수 없다는 의견

---

* **정치적 병역거부자** | 2001년 오태양의 병역거부 선언 이후 새롭게 등장한 병역거부자들을 지칭하는 다양한 방식의 표현들이 존재했다. 재림교회가 집총거부를 포기한 1970년대 중반 이후 병역거부자는 대부분 여호와의 증인 신도였다. 따라서 2001년 이후 등장한 여호와의 증인이 아닌 병역거부자들을 "비(非)여호와의 증인 병역거부자"라고 표현하기도 했다. 그러나 이는 여호와의 증인이 아닌 병역거부자가 존재한다는 표현이기에, 초창기에는 의미가 있었지만 새로운 주체를 온전하게 표현하는 용어는 아니었다. 한홍구가 사용했던 "평화주의 신념에 기초한 양심에 따른 병역거부자"라는 용어는 오태양 이후 등장한 병역거부자들의 공통된 정체성을 잘 드러내고 있지만, 이전까지의 병역거부가 평화주의에 기반을 둔 행위가 아니었다는 오해를 줄 수 있다. 여호와의 증인이나 재림교회와 같은 경우 종교적 신념으로서의 병역거부였지만, 그 종교적 신념 역시 평화주의의 갈래이기 때문이다. 또한 현재 확장되어 가는 병역거부자들의 신념을 표현하기에 평화주의라는 규정이 한계를 지니는 것도 사실이다. 한편 일부 해외 연구에서는 종교적 신념과 대비되는 '세속적'(secular)이란 표현을 사용하기도 하지만, 한국 상황에서 '세속적'이라는 표현은 구별의 의미만 있을 뿐 분석적 함의를 담지 못한다. 이 책에서는 이들을 '정치적 병역거부자'라 명명하고자 하는데, 이는 이전까지의 종교적 신념과 구별의 의미를 가짐과 함께 정치적 행위로서 이들의 실천을 주목하기 위함이다. '정치적 병역거부자'(political objectors)라는 표현은 1960년대 미국에서 베트남전 반대를 이유로 병역거부를 한 이들이나 이스라엘에서 팔레스타인 점령을 반대하며 병역거부를 한 이들을 지칭하는 표현으로 이미 해외에서 드물지 않게 사용되고 있으며, 일찍이 1971년 일본 정치학자 미야다 미쓰오(宮田光雄)가 제2차 세계대전 이후 종교적 틀을 벗어난 서양의 병역거부운동을 '정치적 병역거부운동'이라 명명한 바 있다(宮田光雄, 『非武裝國民抵抗の思想』, 194~206쪽).

이었던 것 같다. …… 연대회의를 꾸리지 못할 정도로 운동권 내부에서도 공감대가 없었다.

초창기 정치적 병역거부자인 유호근 역시 국제회의 발표문을 통해서 사회운동단체 내부에 존재했던 편견을 지적했다. 그는 한국 사회가 '양심'에 대한 진지한 성찰 기회를 갖지 못했던 '비정상적인 조건'들 속에서 진보의 영역에서도 여호와의 증인에 대한 편견에서 자유롭지 못했다고 말했다.

진보의 영역에서도 여호와의 증인 등의 병역거부자들에게 양심수라는 단어를 붙이기를 꺼려 하고 있습니다. 그 이유는 그들의 수감 이유가 '비정치적인 문제'이기 때문이라고 합니다. 한국 사회의 비정상적인 조건들 속에서 양심이라는 단어가 상당히 주관적으로 쓰이며 타인의 양심에 관대하기보다는 자신의 양심에만 주목한 이중성이 존재해 왔던 것입니다. (유호근, 「한국에서의 양심에 따른 병역거부운동」)

이단 편견에 맞서 운동은 여호와의 증인 이외의 병역거부 사례 발굴이나, 해외 사례 소개 등의 노력을 전개했지만 뚜렷한 인식 변화로 이어지지는 못했다. 결국 이단 논쟁을 종결지을 수 있었던 계기는 비非여호와의 증인 병역거부자의 등장이었다. 사회운동이 시작된 지 채 1년도 되지 않았던 2001년 12월, 공개적으로 병역거부를 선언한 오태양의 등장은 한국 병역거부운동에 있어서 결정적인 기점이었다. 오태양의 선언 이후 이단 낙인은 근거를 잃었고, 병역거부에 대한 사회적 시선은 크게 변화했다. 그 중에서도 사회운동단체들의 변화는 극적이었는데, 병역거부운동에 거리를 두던 단체들도 오태양의 등장 이후에는 적극적인 연대의사를 보였으며, 이전에 좌절되었던 병역거부운동의 연대체 역시 바로 꾸려질 수 있었다.

오태양의 병역거부

불교 신자이자 북한에 대한 인도적 지원 운동에 오랜 시간 참여해 온 오태양은 2001년 12월 한국 최초로 공개적인 기자회견을 통해서 군사훈련을 받을 수 없다는 '선언'을 했다. 이 '선언'이 가지는 의미는 상징적 차원에서부터 실제 사회운동의 차원까지 다양하겠지만, 당시 가장 두드러졌던 점은 병역거부가 여호와의 증인만의 문제가 아니라 보편적인 양심의 문제라는 것이 '말'이 아닌 '행동'으로 증명되었다는 것이다. 비록 단 한 명의 선언이었지만, 오태양의 선언 이후 더 이상 병역거부 문제를 특정 종교의 문제로 한정시키는 논리는 힘을 잃게 되었다.

1장 2절에서 설명했던 것처럼, 서구에서 양심적 병역거부의 사유는 몇몇 평화주의 교파의 신념에서 일반적인 종교적 신념, 그리고 정치적 신념의 순서로 확대되었고, 인정되어 왔다. 이는 자연스러운 과정이라기보다는 병역거부를 제한하려는 국가와 병역거부의 허용 범위를 확대하고자 하는 병역거부자들의 대립 속에서 조금씩 진보해 온 역사였다. 이전 단계에서 인정받은 병역거부 신념의 범위는 다음 단계로 나아가는 디딤돌이 되었다.

이러한 서구의 변화 과정과 비교해 보았을 때, 한국 병역거부가 보인 경로는 독특하다. 종교적 신념의 병역거부가 정치적 병역거부 인정의 기반이 되는 것이 아니라 역관계가 형성된 것이다. 물론 종교적 병역거부자들의 역사, 특히 여호와의 증인 신도들이 묵묵히 걸어 왔던 한국 병역거부의 역사가 오태양과 이후 정치적 병역거부자들이 등장할 수 있었던 결정적 배경이었다. 그러나 사회적인 인정 과정은 반대였다. 이는 이 문제가 공론화된 지 채 5년도 되지 않아 정치적 병역거부뿐만 아니라 선택적 병역거부, 현역 군인의 병역거부까지 등장했던 압축적 양상에서 원인을 찾을 수도 있겠지만(정용욱, 「양심에 따른 병역거부운동의 현황과 전망」, 251쪽), 비非여호와의 증인 병역거부자에게 초점을 맞춤으로써 이단 논쟁을 극복할 수 있었던 것에 더 큰 원인이 있다고 할 수 있다.

이는 한국 사회에서 병역거부가 가지는 두 가지 특이점으로 이어지게 된다. 그 하나는 한국 병역거부운동이 종교의 자유를 확장하는 데에 다른 나라의 병역거부운동만큼 큰 역할을 하지 못하고 있다는 점이다. 병역거부라는 행위는 역사적으로 종교적 신념을 가장 큰 배경으로 해 왔고, 행위 자체의 성격상 종교와 국가의 관계, 종교의 자유가 가진 한계 등과 관련된 치열한 논의가 촉발될 수밖에 없다. 그리고 이 논의는 종교의 자유를 현재화하고 보다 넓혀 가는 계기가 되었다. 그러나 한국에서는 아직까지 병역거부운동이 그러한 논의를 촉발시키지 못해 왔다(진상범, 「한국 사회 양심적 병역거부에 대한 국가와 종교의 대응」, 217쪽). 주류 종파들은 자신의 신도들이 병역거부를 선언하는 것을 계기로 관련된 토론회를 개최하기도 했지만, 문제 제기를 넘어서는 수준으로 발전되지는 못하고 있다.[*]

또 다른 특이점은 대체복무가 허용될 경우 정치적 신념까지를 포함해야 한다는 여론이 상당히 높다는 점이다. 2008년 10월 서울대학교

사회과학연구원에서 진행한 '대체복무제에 대한 전문가 의식조사'에서 조사에 응답한 여론 주도층 538명 중 74.9%가 병역거부 사유로 반전평화주의 신념까지 포함해야 한다고 응답했다(김세균·공석기·임재성, 「양심적 병역거부자, 어떻게 할 것인가?」, 31~32쪽; "특정 교파에 한정한 종교적 신념"까지라는 응답 비율이 11.2%, "일반적 종교적 신념"까지라는 응답 비율이 13.9%였다). 비슷한 시기에 진석용정책연구소가 수행한 일반 국민 대상 여론조사에서도 대체복무를 찬성하는 응답자 591명 중 약 52%의 응답자가 "종교적 사유와 비종교적 사유를 모두 인정해야 한다"는 의견을 보였다(진석용정책연구소, 『종교적 사유 등에 의한 입영거부자 사회복무체계 편입 방안 연구』, 109쪽). 사실상 가장 넓은 범위로 병역거부 사유가 인정되어야 한다는 것인데, 이는 그 어떤 신념도 병역거부의 사유로 인정되지 않는 지금 한국의 현실과 일견 모순적으로 보일 수도 있다. 앞서 언급한 것처럼 종교적 신념으로 한정된 병역거부가 먼저 인정되고 이후 점점 확대되는 과정을 거치는 것이 다른 사회에서 보여 왔던 일반적인 양상이다. 그러나 정치적 병역거부가 종교적 병역거부를 인정하고 이해하는 발판이 되었던 한국의 맥락에서는 병역거부를 인정한다면 종교적 신

---

* **양심적 병역거부에 대한 기존 교파들의 변화 |** 병역거부에 대한 주류 종교 교파의 논의가 문제 제기 수준에 머물러 있는 것은 사실이지만, 그럼에도 주류 교파에서 양심적 병역거부자들이 꾸준하게 등장하고 있으며, 이들의 존재를 통해서 교파 내부의 문제의식 역시 커져 가고 있다는 점은 주목할 필요가 있다. 2001년 오태양의 병역거부 선언 이후 김도형, 김대산, 고동주, 박경수, 권순욱, 하동기, 백승덕 등의 병역거부자들이 불교, 기독교, 천주교에 바탕을 둔 평화주의를 이야기하며 병역거부를 선언했다. 주류 교파 내부에서 두드러지는 성과 중 몇 가지를 소개하면 다음과 같다. 먼저 천주교에서는 예비 사제 그룹인 신학생들을 대상으로 양심적 병역거부와 대체복무제에 대한 인지도, 태도, 동참 의사 등을 묻는 경험적 연구를 수행했다(한국남자수도회·사도생활단 장상협의회, 「양심적 병역거부와 가톨릭교회」). 병역거부 문제를 적극적으로 고민해 온 한국기독교교회협의회(KNCC)는 2009년 『양심적 병역거부 관련 종교적 진술』이라는 편역서를 출간하면서 기독교 내의 문제의식을 이어 가고 있다.

넘을 넘어서서 정치적 병역거부까지 포함해야 한다는 의견이 우세했던 것이다.

오태양과 같은 비非여호와의 증인 병역거부자가 운동 등장 직후가 아닌 한참 후에 등장했다면 어땠을까? 물론 병역거부운동은 진행되었겠지만, 이단 논쟁을 쉽게 극복할 수는 없었을 것이다. 오태양의 공개적인 병역거부 선언을 통해서 병역거부운동은 보편적인 인권의 언어를 보다 쉽게 획득할 수 있었다. 병역거부에 대한 공론화 이후에도 구성에 난항을 겪던 연대체 역시 오태양의 병역거부 선언 직후인 2002년 2월 결성되었다.

4. 피해자화된 병역거부자

신성을 모독한 병역거부자의 언어

오태양의 병역거부 선언은 비非여호와의 증인 최초의 공개적 병역거부로 주목받았지만, 그것으로 한정할 수 없는 다양한 의미를 품고 있었다. 한 젊은이가 자신이 총을 들 수 없는 신념을 가졌으며, 그 신념을 지키기 위해서 군대에 가지 않겠다고 공개적으로 선언한 것은 그 하나하나가 낯설고 충격적인 것이었다. 총을 들 수 없다는 신념, 그것이야말로 우리 사회에서 절대 가져서는 안 될 마음이었다. 미스코리아들은 활짝 웃으며 세계평화를 지키고 싶다고 말해 왔지만, '불살생'不殺生과 '칼을 쳐서 보습을' 만들라는 말씀을 수많은 이들이 따라 말했지만, 그래서 나부터 총을 내려놓겠다는 신념은 감히 상상할 수도 없었다.

군대는 평화를 위한 곳이었고, 군인은 평화를 지키는 사람이었다.

세계평화를 위해서는 군인이 되어야 했고, 평화를 사랑하기 위해서는 강한 군대가 있어야 했다. 그런데 오태양이란 사람은 군대에서 받는 훈련이 살인훈련이며, 불살생의 신념으로 부처를 따랐던 자신은 그 일을 할 수 없다고 했다. 병역거부는 본질적으로 폭력의 맨 얼굴을 드러나게 한다. 살인을 거부하는 신념으로 군인이 될 수 없다는 말에는 군인이란 존재의 실체가 담길 수밖에 없었다.

> 사람 모양의 사격판을 향해 얼굴과 심장을 정조준하여 방아쇠를 당긴다는 것, '찔러 총! 베어 총!'을 외치며 불특정 대상을 향해 총검술을 익힌다는 것, 더 많은 사람들을 더 효율적으로 살상할 수 있도록 수류탄을 조작하고 투척하는 연습하는 저의 모습이 몇 날 며칠을 제 머릿속에서 유령처럼 맴돌았습니다. 각종 군사훈련이 직접적인 살상행위는 아닐지언정 살심殺心을 유발하는 행위임에는 분명하였습니다. (오태양, 「사회봉사로서 병역의무를 이행하고픈 어느 젊은이의 기록」)

국가의 폭력은 정당화된다. 근대국가는 일정한 공간에서 폭력을 독점한 조직이라는 점에서 다른 조직과 결정적인 차이를 가지며, 법으로써 자신이 독점한 폭력에 정당성을 부여한다. 이러한 논리 속에서 사형은 살인이 아니고, 경찰의 물리력은 정당한 공무집행이 된다. 군대 역시 마찬가지다. 군대에서 행해지는 군사훈련은 더 많이 죽이기 위한 훈련이다. 그러나 결코 그렇게 말할 수 없었다. 그것이 법으로 승인된 합법적 폭력이기 때문이기도 했지만, 더욱 중요한 이유는 폭력의 독점자인 국가가 그것을 정당화하는 담론을 끊임없이 생산하면서 신성화했기 때문이다. 이 담론 속에서 군인이 되는 것은 나라를 지키는 영광된 일이고, 살인기계인 탱크와 전투기는 나라를 보호하기 위한 정당한 무력으로 각인되었다. 그것에 '살인'이나 '폭력'이라는 말을 붙이는 것은 그야말로 신성모독이었다.

그러나 그 신성한 공권력의 역사란 무엇이었나? 경찰이 쏜 최루탄이 박힌 청년의 시체가 바다 한가운데서 떠올랐으며, 조작된 재판 속에서 '빨갱이'로 몰린 이들은 사형선고가 내려진 지 하루도 지나지 않아 죽음을 당해야 했고, 탁 하고 치니 억 하고 죽었다는 기막힌 이야기가 국가의 공식 발표란 이름으로 포장되었다. 나라 지키겠다는 군인이 국가경제 발전을 위해 베트남에 가서 민간인을 죽였으며, 1980년 5월 광주에서는 '화려한 휴가'라는 이름으로 지켜야 할 자국민을 학살했다. 물론 이것들을 국가폭력의 '어두운' 면일 뿐이라고 말할 수도 있다. 그러나 그 어두운 면 역시 국가폭력의 부인할 수 없는 역사였다. 그러나 이 역사를 절절하게 체험했음에도, 우리 사회에서 국가가 독점한 폭력의 본질에 대한 근본적 문제 제기나 비판은 등장하지 못해 왔다.

오태양의 병역거부는 이 침묵을 깨고 스스로의 신념과 행동, 언어를 통해 국가폭력의 본질을 드러낸 것이었다. 또한 총을 놓음으로써 평화를 지키겠다는 그의 선언은 강력한 무장을 통해 국가안보를 지켜야 한다는 군사주의의 상식을 정면으로 거부하는 의미를 담고 있었다.

뿐만 아니었다. 마이크 앞에서 당당하게 군대에 가지 않겠다고 말한 오태양의 공개적인 선언은 도덕화된 병역의 사회적 담론 구조를 흔들었다. 한국 사회에서 신성화된 군대와 병역은 하나의 '도덕'으로 존재했다. 군대를 가지 않는다는 것은 단순히 법을 어긴 범죄의 문제가 아니라, 도덕을 깨뜨린 행위였다. 그런데 군대에 가지 않겠다는 젊은이가 파렴치하고 비겁한 놈이라 손가락질 받을까 봐 숨기는커녕, 당당하게 자신의 '거부'를 말했다. 애국적인 군필자와 파렴치한 미필자 양자로 구성된 징병제 담론에 균열이 생기는 순간이었다. 오태양의 병역거부는 그 이전까지 수많은 병역거부자들의 역사를 딛고 이루어질 수 있었지만, 공개적인 선언을 통해 자신의 목소리로 세상에 말을 걸었다는 측면에서 오태양은 분명 '새로운' 병역거부자였다

시급한 목표, 비범죄화

그러나 오태양의 병역거부와 함께 시작되었던 병역거부운동은 앞선 의미를 운동 속에 모두 담지 못했다. 사회운동으로서의 병역거부운동은 병역거부자들의 감옥행을 멈추는 것에 가장 우선순위를 두었기 때문이다. 2001년 운동의 등장 당시 수감되어 있던 병역거부자는 1,600명에 달했다. 매일 2~3명의 젊은이가 구속되는 수준이었다. 민주화된 시대에, 그래서 과거의 저항과 전과가 현재의 '입신양명'에 큰 자원이 될 만큼 '세상 좋아진' 때에 천 명이 넘는 이들이 양심을 지키기 위해서 감옥에 있다는 것은 충격 그 자체였다. 이 속에서 병역거부운동은 오랜 시간 가려져 온 인권 침해의 사실과 규모를 알리는 것에 집중했다.

> 여호와의 증인의 한국 지부인 '워치타워 성서책자 협회'에 따르면, 90년대 매년 500명 이상의 청년들이 집총을 거부해 교도소로 향하고 있으며 현재 전국 각 교도소에 수감된 인원은 1천 명이 넘는다고 한다. (『한겨레 21』, 2001년 2월 7일)

전국의 각 교도소에 약 1,600여 명 정도의 양심적 병역거부자들이 수감 중이다. 이들 병역거부자들의 대다수를 차지하는 것은 여호와증인 신도들로서 성경의 가르침에 따라 살생을 준비하는 군대와 집총을 거부하고 있다. 이들은 입영 자체를 거부하여 민간법원에서 재판을 받을 시 병역법 88조 입영기피죄 위반자로 1년 6월 내지 2년을 선고받으며 입영하여 집 총을 거부하였을 경우는 군형법 44조 항명죄 위반자로 법정최고형인 3년 형이 구형된다. (최정민, 「양심적 병역거부, 양보할 수 없는 인간의 권리」)

병역거부를 다루는 글들이 가장 세밀하게 묘사한 것은 병역거부자들이 겪어 온 고통이었다. 몇 명이 감옥에 갔고, 몇 년의 형을 살았으며, 현재 몇 명이 수감 중이라는 숫자를 통해서 이 문제의 심각성을 드러냈다. 그러나 '피해'에 집중하는 담론 안에서 병역거부자들은 자연스레 '피해자'로서 한정되었다. 그들이 왜 총을 들 수 없는 신념을 가지게 되었는지는 부차적인 것이 되어 갔다. 그들이 세상에 말해야 할 것은 자신이 견뎌 온, 혹은 견뎌야 할 감옥행의 고통과 아픔이었다.

이러한 '피해자화'는 미묘한 긴장 속에서 하나의 전략이 되기도 했다. 아픔이 전달되는 과정에서 만들어지는 동정심이 제도 변화라는 당장의 목표를 달성하는 데 효과적일 수 있었기 때문이다. 2002년 9월에 병역거부를 선언한 초창기 정치적 병역거부자 나동혁의 갈등은 당시 운동의 고민을 단적으로 보여 준다. 그는 병역거부자가 피해자로만 비춰지는 것이 올바르지 않다고 생각했지만, 그것이 사회적 지지를 얻을 수 있는 효과적인 방법임을 알았기에 갈등할 수밖에 없었다.

반드시 집을 방문해서 카메라에 담고 싶다는 요구 때문에 나는 한참을 망설였다. 담당 PD 말대로, 동정심에 호소하는 것이 여론을 감안할 때 가장 좋은 방법이라는 것을 나라고 왜 모를까? 2급 장애인으로 누워 계시는 어머니와 막노동을 하시는 연세 많으신 아버지께 인터뷰를 부탁드리기가 민망했다. 거기에 양심에 따른 병역거부가 그저 동정심의 대상으로 비춰지는 것은 올바르지 못하다는 '자존심' 때문에 나는 계속 주저했다. 그러나 어떻게든 우호적으로 다루어 주려는 방송국 사람들의 부탁을 거절하기가 미안했다. 너무 한꺼번에 많은 것을 바라지 말고 차분히 한 걸음씩 나가자고 생각했다. 동정과 연민 역시 인간에 대한 가장 순수한 마음이니까. (나동혁, 「아는 만큼, 보이는 만큼」, 68쪽)

병역거부자이자 전쟁없는세상 활동가였던 이용석 역시 2002년 자신이 병역거부운동에 막 참여했을 당시 생소하게 받아들여졌던 병역거부에 대한 사회적 지지를 끌어내기 위해서 '감옥행'이라는 병역거부자들의 피해 사실을 강조할 수밖에 없었다고 말한다. 피해 사실들은 인권과 자유주의 논리로 연결되면서 "그들의 생각에 동의하지는 않지만 그들이 그 생각으로 인해서 탄압받는다면 그들의 권리를 함께 지키겠다"와 같은 언사로 이어졌다.

이용석 실제 병역거부자들의 소견서에는 많은 이야기가 있었지만 활동을 하면서, 특히 병역거부와 관련된 서명을 받으면서는 '인권의 문제', '감옥에 간다', '무조건 감옥에 보내는 것은 인권 침해다'와 같은 민주주의 문제로만 접근했던 것 같다. 다양성을 보장하지 않는 것에 대한 문제 제기였다. 그 과정에서 여호와의 증인이나 이후의 병역거부자나 모두 감옥행까지 결심할 정도로 군대를 거부하는 신념의 소유자 정도로만 다루어졌다.

병역거부자는 인권을 침해당한, 보호해 주어야 할 피해자로 규정되었고, 병역거부운동의 목표는 이들의 고통을 멈출 수 있는 대안을 만드는 것이 되었다. 이제 병역거부는 해결해야 할 하나의 '문제'가 된 것이다. 징병제하에서 병역거부자 '문제'를 해결하기 위한 현실적 대안은 군사훈련을 배제한 방식의 대체복무제였다. 병역거부연대회의의 출범 기자회견문은 병역거부자의 고통에서 대체복무제가 도출되는 논리를 잘 보여 주고 있다. '피해자'들을 '구제'해야 한다는 목소리가 '대체복무'로 이어지는 것이다.

> 지난해 '양심에 따른 병역거부'란 낯선 단어와 함께 보인 이들의 눈물은 한국 사회의 인권 수준을 적나라하게 드러내며 많은 사회적 파장을 일으켰고 이들을 구제할 수 있는 사회적 장치를 마련해야 한다는 목소리들이 높아졌다. …… 구체적으로 대체복무제도 마련에 대한 요구가 높아지고 있다. (병역거부연대회의, 「양심에 따른 병역거부권 실현과 대체복무제도 개선을 위한 연대회의 소개」)

초창기 정치적 병역거부자들 역시 자신의 병역거부 이유를 담은 글에서 상당한 부분을 대체복무제 도입의 정당성을 피력하는 데 할애했다. 그 과정에서 자신이 병역거부를 결심한 신념과 평화주의 지향에 대한 설명보다는 '양심의 자유', '다양성' 등의 가치를 강조하면서 '다를 수 있는 자유'에 더욱 무게를 두었다. 또한 "병역거부자의 숫자가 많지 않다", "안보에 하등 해가 되지 않는다", "국가의 이익이다", "인적자원이 효과적으로 재분배된다"와 같은 실용적 언사까지 사용하면서 대중의 지지를 구하고자 했다.

이미 우리 사회에는 총을 드는 대신 다른 형태로 대체복무를 하고 있는 젊은이가 20만에 이르고 있습니다. 여기에 양심에 따른 병역거부자를 위해 대체복무제를 추가한다고 해서 국가의 안보에 하등의 해가 될 것이 없으며 이들에게 국가를 위한 다른 영역에서 종사할 수 있는 기회를 주는 것이 국가의 이익에 훨씬 큰 도움이 될 것임을 확신합니다. (유호근, 병역거부 소견서, 「전쟁 반대와 평화 실현의 양심을 위하여」)

이 문제가 사회적으로 확산되고 대체복무제가 개선되어 양심에 따른 병역거부자들에게 대체복무제가 확대된다면, 이는 비단 어떤 특정 집단뿐만 아니라 사회 구성원 모두와 국가에 보탬이 되는 일이라 생각합니다. 인권과 민주주의 수준을 한 단계 끌어올릴 것이고 합리적이고 민주적인 군대를 만드는 데 일조할 것입니다. 사회복지 확충에도 기여할 것이며, 인적자원의 재분배라는 측면에서도 유용할 것입니다. (나동혁, 병역거부 소견서, 「평화와 인권을 위한 작은 행동」)

병역거부와 대체복무의 닫힌 고리

1장에서 살폈던 것처럼, 대체복무제의 의미는 분명하다. 자신이 생존할 수 있는 권리를 넘어서서 타인을 죽이지 않을 수 있는 권리로의 확장은 전쟁의 참혹함을 딛고 나아가는 인류 역사의 정당한 발걸음이었다. 그 걸음이 전쟁의 참화 속에서 수많은 학살을 견디면서 살아야 했던 우리 사회에서도 이어질 수 있다는 것은 그야말로 감동적인 일이다. 또한 수십 년간 병역거부자들을 혹독하게 처벌해 온 한국 사회에서 총을 들 수 없다는 신념을 인정하는 것은 군사주의에 균열을 낼 수 있는 중요한 변화임에 틀림없었다. 반공국가 체제의 근간에 닿아 있는 안보·군사 영역에서 병역거부자들의 권리가 인정되는 것은 각별하다. 사실 이러한 '거창한' 표현들은 다 생략하더라도, 당장 매년 수백 명의 젊은이들이 감옥에 가지 않게 된다는 변화 앞에 다른 미사여구가 굳이 더 필요하진 않을 것이다.

그러나 대체복무제 개선이 가지는 이러한 의미에도 불구하고, 그것으로 귀결된 병역거부운동이 놓치는 것 역시 분명 존재했다. 병역거부와 대체복무제가 닫힌 고리를 이루었을 때, 즉 "총을 들 수 없다는 '별난' 신념의 소수자들이 처벌받고 있는데 이는 '양심의 자유'를 침해한 것이고 제도 개선을 통해서 해결할 수 있다"라는 논리로 운동이 완성될 때, '총을 들 수 없다'는 병역거부자의 신념이 가지는 의미는 부차적인 것이 될 수밖에 없었기 때문이다.

병역거부는 본질적으로 국가안보라는 성역에 도전한다. 병역거부는 '다를 수 있는 자유'를 넘어서서 국가가 강제하는 군사훈련을 거부하겠다는 선언이며, 강한 군대가 국가를 지켜 주며 군인이 되는 것이 국민의 신성한 의무라는 군사주의 이데올로기에 대한 근본적 비판이기 때문이다. 그러나 '비범죄화'에 무게가 실린 운동에서 병역거부자는 민주주의 사회에서 포용되어야 하는 '예외'로서 위치 지워졌으며 대상화되었다. 또한 군대를 가는 것도 양심이고, 가지 않는 것도 양심이며 각각의 양심이 존중받아야 한다는 논리 속에서 전쟁과 폭력에 저항하는 평화운동의 당파성은 가려졌다.

한홍구 징병제 문제를 조금 더 치고 나갔으면 어땠을까? 하지만 발목을 잡았던 것은 제도 도입의 시급함이었다. 당장 수백 명이 감옥에 있는 상황, 더 이상 감옥에 가지 않게 해야 한다는 당위. 그것을 우리가 빨리 하려면 대의와 원칙만 따질 수 없었다. 만약 사회운동에 참여하는 병역거부자들이 조금 더 많이 등장했다면 달랐을 것이다. 또한 그런 사안[징병제나 국가폭력의 문제]이 생겼을 때마다 병역거부자들이 적극적으로 대응했다면 어땠을까? 당장 구속자가 생기는 상황에서, 대체복무제 개선에 집중하는 과정에서 불가피했던 부분이었다.

한홍구가 "대의와 원칙"이라고 표현한 것은 병역거부운동의 반군사주의적 지향이다. 병역거부운동은 현실적 조건 속에서 일정한 타협을 할 수밖에 없었다. 이 타협은 한국 사회의 강력한 군사주의, 운동 주체들이 가진 시야의 한계, 구속자에 대한 압박감 등이 복합적으로 작용한 결과였지만, 그 중에서도 천 명을 넘나드는 구속자에 대한 압박감은 상당했다. 병역거부로 인한 수감자가 계속 생겨나고 있는 상황에서 이 감옥행을 멈출 수 있는 대체복무제 개선에는 '운동의 목표'라는 말끔한 구절로는 다 표현할 수 없는 절박함이 있었다. 사실 병역거부에 대한 엄청난 반대 여론 속에서 대체복무제를 설명하는 것조차 버겁기도 했다.

그러나 병역거부운동이 성장하면서, 그리고 운동가들의 고민이 깊어지면서 대체복무제에 초점이 맞춰진 현실 운동과 반군사주의의 가치를 품은 평화운동으로서의 지향 간에 긴장 관계가 형성되었다. "우리를 도와주십시오"라는 외침 속에서 삼켜져야 했던 말들은 조심스럽게 자신의 목소리를 내기 시작했던 것이다.

4장 군사주의의 문턱에서

병역거부운동에 오랜 시간 참여해 온 전쟁저항자인터내셔널 활동가 안드레아스 스펙Andreas Speck은 병역거부운동 내부에 두 가지 흐름이 존재한다고 분석한다. 그 하나가 '양심의 자유'를 보장하기 위한 '비범죄화'의 흐름이라면 또 다른 흐름은 전쟁과 폭력에 저항하는 '반군사주의'의 흐름이다. 도식적으로 구분하자면 전자가 '인권운동'의 성격을, 후자가 '평화운동'의 지향을 가진다고 할 수 있다(물론 이 각각의 운동이나 지향이 배타적인 것은 아니다).

한국의 경우 병역거부운동 초기에는 비범죄화의 경향이 압도적이었다. 사회운동으로 등장한 병역거부운동은 대체복무제 개선을 가장 시급한 목표로 삼았다. 그러나 운동이 진행되어 가면서 반군사주의적 문제의식이 점점 더 성장해 나갔고, 두 흐름은 운동 내부에서 긴장 관계를 형성하게 되었다. 이 장에서는 바로 그 긴장 관계를 통해서 어떤 말들이 삼켜졌는지, 그리고 그렇게 삼켜진 말이 어떻게 다시 틈새를 찾아 세상으로 나왔는지를 담고자 한다.

1. 삼켜야 했던 말

몇 명을 더 죽여야 성공합니까

2006년 병역거부자 김태훈의 항소심 공판 때였다. 판사는 피고인으로서 있는 김태훈에게 물었다. "전쟁 나면 누가 방어합니까?" 재판정에서 그의 대답은 평이했다. 병역거부자들은 국방의 의무 자체를 부정하는 것이 아니다, 무력에 한정된 안보의 개념이 보다 넓어져야 한다, 신념을 지키는 방식으로 공동체를 위해 일하고 싶다. 그러나 그 대답 속에 김태훈이 진정 하고 싶었던 말 모두가 담기진 못했다. 자신의 형량을 결정할 판사 앞에서, 그는 자신의 마음속 이야기를 전부 꺼낼 수 없었다. 재판이 끝나고 호송차에 태워져 구치소에 돌아가서야, 그는 편지로 자신이 진정 하고 싶었던 말을 꺼낼 수 있었다. "'전쟁 나면 누가 방어합니까?' 저는 아닐 테고, 아마 판사님도 아닐 겁니다"라고 말이다(김태훈,「잔소리는 반항으로」, 287쪽).

그가 삼켰던 말, "목구멍 근처에서 틀어 막혀 뿜어 나오지 못"한 말은 역사를 통해서 이미 우리 사회가 경험한 진실이었다. 한국전쟁 당시, 나라를 위해 목숨을 바치라고 한 이들이 가장 먼저 줄행랑을 쳤다. 백두산 꼭대기에 태극기 세운다고 장담하던 이승만은 한국전쟁 발발 직후인 1950년 6월 27일 서울을 버리고 떠났다. 하지만 그의 녹음된 목소리는 라디오를 통해서 민중들에게 계속 서울을 사수하라고 외쳤다. 민중들을 기만했던 것은 그의 목소리뿐이었을까? 서울 시민 대부분이 한강을 건너오지 못한 것은 당연했고, 당시 9만 8천여 명의 국군 중에서 한강을 넘어온 이들이 채 절반도 되지 않았던 28일 새벽 2시 30분, 정부는 인민군의 진격 속도를 늦춰야 한다며 한강다리마저 폭파해 버렸다. 폭파 당시 다리 위에는 자신들이 지키겠다고 호언장담하던 '국민'들이 피난 짐을 지고 느린 걸음을 옮기고 있었다. 당시 목격자인 이창록 소위는 그 끔찍한 학살을 보고 분노가 치밀어 올라, 다리 폭파를 결정한 이들이 엄벌을 받아야 한다고 절규했다(김동춘, 『전쟁과 사회』, 147~157쪽).

그들은 엄벌에 처해졌을까? 아니 최소한 사과라도 했을까? 가장 먼저 서울을 버리고 도망친 권력자들은 서울을 수복한 뒤, 남아 있던 사람들을 부역자로 몰아세워 처벌했다. 민중을 버렸던 이들이 다시 민중을 지배하기 위한 방식이었다. 권력자들은 "지난날 정부와 국군의 실수를 가지고 시비를 가리며 민심을 선동하는 것은 애국자가 아니"라고 경고했다. 서울에 남아 있던 민중들은 자신들을 버리고 도망간 정부에게, 자신들이 땅속으로 숨거나 산속으로 도망가서 인민군에게 협력하지 않았음을 증명해야 하는 비참한 상황에 놓였다. 이를 증명하지 못한 이들에게는 참혹한 시간이 이어졌다(김학재, 「비상사태하범죄처벌에 관한 특별조치령의 제정 과정과 성격」, 56~61쪽).

이것이 우리 역사가 증명하는 전쟁의 실상이다. 병역 역시 마찬가지다. 징병제는 '국민 모두'라는 언명으로 작동하지만 실상은 결코 그렇지 않았다. '국민개병제'라는 허울 속에 사실상 '빈민개병제'였던 한국의 징병제. 한국전쟁 당시 병사들이 죽으면 "빽" 소리를 내며 죽었다는 풍자가 있었을 만큼, 우리 사회의 병역은 그 시작부터 '빽' 없는, 기댈 곳 없는 이들의 몫이었다. 한국 사회의 병역에 대한 대중들의 분노와 박탈감 한가운데에는 바로 특권층의 병역 불이행에 대한 증오심이 있다. 그러나 이 문제에 대처하는 방식은 늘 "모두 군대 가자"로 귀결되었다. 그리고 그 근저에는 너도 '죽을 고생'을 해야 한다는 분노의 기운이 서려 있었다.

병역거부자들은 그 존재 자체가 필연적으로 이 문제의 가장 핵심적인 부분에 닿을 수밖에 없다. 누가 방어하냐는 '높으신 양반들'의 질문에, 병역거부자들이 당신은 아닐 것 같다고 당당하게 말했다면 어땠을까? 조국을 위한 희생으로 미화된 병역이 개전 즉시 영문도 모른 채 죽을 수밖에 없는, '대폿밥'이라 불리는 최전선의 병사에게 어떤 의미인가를 물었다면 어땠을까? 더 나아가 민족국가 구성원의 평등한 권리와 의무가 출발하는 제도라고 칭송되는 징병제의 실상이 힘없고 돈 없는 하층민이 권력자들을 지키는 것이었으며, 평등한 병역이행이 아니라 전면적인 군축과 병력 감축이 대안이라고 외쳤다면 어땠을까? 그러나 병역거부자들은, 병역거부운동은 그러지 못했다.

김태훈이 하고 싶었던 이야기는 여기서 끝나지 않았다. 긴 숨을 몰아쉰 후, 그는 "전쟁 나면 누가 방어합니까?"라는 질문에 되묻고자 했다.

몇 명을 죽이면 됩니까? 방어에 성공하기 위해서 몇 명을 더 죽이면 되죠? 뭐, 괜찮습니다. 병역거부자들은 아주 오랜 옛날부터, 비웃음으로 가득 찬 물음들에 답하며 지금까지 버텨 왔고, 앞으로도 그럴 겁니다. …… 자, 다시…, 제가 몇 명을 더 죽여야 방어에 성공합니까? 상황이 불리해지면 삶의 터전을 이 지경으로 만든 그 많은 선동가들은 모두 도망갈 테고, 상황이 유리해지면 '여러분! 공격이야말로 최선의 방어입니다!'를 외칠지도 모를 일입니다. …… 선동가의 말대로, 이제는 공격자의 집에 쳐들어갈 차례입니다. 그 집 지붕에다가는 폭탄을 투하하고 좀더 많은 팔, 다리를 잘라내기 위해 총력을 기울일 겁니다. 입장은 바뀌어 '적'이라 불리던 그들도 이제는 우리들 중 몇 명을 더 죽여야 방어에 성공하는 것인지를 의심하면서, 하지만 이미 피가 튀었기 때문에 도저히 이성의 힘으로는 억제할 수 없는 상황에서, 위대한 '방어를 위한 공격, 공격을 위한 방어'를 해야 합니다. (김태훈, 「잔소리는 반항으로」, 288~289쪽)

나라를 지키기 위해서 몇 명을 죽여야 할까? 몇 명을 더 죽여야 '방어를 위한 공격'은 성공하는 것일까? 이 질문이야말로 한국 사회에서 병역거부운동이 아니면 던지기 어려운, 전쟁과 폭력을 근본적으로 다시 생각하게 하는 질문이었다. 그러나 우리 사회의 군사주의 앞에서 이 말을 꺼낼 수 없었다. 병역거부운동은 대체복무를 통해, 다른 방식으로 공동체를 지키고 싶다고 말하는 것에서 멈춰야만 했다. 재판장 앞에서 김태훈이 자신의 말을 삼켜야 했던 것처럼 병역거부운동 역시 수백, 수천 명의 감옥행을 쥐고 있는 '여론'이라는 재판장 앞에서 자신을 검열할 수밖에 없었기 때문이다.

현실 속의 타협

병역거부운동은 군사주의에 대한 문제의식에도 불구하고 피해자를 구제하는 운동으로 강하게 규정되었다. 2002년 2월 병역거부연대회의 발족식에서 공동집행위원장이었던 한홍구는 병역거부운동이 "양심적 병역거부뿐만 아니라, 징병제, 군사문화, 군 복무 여건에 대한 전반적인 고민을 같이 해나갈 것"이라고 밝혔지만, 척박한 사회적 조건 속에서 대체복무 개선 이상의 운동으로 확장시킬 여지는 많지 않았다. 물론 한국 사회에서 대체복무제 개선이 가지는 의미는 상당했다. 형사처벌이라는 가장 극단적인 인권 침해를 중지할 수 있는 방법이었으며, 두터운 군사주의에 균열을 낼 수 있는 중요한 변화임에 틀림없었다. 이는 병역거부운동에 참여한 이들이 공유하고 있었던 인식이었고, 대체복무제 개선으로 운동이 집중되는 것에 대한 동의 역시 분명했다.

그러나 대체복무로 귀결되는 운동 속에서 삼켜야 했던 '말'에 대한 활동가들의 고민은 계속되었다.

최정민 모든 사회운동이 그렇겠지만 외화되는 과정에서 가지를 쳐내게 된다. 그렇게 되면서 우리가 하고 싶은 이야기가 과연 이것일까 하는 생각을 시시때때로 하기도 했다. 그러나 대체복무제도를 도입하는 것이 한고비를 넘기는 것이고, 그 제도를 통해서 운동이 전환될 수 있다고 봤다. …… 그러나 병역거부자들을 대상화시키고 이들을 구제한다고 느끼면서 초창기 병역거부운동을 했을 때는 스스로의 자리를 찾지 못했고, 평화운동가로서 내가 왜 이 운동을 해야 하는가에 대한 대답을 찾지 못할 때도 있었다.

사실 운동가들은 이론과 실천의 괴리에서 고민을 많이 하잖아요. 특히나 저[나동혁]나 오태양 씨 등 초기의 병역거부자들에게는 대체복무제를 중심으로 설명을 하면서 한편으로 보면 굉장히 국가의 의무나 그런 것을 강조하게 되었지요. …… 저는 평화주의보다는 반국가주의가 강한 사람인데 그래서 국가라는 말을 공동체란 말로 바꿔 쓰면서 자위를 했던 거 같아요. (『오마이뉴스』, 2006년 12월 30일)

병역거부운동에 있어서 이 '타협'의 의미는 복합적이다. 민감할 수밖에 없는 안보·군사 영역을 다루는 평화운동의 특성상, 전략적으로 '민주주의'나 '인권' 같은 보편적 언사와 자유주의적 가치를 전면에 내세우는 경우는 빈번하다(카터, 『직접행동』, 225쪽). 그러나 '전략적 타협'이라는 수사로는 다 표현할 수 없는 긴장의 '선'들이 운동 내부에 존재했다.

먼저, 대체복무제 개선에 우선순위가 맞춰진 운동 내부에서는 운동의 논리를 검열하는 강박이 생겨났다. 급진적인 주장이 현실적 목표를 달성하는 데 악영향을 미칠 것이라는 우려가 존재했기 때문이다. "병역거부자는 어차피 군사력에 도움이 안 되는 사람", "대체복무제 개선은 병력에 영향을 미치지 않는 일", "대체복무를 허용한다고 해서 병역거부자가 절대 늘어나지 않을 것" 등과 같은 타협적인 언사 역시 이러한 강박이 낳은 결과였다. 그 과정에서 병역거부운동의 평화주의 가치들은 제한될 수밖에 없었다.

병역거부자 오태양은 병역거부를 적극 지지했던 박노자와의 공개서신에서, 대체복무제가 도입되어 병역거부가 확산되면 어떻게 하냐는 사회의 비판에 "이 땅의 대다수 젊은이들이 총 들기를 거부하고, 군사훈련 대신 사회봉사를 택한다면" 이전에는 상상하기 어려운 행복한 고민을 우리 사회가 시작하는 것이라 대답하고 싶다고 썼다(오태양·박노자, 「폭력을 거부하는 마음은 인간의 동심이자 본심이다」, 56쪽). 보다 많은 이들이 총을 내리는 삶을 택하도록 하는 것은 분명 전쟁과 폭력을 멈추기 위한 병역거부운동의 존재 이유였고, 오랜 전통이었다. 병역거부의 적극적인 동조자였던 아인슈타인은 1931년 "평화를 위해서 무엇인가 구체적인 일을 하려고 하는 모든 이들은 전쟁과 관련한 모든 복무를 거부"해

야 한다고 주장하기도 했다(스펙, 「양심적 병역거부운동의 현황과 과제」, 33
쪽에서 재인용).

그러나 한국 병역거부운동은 이러한 목소리를 낮춰야 했다. 대체복
무 개선에 부정적인 영향을 줄 수 있다는 우려로 인해, 이런 내용을 공적
으로 이야기하기를 꺼렸기 때문이었다. 한홍구는 한국의 강력한 군사주
의 속에서 운동이 스스로 선을 그었으며 "병역거부자들도 후배를 찾아
다니면서 너희도 병역거부해라, 이렇게 하지는 못했다"라고 말했다.

또한, 다른 방식의 '의무'가 주어진다면 기꺼이 수행하겠다는 '맹세'
가 전면에 등장하는 운동 속에서 징병제가 만드는 또 다른 '비국민들'인
여성과 연대할 수 있는 접점은 희박해졌다. 병역거부운동이 주장한 대
체복무가 호전적이고 군사적인 남성 역할에 대한 거부이긴 하지만, 결
국 또 다른 남성 중심적 '국민화'를 허용해 달라는 요구였기 때문이다.
이 요구에 가려 군대와 병역제도가 만들어 내는 성별 위계를 비판하는
언어는 등장할 수 없었다(강인화, 「한국 사회의 병역거부운동을 통해 본 남
성성 연구」, 65~67쪽; 93~94쪽). 유사한 맥락에서 병역기피라는 중요한 사
회적 현상에 개입할 수 있는 기회 역시 가질 수 없었으며, 국가의 징집권
이나 전쟁 동원 자체의 정당성에 대한 근본적인 문제 제기도 대체복무
라는 목표 속에서 유보되었다.

그러나 선험적으로 병역거부운동이 "마땅히 이래야 하는데, 그러
지 못했다"라고 평가하는 것은 운동의 동학을 고려하지 못한 시각이다.
한국 병역거부운동은 활동 과정에서 끊임없이 변해 갔다. 따라서 보다
구체적으로 대체복무로 귀결되었던 운동 속에서 삼켜야 했던 말들이 무
엇이었으며, 이 말들이 내부에서 어떤 긴장 관계를 만들었고, 이후 운동

의 변화 속에서 어떻게 틈새를 만들어 갔는지를 살펴야 한다. 이는 한국 병역거부운동의 '변화'를 고찰하는 것이기도 하다.

2. '양심의 자유'와 '반군사주의'

병역거부운동의 두 축

병역거부운동 내부에는 두 가지 흐름이 긴장 관계를 이룬다. 하나는 한 개인이 징병제 국가에서 자신의 신념을 존중받으며 복무 가능한 제도를 요청하는 '제도 합리화'의 흐름이다. 개인의 권리 차원에서 병역거부를 접근하는 이 관점으로 본다면, 병역거부는 '징병제'라는 거대한 시스템 속에서 일어나는 하나의 '문제'이고, 이를 '해결'하는 방법 중 대표적인 것이 대체복무제다. 그러나 병역거부는 이에 한정되지 않는다. 개인을 동원하는 국가 시스템과 전쟁에 대한 전면적인 저항이라는 평화운동, 반군사주의 운동으로서의 흐름 역시 존재하기 때문이다(Speck and Horeman, "CO as a Human Right vs CO as Antimilitarist Action"; 정용욱, 「양심에 따른 병역거부운동의 현황과 전망」, 251쪽).

전쟁저항자인터내셔널의 활동가 스펙은 이러한 병역거부운동 내부의 두 가지 흐름을 '양심의 자유'와 '반군사주의'*라고 명명하며, <그림 1>로 구조적인 설명을 제시한다.

---

* **군사주의와 반군사주의** | 마이클 만(Michael Mann)은 군사주의를 "전쟁과 그 전쟁을 준비하는 것이 정상적이고 바람직한 사회적 활동으로 보이게 하는 태도와 일련의 제도들"이라 정의했다(Mann, *States, War & Capitalism, Studies in Political Sociology*, p.124). 그렇기에 반군사주의란 전쟁과 그 준비가 결코 자연스러운 사회적 책임이나 의무가 아님을 주장하면서 폭력을 정당화하는 사회구조들에 대해 저항하는 가치체계를 의미한다.

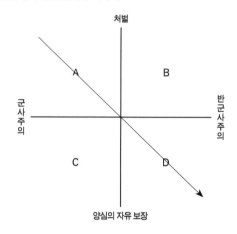

〈그림 1〉 병역거부운동의 두 가지 축

처벌

B

A

군사주의

반군사주의

C

D

양심의 자유 보장

출처: 스펙, 「양심적 병역거부에 관한 최근의 노력과 도전들」, 6쪽에서 수정.

<그림 1>에서 A분면에서 D분면으로 가는 것이 병역거부운동의 궁극적인 목표를 달성하는 과정이라고 할 때, 각각의 축을 구성하는 '양심의 자유'와 '반군사주의'는 복합적인 관계를 맺는다. 이 각각은 대립하는 관계라기보다는, 서로 긴장 관계를 이루면서 운동의 경로나 당면과제를 결정한다. 병역거부 전체의 역사를 놓고 본다면 '양심의 자유' 보장을 위한 비범죄화의 흐름이 보다 보편적이었지만, 반군사주의의 흐름이 비범죄화를 압도했던 경우도 적지 않다.

예를 들면, 이스라엘 병역거부운동은 팔레스타인 점령에 저항하는 정치적 행위로서 스스로의 정체성을 규정한다. 그렇기 때문에 병역거부로 인한 수감자가 발생함에도 불구하고 대체복무제 도입 운동은 이스라엘 병역거부운동에서 주변부에 위치하고 있을 뿐이다(이스라엘의 병역거부운동에 관해서는 Moskos and Chambers, *The New Conscientious*

Objection, pp.146~157; 야코비 외, 「이스라엘 병역거부자들의 고백」 참조). 베트남전에 반대했던 20여만 명의 미국 젊은이들의 징집거부 운동 역시 베트남전의 종식을 목표로 하는 것이었으며, 베트남전을 반대했던 병역거부자들에게서 대체복무 관련 주장은 나오지 않았다(Lainer-Vos, "Social Movements and Citizenship", pp.238~285). 1960년대 대비 1980년대 말 서유럽의 양심적 병역거부자 수는 평균 6배로 증가했는데, 이는 독일을 포함한 서유럽에 있어서 냉전 말기 핵균형 안보체제에 대한 도전을 의미한 것이었다(이대훈, 「시민불복종과 법치주의적 상상력」, 125쪽). 이런 사례들이 바로 병역거부운동에서 반군사주의 흐름이 비범죄화를 압도했던 경우다.

그렇다면 한국의 경우는 어떠했을까? <그림 1>에 기대어 설명한다면, 초기에는 A분면에서 C분면으로 가기 위한 흐름, 즉 처벌을 막고 '양심의 자유'를 지켜야 한다는 흐름이 지배적이었다. 그러나 운동이 점점 진행되면서 반군사주의를 향한 힘이 운동의 방향을 조금씩 오른쪽으로 당기기 시작했다. 해외의 병역거부운동 사례들을 접하고, 보다 넓어진 신념을 바탕으로 한 정치적 병역거부자들의 병역거부 선언과 활동이 이어지면서 병역거부운동 내부에 반군사주의적 문제의식이 깊어 갔던 것이다.

해외 병역거부운동의 자극

외국 활동가로부터의 자극을 계기로 출발한 한국 병역거부운동은 이후에도 활발한 국제 연대를 이어 갔다. 국제 연대는 크게 두 가지 흐름으로 이루어졌는데, 하나는 유엔 등을 통해 한국 상황을 국제사회에 알리고 정부 압박을 위한 국제적 여론을 형성하는 것이었고,[*] 다른 하나는 전쟁 저항자인터내셔널을 중심으로 한 해외 활동가들과의 교류였다. 후자의 과정을 통해서 한국 활동가들은 다른 나라의 사례를 공유했고, 한국 병역거부운동에 있어서 대체복무의 차원을 넘어서는 관점이 필요함을 깨닫게 되었다.

> **최정민** 병역거부운동이 소수자 운동으로 머물러서는 안 된다는 것은 개인적으로는 외국 활동가들에게 영향을 받으면서 바뀐 부분이다. 병역거부운동 시작하면서부터 WRI나 외국 회의를 다녔고, 외국 활동가들과 이메일을 주고받았기 때문이다. …… [외국 활동가들의 영향을 받으면서 병역거부운동에] 시민불복종 차원에서 평화운동의 차원이 있다는 것을 알게 되었다. 외국 활동가들은 한국이 인권의 차원에서 초점이 맞추어진 것에 대해서 우려를 보이기도 했다. 인권의 측면만이 부각될 경우에는 여호와의 증인이나 몇몇 병역거부자들을 구조적으로 구제하고 마는 한계를 가질 수밖에 없기 때문이다.

이러한 문제 제기는 한국에서 열린 병역거부 관련 국제회의를 통해

---

[*] **병역거부연대회의의 국제 연대 활동** | 병역거부연대회의는 민주화를위한변호사모임(민변)과 함께 2002년 제58차 유엔 인권위원회부터 국제사회에 한국 병역거부자들의 실상을 알려 간다. 2002년 1월 25일 한국의 상황에 관한 서면진술서를 제네바 사무국에 제출하고 4월에는 제58차 유엔 인권위원회에 활동가들이 직접 참석했다. 이후 2004년에도 「한국의 양심에 따른 병역거부 현황과 인권 문제: 제60차 유엔 인권위원회 공동보고서」를 들고 유엔의 문을 다시 두드렸다. 2007년에는 유엔 자유권규약위원회에 정치적 병역거부자 11명의 권리구제를 요청하는 개인청원(Individual Communication)을 제출해서 2010년 위원회가 한국 정부에 대체복무제 도입을 촉구하는 결정을 받아내기도 했다. 이처럼 한국 병역거부운동은 유엔 인권 시스템을 운동의 자원으로 적극 활용했다.

서 본격적으로 한국 활동가들에게 전해진다. 안드레아스 스펙은 한국에서 개최된 국제회의에 참석해서 양심의 자유와 대체복무제도로서 접근되는 병역거부운동의 한계를 지적했다. 독일인으로서 대체복무까지 거부한 완전 거부자인 그에게 병역거부는 "인권 문제 이상의 무엇이며 반전평화주의자들과 반反군국주의자들의 원칙적인 행동"이었다.

> 전적으로 양심의 자유에 맡기는 접근 방식 —— 이러한 접근 방식은 그것이 개인의 권리에 초점을 맞추고 있기에 인권으로서의 접근 방식이라 할 수 있습니다 —— 은 대체복무와 관련된 몇몇을 위한 예외적인 권리를 창조하는 위험에 빠질 수 있습니다. 그것은 특히 징병 연령대의 젊은이들이 충분한 국가에서 군대에 의해 조정될 수 있습니다. (스펙, 「양심적 병역거부에 관한 최근의 노력과 도전들」, 6쪽)

> 불행하게도, 대체복무는 종종 양심적 병역거부의 자연스런 귀결로 이해됩니다. 저는 지금 '불행하게도'라고 이야기하고 있습니다. 왜냐하면 이러한 이해는 명백히 서로 다른 두 가지 사안들을 혼동하는 것이며, 또 어느 정도 혼란스럽게 만들고 있기 때문입니다. 사람들은 양심적 병역거부에 대해 이야기할 때, '대체복무를 할 수 있는 권리' 또한 함께 이야기합니다. …… 대체복무는 양심적 병역거부 자체와 아무런 연관이 없습니다. 다만 양심적 병역거부권이 인정됨에 따른 결과일 수 있는 것이지요. (스펙, 「양심적 병역거부운동의 현황과 과제」, 36쪽)

전쟁저항자인터내셔널은 대체복무제가 국가가 시민들을 징집할 수 있는 권리를 가지고 있음은 인정하는 것이며, 대체복무의 내용이 민간 성격의 것이라 할지라도 전시체계의 일부가 될 수 있다는 이유에서 대체복무에 대한 반대 입장을 명확하게 한다. 또한 군사적 혹은 민간 목적의 모든 징집과 징발을 거부하는 근본적인 입장을 견지한다(스펙, 「양심적 병역거부운동의 현황과 과제」, 37~38쪽).

병역거부에 대한 반군사주의적 원칙을 강력하게 주장한 해외 활동가들의 주장과 운동 사례들은, 그 자체의 현실적 적합성은 별개로 하더라도 한국 병역거부운동에 큰 영향을 미쳤다. 최정민은 당시 이러한 해외 사례를 접하면서 '눈이 떠지는 것'과 같았다고 전한다. 국제 연대 초창기에는 이런 주장이 지역적 특징을 고려하지 않는 '제1세계 기준'과 같은 공허한 이야기라고 느껴졌지만, 활동 과정에서 한국 병역거부운동 역시 반군사주의적 가치를 지향해야 한다고 판단했다는 것이다. 이는 당시 학생운동가로서 병역거부운동에 참가했던 염창근의 경우에도 마찬가지였다.

염창근 나도 그랬고, 함께 활동했던 학생운동 그룹에서도 병역거부운동을 통해서 이야기하려는 것과 실제 활동에 있어서 모순되는 지점을 느꼈다. …… 개인의 양심에 기반을 둔, 또는 종교적 자유로 특화되는 분위기. 나는 이것을 개인의 저항이라기보다는 변혁운동의 일환으로 바라봤지만 적합한 논리가 없었다. 그런데 스펙의 글이나 해외의 사례가 이런 부분을 채워 주는 느낌이었다. 그러나 당시 분위기에서는 이러한 논의가 운동의 논리로 들어오기는 어려웠다. 주변의 시선이나 현재 운동의 상황을 고려해야 했기 때문이다. 병역거부가 어느 정도 받아들여지려면 코드가 맞는 것을 찾아내야 하는데 그게 대체복무였다. 하지만 대체복무제로 한정되는 것이 아닌 평화운동으로서 병역거부운동의 지향이 필요하다는 것에는 대부분 동의했다.

해외의 사례를 통해 한국 병역거부 활동가들은 운동에 반군사주의적 지향이 필요하고, 대체복무 개선을 궁극적인 지향으로 삼아서는 안 된다는 것에 대한 공유 지반을 만들어 나갔다. 대체복무 개선에 대한 집중력이 상당했던 당시 상황 속에서 반군사주의적 문제의식이 당장의 활동으로 이어지지는 못했지만, 활동가들은 대체복무제를 넘어서는 병역거부운동의 궁극적인 지향과 목표에 대한 고민을 품게 되었다.

3. 병역거부를 축하합니다

처벌의 '대상'에서 저항의 '주체'로

해외의 사례와 함께, 정치적 병역거부자의 등장과 활동은 한국 병역거부운동이 대체복무 '너머'를 지속적으로 고민하게 만든 또 하나의 중요한 요인이있다. 운동이 진행되면서 점점 더 많은 정치적 병역거부자들이 등장했고, 이들이 드러낸 명확한 평화주의 신념은 병역거부운동의 반군사주의적 가치들을 자극해 나갔다.

여호와의 증인 병역거부자와 정치적 병역거부자 모두 깊은 신념에 근거해서 강제적인 국가의 군사 동원에 불복종한다는 점에서는 유사하지만, 동기에 따라서 행위의 양상은 큰 차이를 보였다. 정치적 불복종과 도덕적 불복종이 가진 특성을 대비하며 이스라엘 병역거부자들을 분석

〈표 3〉불복종의 동기

정치적 동기	도덕적 동기
1. 대중적인 행동이 되길 원한다. 2. 행동을 주목하게 하는 것이 필수적인 전략이다. 3. 공동체의 구성원들에게 실천을 촉구하는 것에 대해서 고민한다. 4. 정책을 바꾸겠다는 외적인 목표를 가지고 있다. 5. 행동의 효율성에 대해서 강조한다. 6. 행동에 초점을 둔다.	1. 행동이 대중들 속에서 행해질 수도 있고, 아닐 수도 있다. 2. 윤리적 확신을 우선시한다. 3. 정치적 행동보다 전략적이지 않다. 4. 정치적 행동에 비해서 제한된 목표를 가지며 동기를 주목한다. 5. 결과보다는 원칙을 강조한다. 6. 행위자에 초점을 둔다.

출처: Linn, *Conscience at War*, p.171에서 일부 수정.

한 루스 린Ruth Linn의 연구는 한국 사회의 여호와의 증인 병역거부자와 정치적 병역거부자가 가지는 차이를 확인함에 있어서도 유효한 분석틀을 제공한다(<표 3> 참조).

'도덕적 동기'에 의한 불복종의 특징을 보여 주었던 여호와의 증인은 정치적 중립을 지킨다는 종교적 신념을 바탕으로 사회운동과 일정한 거리를 두었고, 운동의 주체들과 분리되면서 '구제의 대상'으로 비춰지는 경향이 존재했다. 반면 오태양 이후의 정치적 병역거부자들은 공개적인 선언을 통해서 병역거부를 대중적인 쟁점으로 부각시켰고, 자신의 실천으로 인해서 대체복무제 개선과 함께 군사주의에 대한 비판의식이 커져 갈 수 있기를 바랐다. 이러한 정치적 병역거부자의 공개적인 선언과 활동은 이전의 여호와의 증인 병역거부자와는 다른 모습으로 비춰졌다. 물론 초기 정치적 병역거부자들 역시 감옥이라는 피해 사실로 강하게 규정되었지만, 병역거부운동이 진행되어 갈수록 이들은 스스로 '처벌의 대상'에서 '저항의 주체'로서 자리매김해 나갔다. 이는 병역거부운동 내부의 반군사주의적 경향이 점점 강화되어 가는 과정이기도 했다.

　이는 병역거부운동이 피해자 스스로 운동의 주체로 등장하는 '당사자 운동'의 성격을 가지게 되는 것이라고 볼 수도 있다. 당사자 운동은 피해자가 스스로 운동의 주체로 등장하면서 피해자에 대한 사회적 편견과 차별에 적극적으로 저항한다는 의미를 가지고 있다. 정치적 병역거부자는 병역기피자라는 낙인에 저항하며 대중들 앞에 등장해서 자신의 신념을 이야기하고 감옥행에 대한 대안을 요구했다.

　보다 구체적으로 '정치적' 불복종의 행위를 살펴본다면, 가장 두드러진 점은 병역거부자들이 공개적으로 스스로의 신념과 병역거부 의사를 밝힌 것이다. 이들은 병역거부운동 활동가들과의 논의를 통해서 효과적인 전략을 고민했고, 보다 대중적인 행동이 될 수 있도록 기자회견과 같은 공개적인 선언 방식을 택했다.

　정치적 병역거부자들의 공개적인 병역거부 선언은 '공개적으로 군사주의를 거부'하는 행위였다. 군대에 가지 않겠다고 당당하게 말하는 것은 국방의 의무가 신성화된 한국 사회에서 금기에 대한 도전이었기 때문이다. 이들의 병역거부 선언은 많은 언론으로부터 주목받게 되었고, 이들의 숫자가 늘어갈수록 병역거부에 대한 논쟁은 보다 뜨거워졌다. 이스라엘의 병역거부운동가 샌들러Sergeiy Sandler는 이스라엘에서 진행되었던 병역거부 선언이 팔레스타인 점령을 공개적으로 반대하는 것이며, 이는 이스라엘 사회의 군사주의에 대한 정치적 투쟁이라고 했는데(스펙, 「양심적 병역거부운동의 현황과 과제」, 44쪽), 한국 정치적 병역거부자들의 공개선언 역시 그러한 효과를 가지고 있었다. 전쟁의 참상과 군사훈련의 본질을 이야기하는 그들의 언어는 병역거부운동을 바라보는 시선을 조금씩 바꿔 나갔고, 운동 내부에서도 반군사주의적 흐름을 키워 가는 역할을 했다.

병역거부 선언이 이어질수록 병역거부자들은 대체복무제에 대한 설명이나 개선 촉구보다는 자신의 신념을 드러내는 것에 집중해 나갔다. 2005년 12월 1일에 병역거부를 선언한 이용석, 김태훈, 김영진 이후 병역거부자의 병역거부 소견서에서는 '대체복무'라는 단어를 거의 찾을 수 없다. 2007년 5월 15일에 병역거부를 한 김치수와, 같은 해 10월 30일 현역 이등병의 신분으로 대체복무를 요구했던 오승록의 소견서에서 각각 한 번씩 언급이 될 뿐이었다. 혹은 2008년 말 국방부의 대체복무 백지화 발표 이후 국방부에 대한 비판의 맥락에서 언급되는 것이 전부였다. 초기 병역거부 소견서의 절반 이상이 대체복무제에 대한 설명과 요구로 채워진 것과 대비되는 모습이다.

> **최정민** 병역거부가 과거에는 불쌍한 피해자를 보는 인권의 관점이었다면 오태양 이후에는 적극적인 운동으로 봤다. …… 운동 내부에서도 새롭게 등장하는 병역거부자들이 많은 자극이 되었는데, 초창기 병역거부자 이후에는 사회적 편견에서 조금 더 자유로울 수 있었기 때문에 급진적인 주장들도 조금씩 드러날 수 있었다.

비록 사회운동으로서의 병역거부운동은 대체복무제 개선에 가장 큰 무게중심을 두고 있었지만 정치적 병역거부자들은 현실적 고려를 넘어서서 스스로의 평화주의 신념에 보다 집중해 나갔던 것이다.

꽃다발을 든 병역거부자

해외 활동 사례로부터의 자극, 꾸준히 계속된 정치적 병역거부자의 선언. 이 과정을 통해서 '피해자'인 병역거부자와 '구제방법'으로서의 대체복무제 사이를 단단히 묶어 놓았던 매듭이 느슨해지자, 병역거부자의 선언이 가져왔던 무거운 분위기를 탈피하자는 의견이 나왔다. 병역거부는 스스로 평화주의 신념을 지키며 살겠다는 선언이기 때문에 이를 기쁘게 축하해 줄 수 있지 않냐는 것이었다. 여기에는 병역거부자가 감옥을 감수하는 '대단한' 신념의 소유자, 혹은 감옥행을 앞둔 '피해자'로 재현되는 것에서 조금씩 벗어나야 한다는 고민 역시 담겨 있었다. 이제 무거움을 벗고, '우리를 도와주십시오'가 아니라 자신의 고민과 생각을, 왜 총을 들지 않는 삶을 택했는지를 편하게 말할 수 있는 선언이 되어야 한다는 생각을 하게 된 것이다.

염창근의 병역거부 선언은 '축하의 식탁'이라는 명칭으로 2003년 11월 13일 진행되었다. '축하의 식탁'이란 명칭은 그동안 피해자로 규정되었던 병역거부자의 이미지를 극복하는 상징적 표현이었다.

한홍구 연대회의에서 '축하의 식탁'으로 창근 씨의 병역거부를 해보자고 했다. 비장하게 기자들 불러 놓고 기자회견하는 것이 아니라 평화주의자로서 다시 태어나는 것을 주위 사람들이 축하해 주고 함께 음식을 먹는 그런 분위기. 모두가 좋아했고, 이런 변화가 필요하다고 생각했다. 이렇게 표현하면 무리가 있지만 사실 오태양 이후의 병역거부자들은 스스로가 선택한 길 아닌가.

염창근의 병역거부 선언에 참석한 이의 소감을 담은『한겨레』칼럼은 당시 변화의 모습과 감정을 잘 보여 준다. 꽃다발을 안겨 주며 축하해야 할 병역거부라는 것에 동의하면서도, 이후 그가 겪어야 할 감옥행에 대한 걱정은 여전히 '축하의 식탁' 위에 놓여 있었다. 그러나 총이 아닌 꽃을 들고 있는 병역거부자에게 축하의 말을 건네는 것은 분명 이전과는 다른 모습이었다.

> 평화운동을 하는 후배가 병역을 거부했다. 입대일에 군대에 가지 않고 뜻을 같이하는 친구들과 조촐하게 점심을 먹었다. 이름하여 '병역거부자 염창근과 함께하는 축하의 식탁'. 친구들은 꽃다발을 안겨 주었다. …… 그래, 축하할 일이다. 그러나 병역거부자라는 꼬리표가 붙은 그에게 닥칠 눈에 보이고 보이지 않는, 기한조차 없을 징계를 생각하면 가슴이 아프다. (오수연, 「염창근 씨의 병역거부」)

이러한 변화를 보여 주는 또 다른 사례로 병역거부연대회의가 발간한 「병역거부 가이드북」이 있다. 2004년 초반부터 활동가들은 병역거부를 고민하는 이들에게 어떤 절차를 통해서 병역거부가 진행되고, 그 과정에서 무엇을 준비해야 하는지를 알려주는 책자를 준비했다. 이는 병역거부자들이 감옥행에 보다 능동적으로 대응하게 하기 위한 작업이었다. 이 가이드북에서 감옥은 피해야 할 무엇이라기보다는, 신념을 지키기 위해 준비해야 할 것으로 다뤄지고 있다.

이 가이드북은 직접적으로 병역거부를 고민하는 사람들을 위해서 만들어졌습니다. …… [병역거부자들은] 병역거부라는 불복종 행위를 통해 자신의 인신이 일정 기간 구속될 것을 인지·각오하고 있는 사람들입니다. 따라서 병역거부자들의 불복종 행동에 따라오는 1년 6개월의 구속에 대해서도 병역거부 선언을 준비하고 선언하는 행동만큼이나 철저히 준비하고 대비해야 합니다. (병역거부연대회의, 「양심에 따른 병역거부자들을 위한 가이드북」, 2~3쪽)

정치적 병역거부자들 역시 대체복무제를 넘어 자신들의 평화운동을 만들어야 한다고 자각했다. 오태양, 유호근, 나동혁 등의 초창기 정치적 병역거부자들은 자신들이 평화운동을 해나갈 수 있는 단체가 필요하다는 것에 의견을 모으고 '양심에 따른 병역거부자들과 그 후원인들의 모임 전쟁없는세상'을 조직한다.

유호근 '병역거부해서 감옥 갔다 오고 말겠다'는 것이 아니라, '감옥 안 가게 해주십시오'가 아니라 내 의지로 병역거부를 했다면 그것을 적극적으로 실천해야 되는 것이라고 봤다. 전쟁없는세상을 만든 것 자체가 그렇다. 양심을나누는사람들[2001년까지의 병역거부 비공개 모임]이 선생없는세상으로 전환을 한 것은 적극적인 실천을 하자는 것이었다. 대체복무제가 개선되는 것과 별개로 전쟁없는세상을 통해서 평화운동을 실천하자는 고민이 있었다.

2003년 5월 15일 출범한 전쟁없는세상은 병역거부운동을 토대로 다양한 영역의 평화운동과 연대해 나간다. 병역거부자들은 2003년 이라크 파병 반대 활동, 2005년 평택 미군기지 확장 이전 반대운동에 전쟁 없는세상을 통해서 참여해 갔다. 이는 단순한 참여를 넘어 병역거부가 가진 반군사주의적인 문제의식을 사회 속으로 전하는 과정이었다.

4. 지연된 변화 속에서 틈새 찾기

넘기 힘든 운동의 '한고비'

국제규범과 다른 나라의 사회 속에서 '충분히' 인정받아 온 대체복무제는 '양심의 자유'와 '소수자 인권'이라는, 어찌 보면 '안전'하다고 할 수 있는 언어를 가지고 있었다. 한국 병역거부운동이 사용했던 피해자 권리구제의 주장 역시 이러한 언어에 기댄 것이었다. 그러나 해외 활동 사례들과 정치적 병역거부자들의 등장 및 활동은 안전한 언어 너머의 무엇인가가 필요하다는 자극을 만들었다.

대체복무제에 초점이 맞춰진 현실 운동과, 대체복무제를 넘어서는 급진적 문제의식이 점점 더 팽팽한 긴장 관계를 형성하게 되었지만, 그 긴장 관계가 운동 외적의 뚜렷한 변화로 이어지지는 못했다. 군사주의라는 '문턱'을 병역거부운동 역시 넘지 못했던 것이다. 이용석은 2004년 전쟁없는세상 내부에서 병역거부운동의 확장이나 분화가 필요한 때가 되었다는 논의가 제기되었지만, 결국 대체복무제 개선의 우선성을 인정하는 것으로 정리되었다고 말한다.

이용석 평화운동의 지향을 가진 이들을 중심으로 병역거부운동이 분화될 수도 있음을 고민하기도 했다. 그것을 내부에서 '병역거부운동 제2라운

드'와 같은 용어로 표현하기도 했다. …… 하지만 결론은 신중하게 내려졌다. 당장 구속자가 발생하는 상황에서 이 문제[대체복무제 개선]가 가장 시급하다는 생각에 모두 동의했고, 사실상 이 문제가 해결되어야 이 이상의 운동이 가능할 수 있겠다는 현실적, 또는 단계적인 판단도 있었다.

내부의 긴장이 이러한 방식으로 귀결될 수밖에 없었던 가장 큰 이유는 당면 과제였던 대체복무제 개선이 지연된 것에 있다. 그러나 이 상황을 뛰어넘을 수 없는 운동의 역량 부족 역시 중요한 이유였다. 한홍구는 극소수만이 이 운동에 참여했던 현실적 역량 부족이 대체복무제 이상의 활동을 만들지 못한 중요한 원인이었다고 진단했다.

한홍구 이슈화에서는 너무 빨리 성공을 했지만, 사람들의 조직적 확산에 대해서는 실패했다고 볼 수 있다. …… 소강상태일 때 새 사람들 발굴하고 확산하려는 노력이 부족한 것 같았다. 어떻게 보면 병역거부자 역시 [2008년 9월 인터뷰 당시] 30명밖에 나오지 않았고. 이 운동이 시끌벅적했던 것에 비하면 실제 이 운동에 참여했던 사람의 숫자는 아주 극소수이다. …… 만약 보다 많은 이들이 운동에 참여하고, 병역거부를 선언했다면 양상은 달랐을 수도 있다.

한홍구의 지적처럼 10년 가까운 시간 속에서, 그 숫자로만 따진다면 정치적 병역거부자는 매우 드물게 등장했다고 볼 수 있다. 2002년 12월 오태양의 병역거부 선언 이후, 2010년 12월 14일에 병역거부를 선언한 문명진까지 정치적 병역거부자의 숫자는 총 50명이다(<표 4> 참조).

〈표 4〉 정치적 병역거부자 명단(2001.12~2010.12)

순번	이름	선언일	선언 당시 직업(활동단체)
1	오태양	2001. 12. 17	정토회 활동가
2	유호근	2002. 07. 09	민주노동당
3	임치윤	2002. 07. 30	대학생
4	나동혁	2002. 09. 12	대학생, 사회당
5	최준호	2003. 03.	풀무농업기술학교 수료
6	김도형	2003. 04. 30	대학생불교연합 활동가
7	임성환	2003. 07. 01	출판사 '아웃사이더' 대표
8	임태훈	2003. 07. 22	전(前) 성 소수자 그룹 대표
9	염창근	2003. 11. 13	이라크반전평화팀 사무국장
10	강철민	2003. 11. 21	현역 육군 이등병
11	김석민	2004. 04. 29	학생운동 활동가
12	최진	2004. 05. 15	초등학교 교사
13	이원표	2004. 08. 23	사회당
14	임재성	2004. 12. 13	전쟁없는세상 활동가
15	조정의민	2005. 04. 04	대학생
16	문상현	2005. 06. 07	사회당, 장애인권 활동가
17	이승규	2005. 06. 20	다산인권센터 자원활동가
18	오정록	2005. 10. 04	전(前) 평화네트워크 활동가
19	고동주	2005. 10. 11	가톨릭학생회, 대학생
20	김영진	2005. 12. 01	민주노동당, 대학생
21	김태훈	2005. 12. 01	전쟁없는세상 활동가
22	이용석	2005. 12. 01	전쟁없는세상 활동가
23	최재영	2005. 12. 06	대학생
24	유정민석	2006. 03. 06	현역 전투경찰, 대학생
25	김훈태	2006. 03. 28	초등학교 교사

* 공개 선언 이후에 여러 사유로 병역거부를 포기한 사례도 있는데, 이 경우에는 표에 넣지 않았다.

순번	이름	선언일	선언 당시 직업(활동단체)
26	송인욱	2006. 05. 09	대학원생
27	박철	2006. 07. 10	대학교 졸업
28	경수	2006. 07. 13	대학생
29	정재훈	2007. 02. 06	대학생
30	김치수	2007. 05. 15	대학원생, 사회당
31	오승록	2007. 10. 30	현역 육군 이등병
32	안홍렬	2008. 01. 07	대학원생
33	이길준	2008. 07. 27	현역 의무경찰, 대학생
34	김영익	2008. 11. 04	다함께 활동가, 대학생
35	권순욱	2008. 11. 11	사회당, 장애인권 활동가
36	오정민	2009. 01. 06	다중지성의정원 활동가
37	은국	2009. 02. 19	한의사
38	하동기	2009. 07. 07	대학생
39	백승덕	2009. 09. 07	대학생
40	이정식	2009. 10. 13	대학교 중퇴
41	현민	2009. 11. 10	대학원생
42	박상원	2009. 11. 10	비공개
43	김영배	2010. 03. 02	사회당, 대학생사람연대 활동가
44	조은	2010. 06. 15	전쟁없는세상 활동가
45	장임마누엘	2010. 08. 31	무직
46	상우	2010. 10. 19	대학원생, 영화감독
47	이태준	2010. 11. 09	사회당
48	김영준	2010. 11. 29	비공개
49	안지환	2010. 11. 30	서비스업 노동자
50	문명진	2010. 12. 14	전쟁없는세상 활동가

병역거부운동의 '시끌벅적함'에 비한다면 분명 많지 않은 숫자이다. 감옥행을 감수해야 하고 전과자 낙인 속에서 살아야 함을 생각해 본다면 묵묵하게 이어진 양심의 걸음이었지만, '양적'인 한계는 분명 존재했다. 한홍구는 만약 수백 명의 정치적 병역거부자들이 등장했다면 훨씬 더 적극적인 평화운동을 펼칠 수 있었을 것이라고 본다. 최정민 역시 병역거부가 한 개인의 양심으로 사회에 많은 변화를 가져올 수 있다는 것을 보여 주는 사례지만, 보다 많은 이들이 병역거부에 동참했다면 운동의 양상은 달라졌을 것이라 말했다. 이러한 활동가들의 평가에는 운동의 역량 부족으로 인해서 병역거부운동이 일정한 선을 긋고 활동했던 것에 대한 비판적 평가가 담겨 있다.

틈새를 통한 소리 내기

그러나 운동 내부의 반군사주의적 문제의식은 활동가들에게 병역거부운동이 가진 '군사주의 해체'와 '전쟁 반대'라는 궁극적 목표에 대해서 명확하게 인식할 수 있도록 했고, 대체복무 개선 운동이 가진 '과정'으로서의 역할을 이해할 수 있도록 했다. 최정민은 2004년에 쓴 글에서, 같은 대체복무 개선 운동을 하더라도 병역거부운동의 목표를 어떻게 인식하느냐에 따라서 큰 차이를 가진다고 언급했다. 이는 병역거부운동의 시야가 분명 이전과 달라졌음을 의미하는 것이었다.

대체복무제도를 주장하느냐 마느냐는 문제의 핵심이 아니라고 생각한다. 대체복무제도가 존재하는 징병제가 그렇지 않은 징병제에 비해서 더 나은 대안이라는 점은 명백하기 때문이다. 다만 병역거부운동의 목표를 대체복무제도 도입 혹은 개선에 두느냐 마느냐는 좀 다른 문제이다. 병역 거부운동은 사회의 만연한 군사주의 문화에 문제 제기를 던지고 이를 해체하기 위한 운동이다. 이런 차원에서 봤을 때 대체복무제도의 도입 혹은 개선은 그 과정일 순 있어도 병역거부운동의 최종 목표일 수는 없는 것이다. …… 우리는 대체복무제도 개선을 넘어 군사주의 해체와 전쟁 반대를 위한 보다 궁극적 목표를 생각하고 의식해야 한다. …… 병역거부운동의 목표가 무엇인가를 정확하게 의식하고 있는 것과 그렇지 않은 것은 아주 큰 차이가 있기 때문이다. (『전쟁없는세상 소식지』, 6호)

반군사주의적 문제의식은 구체적인 활동으로 드러나기도 하였다. 운동의 전체적인 초점은 대체복무 개선에 맞춰져 있었지만, 매체를 통한 담론적 접근이나 퍼포먼스나 문화제와 같은 문화적 접근을 통해서 내부의 문제의식을 외화하려는 시도는 계속되었다.

전쟁없는세상은 2003년 출범 이후 소식지 발간을 주요 사업으로 잡아 왔다(이 소식지들은 전쟁없는세상 웹사이트http://www.withoutwar. org에서 볼 수 있다). 초창기에는 병역거부자 소식이나 관련 칼럼을 싣는 수준이었지만, 2004년 중반 이후에는 독립적인 기획기사나 평화운동의 다양한 쟁점들과 관련된 기사를 기획해 나갔다. 2006년부터 전쟁없는 세상에서 활동해 온 양여옥은 이 소식지가 대체복무 개선에 중심을 두고 있는 운동의 한계를 보완해 나가는 역할을 하고 있다고 이야기한다.

양여옥 소식지에서는 기본적으로 전쟁없는세상의 활동과 병역거부자들의 소식을 싣는다. 그리고 활동가들이 관심 있는 부분을 기획기사로 정한 후에 내부적으로 세미나를 통해서 기사화시킨다. 기획기사는 그 시기에 이슈가 되는 평화운동의 쟁점이나, 병역거부를 통해서 관심을 가지게된 다양한 군사주의 문제 등이 된다. 전쟁없는세상에서 하는 활동이 한정적인 것이 많은데, 소식지를 통해서 우리가 하고 싶은 이야기들을 하고자노력한다.

『전쟁없는세상 소식지』는 각 호마다 기획을 정해서 3~4개의 집중기사를 실어 왔는데, 이를 살펴보면 병역거부운동에 한정되지 않고 평화주의와 관련된 다양한 영역을 다루었음을 확인할 수 있다. 그 중에서두드러졌던 부분은 경찰 폭력에 대한 문제 제기(13호)와 학교 내부의 군사주의를 고발하는 기획기사(20, 21, 22호)였다. 경찰 폭력은 현역 전·의경으로 복무한 이들의 병역거부 선언이 이어지면서 주요한 주제로서 다루어지게 되었고, 접근 방식에 있어서도 병역거부운동의 관점을 살려서복무 중인 전·의경 개개인의 양심과 부당한 명령에 대해 거부할 권리에초점을 맞추었다.

엄청난 국가권력이 존재하는 한국 현실에서 전·의경들이 부당한 명령에대한 거부를 한다는 것은 어려운 일일 것이다. 지금은 국가의 명령에 따라 농민들에게 폭력을 휘두르지만, 역설적이게도 그들이 12년 동안 국가공교육에서 배우는 가치는 '남을 살상하지 마라'였다. 그들이 지금 누구의 명령을 따르고 있는 것인지, 명령에 따라 무자비한 폭력을 휘두르는것이 자신들의 인간성에 반하는 것은 아닌지 성찰할 수 있도록 그들에게알려 주자. …… 경찰 개개인들이 농민들의 문제를 모르지만은 않을 텐

데, 자신들이 하는 행동이 어떤 의미를 가지는지 안다면 다른 행동을 취할 수도 있지 않을까. 이라크 파병을 반대하며 군 복무를 거부했던 강철민 씨의 경우처럼, 폭력진압을 요구하는 국가의 명령에 거부하는 제2의 강철민을 상상해 본다. (『전쟁없는세상 소식지』, 13호)

학교 내의 군사주의에 대한 부분으로는 20호가 두드러진다. 이 호에서는 '학교 안의 군사주의'라는 호제 아래에 일제시대부터 이어져 온 근대 교육 시스템의 훈육 메커니즘을 살폈고, 국기에 대한 경례를 거부했다는 이유로 징계를 당한 이용석 교사를 인터뷰한 기사를 실었다. 이어진 21호와 22호에서는 초·중·고등학교 교과서를 분석하여, 교과서에 국가주의와 군사주의가 어떻게 내재되어 있는가를 보여 주기도 했다.

'국가가 존속하는 데에는 일정 수준의 희생 정신이 필요하고 이기주의적 행동의 자제가 필요하다. 그 예로 국가 공동체 안에는 대부분의 시민들이 병역의무나 납세 의무를 성실하게 이행하는 시민들을 들 수 있다. — 고등학교 시민윤리, 212쪽'
나라를 위해 무엇을 기여할지 고민해야만 '도덕적'인 인간이 된다. 성실하게 체제에 순응하는 인간을 양성해 내는 것이다. 국가와 개인의 관계에 대한 성찰이나, 둘 사이 갈등상황이 발생할 때 기준이 되어 줄 수 있는 윤리와 가치에 대해서는 전혀 언급하지 않는다. (『전쟁없는세상 소식지』, 21호)

매체를 통한 활동은 정치적 병역거부자들의 수기를 모은 『총을 들지 않는 사람들』을 출간하는 것으로도 이어졌다. 보다 적극적으로 병역거부자들의 생각과 경험을 사람들과 나눠야 한다는 문제의식 속에서 2008년에 진행된 출간작업은 병역거부자들의 목소리를 직접적으로 사회에 알릴 수 있는 기회가 되었다.

무기 장례식

군사주의에 관한 퍼포먼스나 문화제 역시 틈새를 모색하려는 노력이었다. 전쟁없는세상이 출범하고 얼마 지나지 않았던 2003년 9월, 정치적 병역거부자들은 10월 1일로 예정되었던 국군의 날 퍼레이드에 반대하는 퍼포먼스를 하기로 결정한다. 탱크와 미사일 등이 퍼레이드를 하고 있는 광화문에서, "무기로는 평화를 살 수 없습니다"라는 슬로건으로 '무기 장례식' 퍼포먼스를 진행했다. 강력한 무기가 평화를 지켜 준다는 군사주의가 가장 극적으로 드러나는 것이 무기들의 도심 행진이라고 한다면, 평화주의자들은 그것에 반대하는 퍼포먼스를 해야 한다는 문제의식을 실천한 것이었다. 이는 한국 병역거부운동이 했던 첫번째 반군사주의 퍼포먼스였다.

2004년 5월 15일(세계 병역거부자의 날)에는 "Bring the Soldiers Back Home! 군인을 집으로!"라는 캠페인을 진행하였다. 이날 진행된 퍼포먼스 역시 군사주의 문화를 비판하는 문제의식을 담고 있었다. 군복, 교복과 같은 제복을 입고 국민체조 음악에 맞춰서 집단 체조를 하다가, 국민체조 음악이 끝나고 발랄한 음악이 나오면 각자가 제복을 벗고 다양한 방식으로 몸짓을 해나간다는 퍼포먼스 기획은 군사주의의 근간이라 할 수 있는 획일적인 집단주의 문화에 대한 비판을 담고 있었다.

인도에는 현재 수감되어 있는 병역거부자 명단이 전시된다. 무대 주위엔 갖가지 선전물, 퀼트들이 설치되어 있다. 행사의 시작은 피스몹Peace Mob 으로 알린다. 갖가지 제복(군복, 교복, 교련복 등)을 입은 사람들이 모여 국민체조를 춘다. 60, 70년대 억압과 군사문화의 상징인 박정희 정권으로 대표되는 '국민체조'의 음악이 흐르면서 누가 알려 준 것도 아닌데 모두 저절로 익숙한 듯이 국민체조를 춘다. 국민체조가 끝나면 가운데 마련된 쓰레기통에 모두 제복을 벗어던진다. (병역거부연대회의, 「5·15 세계병역거부자의 날 행사 취재요청서」)

2007년에는 12월 1일에는 '밀리터리 인 더 시티'Military in the City라는 이름으로 문화제가 진행되었는데, 이는 일상 속에 스며든 군사주의를 드러내고자 하는 기획이었다. '반군사주의 패션쇼'로 이름 붙여진 행사에서는 일상생활에서 사용되는 군사적 상징, 장난감 무기, 밀리터리룩 등의 의미를 새롭게 조명했다. 추상적으로만 언급되던 한국 사회의 군사주의 문화를 구체적으로 확인하고 비판하는 문화적 작업이었다.

2008년 10월 1일 국군의 날에는 2003년 '무기 장례식'의 문제의식을 이어받아 '무기 내신 평화를: 누구를 위하여 무기를 만드나'라는 이름의 기자회견과 공연을 진행했다.

아무도 건드릴 수 없었던 성역인 군대가 평화·인권운동의 성장과 함께 비판을 받기 시작했습니다. 군사력과 폭력의 수단으로 평화를 지키는 것에 의문시하는 사람들이 생겨났고, 국가와 개인의 관계에 대해서 진지한 성찰을 통해 국가안보의 허구성에 주목하는 사람들이 늘어 갔습니다. 하지만 여전히 군사주의와 국가주의가 강한 한국 사회에서는 서울 시내 한복판에 탱크와 무기들이 자랑스레 활개 치는 것이 이상하다고 이야기하지 못하고 있었습니다. …… 국군의 날 군사퍼레이드에 대한 반대는 군사주의에 대한 저항이자 강력한 국가의 강력한 군대만이 평화를 지킬 수 있다는 생각에 대한 도전입니다. (국군의날 군사퍼레이드를 반대하는 사람들, 「국군의날 군사퍼레이드 반대행동 보도자료」)

대체복무제라는 현실적 목표의 절박함, 운동의 부족한 자원, 그리고 병역거부를 포함한 비판적 목소리 자체를 억압하는 우리 사회의 군사주의 속에서 병역거부운동은 때때로 자신의 목소리를 삼켜야 했다. 그러나 조금씩 자신의 방식으로 평화의 언어를 만들어 갔고, 입을 열었다. 이 속에서 감옥에 갇힌 병역거부자들에게 대체복무제의 기회를 주어야 한다는 '인권'의 관점에서 시작했던 한국 병역거부운동은 점점 더 평화운동으로서의 지향과 모습을 다져 갔다. 대체복무제 개선을 통해 병역거부자들의 감옥행을 멈추겠다는 운동의 목표는 아직 달성하지 못했지만, 운동은 점점 더 그 너머의 가치와 활동을 욕심내면서 스스로를 변화시켰다.

2부

병역거부에 공감하기

국민을 전쟁에 불러내는 것은 아주 쉽다. 우리가 적에게 공격당하고 있다고 주장하고, 평화를 주장하는 사람들에게는 애국심이 없다, 안보의식이 없다고 격렬히 비난하기만 하면 되는 것이다. 어느 나라에서나 이렇게만 하면 된다.
_ 1946년 뉘른베르크 전범재판에서, 헤르만 빌헬름 괴링

공개적으로 양심적 병역거부자임을 선언한 사람들에 대해 말해 보자면, 그 규모에선 이스라엘 사회에서 주변적인 집단일 수밖에 없겠지만, 이들은 다른 많은 사람들을 위해 앞장서서 길을 열고 있는 중이다.
_ 세르게이 샌들러(Sergeiy Sandler, "Delivering the Message, Loud and Clear").

양심적 병역거부의 개념은 하나의 패러다임으로서, 이를 삶의 다른 부분들로 확장할 수 있는 많은 영감을 제공해 준다.
— 피에트로 핀나(Pietro Pinna, "Functions and Policy of WRI").

5장 폭력에 대한 감수성, 마취되지 않는

1부에서는 대체복무제 개선의 당위성과 한국 병역거부의 역사, 그리고 사회운동으로서의 병역거부를 다루었다. 특히 운동의 측면을 다루었던 3장과 4장에서는 현실적 조건 속에서 병역거부의 목소리가 사회적으로 충분히 울릴 수 없었음을 지적했다. 운동 속에서 삼켜져야 했던 말. 2부에서는 바로 그 말에 한 걸음 더 다가서고자 한다. 이는 병역거부자를 피해자가 아닌 공감의 대상으로 인식하는 것이며, "병역거부를 하면 몇 년 형을 받습니까?"에서 "왜 병역거부를 했습니까?"라는 질문으로 옮겨 가는 것이다. 새로운 질문에 대한 답을 찾는 과정, 즉 왜 이 젊은이들이 사람 죽일 수 없다며 자기 발로 감옥을 향했는가를 확인하는 과정은 우리 사회에 겹겹이 쌓인 군사주의의 본질과 대면하는 과정이기도 하다. 시민을 병사로 만들어 내는 군사주의가 실패한 병역거부자는, 바로 그 군사주의가 날것 그대로 놓여 있는 '공간'이기 때문이다.

이 장에서는 병역거부자들이 가졌던 폭력에 대한 감수성을 살피려고 한다. 근대국가는 법의 이름으로, 혹은 죽여야 할 '적'을 없애는 정의의 이름으로 자신의 폭력을 정당화한다. 그러나 병역거부자는 이 정당화에 마취되지 않는 감수성을 통해서 폭력의 맨 얼굴을 직시할 수 있었다. 죽여야 한다고 지목된 '빨갱이' 역시 누군가의 가족이고 친구이며 그로 인해 행복할 사람들이 있음을 잊지 않았기에, 병역거부자들은 그들에게 총을 겨눌 수 없었다.

1. 죽여도 되는 사람은 누구인가

적 만들기

병역거부운동을 오랜 시간 지켜보면서 영상으로 담아 온 김환태 감독의 다큐멘터리 「총을 들지 않는 사람들」 중에 이런 장면이 있다. 병역거부자 유호근이 2002년 제헌절에 국회 앞에서 "양심의 자유를 보장하라, 병역거부권 인정하라"는 1인 시위를 하자, 국회 앞을 지나가던 '높으신 양반'이 검은색 세단에서 내려서 "그럼 나라는 누가 지키냐"고 물었다. 유호근이 이런저런 대답을 하지만, 그 양반은 초지일관 한 가지 말만을 되풀이한다. "나라는 누가 지키냐?"

　병역거부자들이 가장 빈번하게 들어 왔던 이 질문에는 근대국가의 본질이 담겨 있다. 역사사회학자 찰스 틸리Charles Tilly가 "전쟁은 국가를 만들고, 국가는 전쟁을 만든다"라고 말한 것처럼 근대국가의 탄생은 전쟁과 불가분의 관계를 맺고 있으며, 근대국가는 그 시작부터 '사는 곳'이 아니라 '지켜야 할 곳'이었다(Tilly, "War Making and State Making as Organized Crime"). 누구로부터 지켜야 하나? '우리'는 우리가 아닌 사람을 통해서 만들어진다. 국가와 민족은 그 경계 밖에 있는 '타자'의 존재를 통해서 구성된다. '적'은 여기에서 등장한다. 이때 '적'은 결코 객관적인 실체를 의미하지 않는다. 물론 역사적이고 지정학적인 대립과 갈등이 적을 인식하는 중요한 요인이 되기는 하지만, 실제 어떤 대상이 적이되고 어떤 상황이 안보 문제로 다루어질 것인가는 '정치적 선택'의 문제이다(부잔,『세계화시대의 국가안보』, 167~173쪽).

안보 영역을 독점하는 권력자들은 '적'으로부터 우리를 보호한다는명분으로 지배를 이어 나가기 위하여 적극적으로 적을 창출making enemy한다. 1933년 2월, 히틀러는 '국가와 민족 보호에 관한 긴급조치'를 발표했다. 창출된 적인 유대인으로부터 독일 국가와 민족을 보호한다는 이조치를 통해 나치는 국민들의 기본권을 박탈하고 전 사회를 장악했다. 굳이 나치 독일까지 갈 필요도 없다. 선거를 전후로 간첩단 사건을 터트리거나 안보 이슈를 언론에 흘려서 표를 모으는 수구보수 세력의 전략은 분단국가 대한민국에선 상식과도 같은 일이다.

독일 사회학자 울리히 벡Ulrich Beck은 1990년대의 서유럽을 분석하면서 이러한 적 창출의 본질을 정확하게 집어냈다. 그는 동유럽 사회주의권이 무너졌던 1990년대 초, 서유럽의 군대가 "우방에 둘러싸인" 충격적 상황에 놓였다고 진단했다. 적이 없는 군대. 벡은 이런 상황에서 군대가 "스스로를 해체하든가 아니면 새로운 적을 찾든가" 사이의 선택을해야 한다고 봤다(벡,『적이 사라진 민주주의』, 209~219쪽). 가시적 위협이사라진 시대에 권력자들은 결국 '테러리스트'라는 새로운, 그리고 확인되지 않기에 없어지지 않을 적을 만들어 냄으로써 스스로의 존립 기반을 영구화했다.

2003년 미국 부시 정권이 있지도 않은 대량살상무기를 만들어 내이라크를 침공했던 것 역시 적 창출이라는 메커니즘 속에서 이루어진 것이다. 당시 미국 매스컴은 연일 이라크 대량살상무기의 위험성을 선전하며 당장이라도 9·11 테러가 반복될 것같이 떠들어 댔다. 일본 우파들이 북한의 핵개발을 호재로 여기면서 일본 재군국화의 기회로 삼으려고 하는 것 역시 마찬가지이다. 북한 핵개발 소식은 군사적 대치를 이어가고 있는 남한보다 일본에서 더 인기 있는 뉴스이다. 독일 역사학자 하제Ragnhild Fiebig-von Hase는 적 이미지의 양산이 한 사회의 군사화가 성공하기 위한 핵심적 조건이며, 실제 위협의 정도와는 무관하게 지배 엘리트들이 미디어를 통해 적 이미지를 조작하고 있음을 지적했다(Hase and Lehmakuhl, *Enemy Images in American History*). 적이 있어야, 그리고 그 적이 무시무시하게 보여야 자신의 지배와 폭력이 정당화될 수 있기 때문이다.

병역거부자들은 바로 이 '적'이라 명명되는 존재에 대한 근본적인 물음을 던진다. 내가 죽여야 하는 '적'은 누가 결정하는가? 적이라 지목된 이들을 죽이는 것은 정당한 행위인가? 병역거부자 안홍렬은 이라크 전쟁을 통해서 적으로부터 '방어'한다는 것이 의미하는 바가 드러났다고 말한다. 부시는 다가오는 위험을 좌시하지 않겠다며 이라크에 대한 침략을 선언했고, 미국 의회는 '민주적'인 절차를 통해 압도적인 찬성표로 이 침략을 승인했다. 9·11 이후의 애국주의 열풍 속에서 이라크는 졸지에 '적'으로 규정되었고, 오랜 경제제재 속에서 하루하루를 힘겹게 살아가던 이라크인들의 머리 위에 폭탄이 떨어졌다. 이 비극을 목격한 안홍렬은 정치꾼들이 만들어 낸 '적'을 향해서 총을 들 수 없다는 결심을 하게 된다.

이라크 전쟁이 우리에게 남겨 준 교훈 중 하나는, '무기나 무력은 평화를 위한 수단일 뿐이며, 이것은 인간의 이성으로 올바르게 관리할 수 있다'는 믿음이 환상이라는 사실이다. 무기를 드는 순간부터 인간은 무기의 노예가 되었던 것이다. 결국 누가 진짜 적인지도 모른 채, 정치꾼들이 '만들어 낸' 적, 또는 적'일 것 같은' 적을 해치우기 위해 총을 들 뿐이다. (안홍렬, 병역거부 소견서, 「나는 왜 병역을 거부하는가」)

죽여야 할 적은 국경 너머 어디에만 있는 것이 아니었다. 국가는 끊임없이 적과 아의 경계를 내부화하고 '우리 안의 적'을 만들어 냈다. 반공국가로 탄생한 대한민국은 빨갱이라는 '내부의 적'을 통해서 일상을 내전으로 만들었다. 이를 위한 대표적인 기제가 바로 국가보안법이었고, 전국 형무소의 재소자 수는 폭발했다. 미군정기에 2만 5천 명 수준이었던 재소자 수는 국가보안법 제정 이후 불과 6개월 만인 1949년 5월에 3만 5천 명으로 증가했고, 1950년 1월에는 4만 8천 명에 달했다. 이는 무엇보다 '사상범', '정치범'이라는 이름으로 명명된 이들로 인한 팽창이었고, '내부의 적'을 향한 또 다른 내전이었다(김학재, 「사상검열과 전향의 포로가 된 국민」, 320~321쪽). 또한 대한민국은 1948년 제주도 민중들을, 1980년 광주 시민들을 '적'이라, '빨갱이'라 규정하면서 군인들에게 발포를 명령했다. '적'은 과연 '적'일까? 내가 조준해야 할 이들은 과연 죽어 마땅한 이들일까? 이 의심을 품는 순간 젊은이들은 군인이 될 수 없었다. 병역거부자 김태훈은 말한다. 절대악이 아닌 이상 방아쇠를 당길 수 없다고. 그러나 절대악이란 존재하지 않으며, 자신의 등을 떠미는 권력자들이야말로 추악한 악이라고.

제가 들어야 할 총은 누구를 겨누고 있습니까. ······ 총이 향하고 있는 대
상이 절대악이 아닌 한 저는 총을 들 수 없습니다. 하지만 절대악은 신화
속의 개념일 뿐입니다. 다른 사람의 것을 빼앗아 화려한 치장으로 자신을
감싸고 있는 그 보잘것없는 권력자들은 그 누구보다 악하지 않다고 할 수
있습니까. (김태훈, 병역거부 소견서)

국가폭력의 본질

'적'에 맞서 '우리'를 지키기 위해 폭력은 회피해야 할 것이 아니라 가장
필요한 것, 방어를 위한 숭고한 것이 되며, 그것에는 감히 '폭력'이라는
말을 붙이는 것조차 불경스러운 일이 되어 버린다. 권력자들은 군사작
전에서 벌어진 민간인 사망을 '부수적 피해'collateral damage라 명명하면서
그 본질을 교묘히 가린다. 군대 역시 마찬가지이다. 일본의 평화학자 오
다 마코토小田實는 군대가 다양한 미사여구로 포장되지만 결국 '서로 죽
이는 집단'이라고 단언한다(오다 마코토, 『전쟁인가 평화인가』, 65~66쪽).
그러나 이러한 표현은, 그 본질을 드러내는 언어는 '안보를 위한 군대',
'나라 지키는 군대'라는 수사 속에서 금기시될 수밖에 없었다.

　　병역거부운동과 병역거부자들은 바로 그 금기시된 언어를 통해 국
가폭력을 정당화해 온 논리를 비판했다. 오랜 시간 평화운동을 해온 참
여연대 협동사무처장 이태호는 한국 사회에서 병역거부운동이 국가폭
력에 대한 근본적 문제 제기를 시도했다고 평가했다.

　　<u>이태호</u>　병역거부운동이 우리 사회에 미친 중요한 영향은 폭력에 대한 감
수성, 폭력에 대한 사회적 인식을 어디까지 확장할 것인가를 매우 단도직

입적으로 문제 제기한 것에 있다고 본다. 사람들은 폭력에 대해서 알고 있다고 생각한다. 그러나 어떤 경우에는 국가권력이 폭력일 수 있다는 생각을 잘 못하기도 하고, 구체적으로 군대라든가 경찰도 사회적 폭력 구조의 하나라고 상상하지 못하며 살고 있기도 하다. 병역거부운동은 근대사회에 있는 폭력 구조 그 자체에 대한 문제 제기였다.

병역거부자들은 살인과 전쟁에 참여할 수 없다는 신념을 이유로 군복무를 거부한다. 이는 군대의 본질에 대한 직접적인 폭로이다. 병역거부자의 존재 자체가 군사훈련이 살인훈련이고, 군대는 전쟁을 위한 도구라는 것을 드러내기 때문이다. 병역거부가 한국 사회에서 국가폭력 그 자체에 대해 문제를 제기했다는 이태호의 지적은, 병역거부자의 언어를 통해서 보다 구체적으로 확인할 수 있다.

'군대의 본질은 살인집단이고 군인들이 받는 훈련은 살인훈련이다.' 이러한 표현은 명백한 진실임에도 사람들을 불편하게 합니다. 조국 방어를 위한 '정당한 폭력'이라는 논리가 마법이 되어서 본질을 다르게 포장하는 것입니다. 그러나 본질은 바뀌지 않습니다. 군인들은 군대에서 살인을 위한 훈련을 받는 것이며 최첨단 전투기와 미사일도 사람을 죽이는 기계일 뿐입니다. (임재성, 항소 이유서)

군대는 '조국을 지키기 위함'이라는 말로 스스로를 합리화하지만 저는 조금 다른 견해를 가지고 있습니다. 언제라도 전쟁이 일어나면 우리들은 서로 못 믿게 될 것이고 과거처럼 서로를 죽이는 도살이 이루어질 것입니다. 이것은 자신이 정신을 똑바로 차린다고 해서 안 일어난다고 장담할 수 없습니다. '조국, 민족주의'라는 말에 우리는 속지 말아야 할 것입니다.

(최준호, 병역거부 이유서,「자연과 더불어 살기 위해 선택한 길」)

그렇다면 왜 이들에게는 '정당한' 폭력이라는, '지키기 위한' 폭력이라는, 즉 살인을 살인이 아니게 하는 국가폭력의 마취가 작동하지 않았던 것일까? 왜 이들은 군인이 되는 것이 적으로부터 우리를 지키는 숭고한 의무가 아니라, 살인훈련을 받는 것이라고 느꼈던 것일까? 무엇이 이들에게 국가폭력의 맨 얼굴을 직시하도록 만든 것일까? 물론 그 이유에는 개별적 성장 배경과 경험, 사상 등이 존재하겠지만, 병역거부자들의 언어에서 공통적으로 확인할 수 있는 것은 적에 대한 비인간화를 거부하는 마음이었다. '적'이라 지목된 이들 역시 나와 같이 고통을 느끼는 존재라는 것을 느끼게 되었을 때, 이들은 폭력의 본모습과 대면할 수 있었다.

죽이기 위한 비인간화

박정희 정권 시기 많은 여호와의 증인 병역거부자들이 강제입영 후 군대에서 '의문사'를 당했다. 군대 내부에서 '사람 만들어 준다'는 매질과 고문 속에서 발생한 일이었지만, 이 죽음에 대한 국가 책임은 최근에 와서야 비로소 밝혀질 수 있었다. 2009년 1월 15일 군의문사진상규명위원회는 1970~80년대 여호와의 증인 병역거부자들이 "국가의 반인권적 폭력과 가혹 행위로 숨진 점이 인정된다"는 결정을 발표했다. 이 결정을 내리는 과정에서 이루어진 조사에서, 당시 헌병으로 복무했던 한 참고인은 "여호와의 증인을 빨갱이로 인식하다 보니 이유 없이 때렸고 근무자가 바뀔 때마다 구타를 했다"고 말했다(『한겨레』, 2009년 1월 16일, 「빨갱이 몰아 때리고 물고문 집총거부자 '고의적 타살'」).

우리는 사람을 때리면 안 된다고 배웠고, 가르쳤다. 그러나 여호와의 증인을 구타했다는 이는 '이유 없이' 그냥 때렸다고 말했다. 왜일까? 그들은 병역거부자들을 '빨갱이'라고 생각했기 때문에 그랬다고 말했다. 빨갱이는 인간 이하의 존재였다. 거대한 폭력이 작동하는 메커니즘의 근저에는 바로 이 '비인간화'dehumanization가 있다. 제2차 세계대전 당시 발가벗긴 유대인들을 구덩이에 세워, 바로 전에 죽인 시체 위에 포개 놓고 뒤통수에 총을 쐈던 독일 군인들은 죄책감을 느꼈을까? 당시 현장에 있었던 독일 군인들은 그들이 '유대인'이었기 때문에 양심의 가책을 느끼지 못했다고 말했다. 나치는 유대인을 '해충'이라 명명했다. 만들어진 적은 비인간화되었고, 그들에 대한 폭력과 학살은 도덕적 죄책감을 비껴갈 수 있었다. 학살과 폭력이 '문명의 질서' 속에서도 끊임없이 확대 재생산될 수 있었던 비결이다(허시, 『제노사이드와 기억의 정치』, 167~168쪽; 김상기, 『제노사이드 속 폭력의 법칙』, 189~190쪽).

나치는 근대 유럽의 반유대주의 정서를 이용해서 제1차 세계대전 이후 독일 사회의 고통의 원인을 유대인에게 돌리면서 이들을 '벌레', '해충'으로 묘사했다. 이들을 죽이는 것은 살인이 아닌 '사회 정화'였다(벤츠, 『유대인 이미지의 역사』, 14쪽; 24~29쪽). 1994년 르완다 제노사이드가 일어나기 전부터 후투Hutu족은 투치Tutsi족을 바퀴벌레와 뱀으로 묘사하면서 '제거'를 독려했다. 한국전쟁에서 미군이 자행했던 민간인 학살의 근저에도 당시 한국인을 '국'gook으로 비하하면서 미개한 인종으로 여겼던 비인간화가 깔려 있었다. 한국전쟁 초기 노근리 다리에서 피난민들을 공격했던 미군의 한 기관총 사수는 별다른 죄책감 없이 "우리는 그들을 전멸시켰습니다. …… 옛날에 인디언을 습격할 때와 비슷했다고 보면 됩니다"라고 당시를 회상했다(최상훈 외, 『노근리 다리』, 169~170쪽).*

한국 사회에서 적에 대한 비인간화 메커니즘은 '빨갱이' 낙인이었다. 빨갱이는 같은 민족이나 인간이 아니었고, 제거되어야 할 '악마'였다. 이승만 정권은 1948년 여순사건** 진압 이후, 취약한 권력을 강화하기 위한 도구로서 '빨갱이'를 탄생시켰다. 여순사건 이후 국가의 대대적인 선전 작업을 통해 빨갱이는 국가를 혼란에 빠트리는 폭도의 이미지로 각인되었고, 그 대칭점에 선량한 피해자인 '우리'가 놓이게 되었다. 이 속에서 '우리'를 지키는 국가의 폭력은 무한히 정당화될 수 있다. 응당 죽여야 할 빨갱이를 죽이는 국가폭력 앞에서, 그 어떤 '억울한' 죽음도 성립할 수 없기 때문이다. 빨갱이라서 죽은 것은 아니었다 할지라도, 죽고 나면 모두 빨갱이가 되었다(김득중, 『빨갱이의 탄생』 참조).

그러나 비인간화된 적인 '빨갱이'를 탄생시켰던 여순사건에서, 그 비인간화를 거부하는 이들이 존재했다. 여순사건의 시작이었던, 제주

---

* **인종주의와 비인간화** | 인종주의는 비인간화의 가장 일반적인 양식이다. 인종주의는 생물학적인 인종(race)의 차이라기보다는 인종화(racialization)의 문제이며, 정치사회적 조건 속에서 이루어진 인종화는 결국 특정 인종에 대한 혐오로 이어진다. 결국 인종주의는 인종화를 통한 비인간화라 할 수 있다.

** **여순사건** | 1948년 10월 19일에 여수 제14연대 군인들이 제주도 항쟁을 진압하라는 이승만 정부의 명령을 거부하고 봉기한 사건이다. 기존 역사는 이를 '여순반란'이라 칭하며 북한 공산주의자들의 지령 속에서 이루어진 남한 정부 타도 책략으로 규정한다. 그러나 실제 여순사건은 북한의 지령이나 남로당 중앙과는 전혀 관계없었다. 14연대 내부의 남로당 세포원들이 주축이 된 봉기이긴 했지만 상층부과 연계되지 않은 독자적인 결정이었고, 제주도에 파병되어 동족의 가슴에 총부리를 겨눌 수 없다는 것이 봉기의 핵심적인 이유였다. 여순사건과 이를 통한 적 만들기, 그리고 반공국가체제 형성에 대해서는 김득중의 『빨갱이의 탄생』을 참조하라.

도로의 파병 명령을 거부한 14연대 군인들의 외침이 바로 그것이다. "우리는 조선 인민의 아들들이다. 우리는 노동자와 농민의 아들들이다. …… 모든 애국 동포들이여! 조선 인민의 아들인 우리는 우리 형제를 죽이는 것을 거부하고 제주도 파병을 거부한다"(제주토벌출동거부병사위원회, 「애국 인민에게 호소함」, 김득중, 『빨갱이의 탄생』, 68쪽에서 재인용). 제주도에 있는 이들은 악마나 적이 아닌, 우리와 같은 사람이라는 인식. 만약 이러한 인식이 말살당하지 않고 이어졌다면, 1980년 5월 광주에서 '빨갱이'에게 발포하라는 명령에 대한 거부와 저항이 존재할 수 있지 않았을까? 그러나 여순사건 이후 군은 숙군肅軍이라는 이름하에 맹목적인 반공주의로 채워졌고, 전 사회적으로는 빨갱이에 대한 '비인간화' 작업이 이루어졌다. 비인간화된 적을 직시하기 위해 필요한 비판적 인식은 철저하게 말살당했다.

병역거부자들은 이 비인간화의 본질을 직시한다. 병역거부자 이원표는 병역거부 소견서에서 초등학교 시절에 진행되었던 반공교육을 떠올리면서, 이 과정이 '적'을 아무런 도덕적 죄책감 없이 죽일 수 있는 '군인 만들기'였음을 지적한다.

초등학교 시절, 전국의 학교를 순회하면서 상영하는 반공영화들이 있었습니다. 영화는 한결같이 인민군이 마을에 들어와 못된 짓을 하는 것에 분개한 마을 청년이 낫으로 인민군을 쳐 죽이고, 다시 그들의 총에 맞습니다. 그러다 국군이 들어와 못된 인민군을 완전히 소탕하는 그런 내용 일색이었습니다. 공산당에 대한 적개심을 고취하기 위한 영화로 유용했을지 모르겠지만, 낫·죽창·도끼·총 등 끔찍한 무기로 사람을 처참하게 살해하는 무시무시한 장면들이 악몽이 되어 저를 괴롭히곤 했습니다. …… 적에 대한 적개심을 기르기 위해 어린 초등학생들에게 살육이 난무하는 끔찍한 영화를 강제로 보게 하고, 믿을 수도 없는 공비 이야기들을 반복했던 혐오스런 기억만 남아 있습니다. 그렇게 해서 '적'이라면 아무렇지도 않게 죽일 수 있는 반공영웅이 탄생할지는 모르지만, 그와 함께 왜곡되고 파탄난 인간성을 가진 집단과 마주하게 될 것입니다. (이원표, 병역거부 소견서, 「피눈물이 아닌 땀방울을 이라크에 전하고 싶습니다」)

이원표의 어린 시절 기억은 한국전쟁 이후 우리 사회에서 지속적으로 진행되어 왔던 비인간화 교육이었다. 이 교육 속에서 빨갱이와 북한은 '주적'主敵이었으며 공존할 대상이 아니라 죽여야 할 대상으로 각인되었다. 반공영화 속에서 찬양되는 영웅의 실상은 '적'이라면 아무렇지도 않게 죽이는 살인기계였다. 비인간화 속에서 이루어지는 도덕성의 마비, 인간성의 파탄. 이원표는 자신의 도덕성과 인간성을 지키고 싶었기에 병역거부를 택했다고 말한다.

문명진 역시 폭력이 작동하기 위한 비인간화를 지적하며, 군대란 비인간화를 내면화하는 공간이라 말한다. 그 폭력의 대상이 분명 나와 같은 감정과 욕구를 지닌 누군가라는 것을 알기에 그는 군인이 될 수 없음을 선언했다.

제게 있어 군대는 '인간을 인간으로 보지 않는 것'을 내면화하는 공간입니다. 평택 대추리, 광우병 촛불집회, 용산참사 때의 전·의경을 보면서 저는 한 인간이 어떻게 다른 인간에게 폭력을 휘두를 수 있는지 질문을 던져 보았습니다. 이라크 전쟁, 아프가니스탄 전쟁 동안 투하되는 미사일을 보면서 어떻게 사람이 살고 있는 곳에 미사일을 쏠 수 있는지 이해해 보고자 했습니다. 제가 내린 결론은, 상대를 나와 같은 감정과 욕구를 지닌 인간으로 보지 않을 때에야 비로소 총구를 겨눌 수 있다는 것이었습니다. (문명진, 병역거부 소견서, 「내가 총을 들 수 없는 이유」)

병역거부자 유호근은 북한 사람들을 주적이 아닌 공존의 대상으로 보면서 병역거부를 결심하게 되었다. 그는 대학생 시절 통일운동에 참여하면서 북한 사람들이 '뿔 달린 도깨비'가 아닌 동포이며, 공존해야 할 민족이라는 생각을 가질 수 있었다고 이야기한다. 그 과정에서 대한민국 군인이 된다면, 자신이 총을 겨눠야 할 대상이 바로 그 북한 민중들임을 깨닫게 되었다.

96·97년, 북녘이 자연재해로 인하여 식량난을 겪고 있었던 당시 같이 동아리 활동을 하던 선·후배들이 모여 북 동포 돕기 활동을 하고 통일동아리의 특성을 살려 축제 기간 북한바로알기 등의 행사를 추진하며, 제 머릿속에서 북한은 대립하고 적대시해야 할 대상이기 이전에 함께 돕고 살아가야 할 한민족이라는 인식이 싹트게 되었습니다. …… 북녘의 동포들은 '뿔 달린 도깨비'가 아닌 같은 동포, 한민족이라는 굳은 믿음을 가질 수 있었습니다. …… '평화와 통일에 대한 소신'을 가지고 '동족에게 총을 겨눌 수밖에 없는 현실' 속에서, 병역의 의무라는 것에 대한 본질적인 의문을 품게 되었습니다. (유호근, 병역거부 소견서, 「전쟁 반대와 평화 실현의 양심을 위하여」)

"동포의 가슴에 총을 겨눌 수 없다"는 유호근의 병역거부 이유는 1948년 제주도에 가서 '빨갱이'들을 죽이라는 명령을 거부한 14연대 군인들의 외침과 닿아 있다. 오랜 시간을 넘어 이어진 이 거부는 모두 자신이 조준해야 할 이들이 함께 살아가야 할 '사람'이라는 믿음에서 이루어진 것이다. 2003년 노무현 정부는 제주도에서 벌어진 처참한 학살에 대해서 국가 책임을 인정했고 사과했다. 보수 세력들은 이 '인정'이 국가 정통성을 부정하는 행위라고 비난했다. 맞다. 이는 신성한 국가폭력의 정당성을 의심하게 하는 '사과'였다. 그러나 국가보다 사람이, 국가정통성보다 사람 목숨이 우선이라고 믿는다면 너무나 때늦은 사과였다.

자신이 총으로 쏠 사람이 비인간화된 존재가 아니라 나와 같은 고통을 느낄 수 있는 '사람'이라는 인식을 놓지 않는다면, 이는 필연적으로 '가해자로서의 기억'으로 연결된다. 폭력을 정당화하려는 권력은 당연히 이 기억을 지우고자 애쓴다. 죽여 마땅한 적을 처단했던 '영웅'은 교과서와 국립묘지에서 재현되고 추모되지만, 그들이 죽인 '사람'들의 고통과 처절한 삶은 기억되지 않는다. 그러나 조국과 민족의 이름으로 진행되는 미화 속에서도 국가폭력이 행했던 가해의 본질을 잊지 않았던 이들은 스스로가 가해의 수단이 될 수 없다는 결심을 가질 수 있었다.

2. 가해자로서의 기억

기억의 정치

본디 기억은 정치적 맥락 속에서 형성되지만, 전쟁 기억은 국가 정체성과 가장 긴밀하게 연결되어 있기 때문에 '기억의 정치'politics of memory가 더욱 두드러지게 작동한다. 자국의 이름을 걸고 수행한 전쟁은 모든 나라의 교과서, 기념일, 기념관, 국립묘지 등에서 끊임없이 재현되며 기억되고 있다. 전쟁의 주체였던 국가가 자신의 전쟁을 어떤 식으로 기억하고 싶을지는 자명하다. 스스로를 정의로운 전쟁의 참여자로 미화하거나, 전쟁의 피해자로 규정하는 것이 대다수 국가들의 공식적인 전쟁 기억이다.

'북한 괴뢰군'이 모두가 잠든 새벽을 틈타 평온한 대한민국을 침공했다는 "잊지 말자, 6·25"의 외침이 반세기가 지난 지금까지도 계속되는 한국 역시 마찬가지다. 한국전쟁 이전에도 이미 10만 명에 가까운 사람들이 군·경에 의해서 살해되었으며, 한국전쟁 기간 동안 국군과 미군에 의한 민간인 학살이 지속적으로 자행되었다는 사실 등이 오랜 침묵을 넘어 소리를 내고 있지만, 한국전쟁의 압도적인 공식 기억을 넘기란 아직까지 힘겨워 보인다. 2000년 이후 베트남 전쟁 당시 자행된 한국군의 만행을 밝히고, 베트남 민중들에게 사죄를 구하는 운동이 벌어졌지만 이 역시 참전 군인들을 모욕하는 거짓 날조라 매도되어 왔다. 제주 4·3과 광주 5·18의 경우에는 다양한 층위의 노력을 통해 사회적 기억으로 복원된 경우이지만, 이 맥락 안에서도 자국민을 학살한 '가해자로서의 군인'은 명령에 복종해야 했던 '수동적 존재'로서 한정되곤 한다.

국가의 공식적 기억을 넘어서서, 삭제되어 온 '가해자로서의 기억'을 이어 가는 이들. 자국의 민간인을 학살했던 군대를 기억하는 이들. 이들은 군대의 일원이 될 수 있을까? 한국전쟁 시기 민간인 학살지인 단양의 곡계굴에서 문경의 석달마을까지 평화도보순례를 준비했던 최진은 국군에 의한 민간인 학살이라는, 우리 사회에서 가려져 왔던 기억을 가지게 되었다. 그 기억을 통해 그는 '군대'라는 존재를 새롭게 인식하고, 병역거부를 결심하게 된다.

저에게 병역거부에 대한 씨앗이 싹튼 계기는 55년 전 지금 제가 살고 있는 문경의 작은 마을에서 일어난 한 사건 때문이었습니다. …… 1949년 12월 24일 오후 2시경, 국군 2개 소대는 문경의 주월산에 있는 공비를 토벌하기 위해 이동하던 중 석달마을에 도착하였습니다. "국방군이 와도 환영하지 않는 것을 보니 빨갱이 마을이다"라는 소대장의 불평과 더불어 24채의 집을 모조리 태우고 전 주민 127명 중 86명을 학살하였습니다. 그 가운데 13살 미만의 아이들이 27명이나 되었지요. 이때부터 막연하게 이해하고 있던 군대에 대해, 우리의 역사에 대해 공부하기 시작하였습니다. …… 총선을 앞두고 불리한 상황이 될까 봐 이승만 정부는 억울하게 학살당한 민간인들을 죄인 취급하였습니다. 반세기가 넘는 세월 동안 대한민국은 국가의 안보를 이유로 사실을 밝히지 않았습니다. (최진, 병역거부 소견서, 「나는 이 땅의 교사로서 군대를 거부합니다!」)

'가해자로서의 기억'은 다른 병역거부자들의 기록에서도 확인된다. 나 역시 항소 이유서에 한국 현대사에서 가해자로서의 대한민국 군대를 담았다.

6·25라는 비극 속에서 우리는 '적군'이 아닌 민간인을 이념의 잣대로 수없이 학살했습니다. 휴전 이후에도 이념 대립을 이유로 한 국가의 민간인 학살은 계속되었고, 군사독재하에서도 광주항쟁의 수많은 희생자와 민

주화 과정에서 억울하게 죽어 간 이들의 기억은 우리나라의 '정당한 폭력'이 얼마나 많은 자국민을 죽였는지 알 수 있습니다. …… 사람들은 군대가 침략과 살인이 아닌 자국 방어를 위해서 존재할 뿐이라고 말합니다. 그렇기에 병역거부자에게 종종 '집에 강도가 들어오면 어찌하겠는가'의 질문도 던집니다. 강도에 저항을 하는 것과 군인이 되는 것이 같다는 논리지요. 그러나 '자국 방어'를 위해서만 존재한다는 군대가 벌였던 자국민의 학살은 그 자체로 모순입니다. (임재성, 항소 이유서)

문명진은 2006년 평택 미군기지 확장 반대 투쟁에 참여하면서, 자국민을 지켜 준다던 군과 경찰이 주민들의 철거를 위해 동원되는 것을 목도하면서 국가폭력의 또 다른 모습을 체험했다고 말한다. 가해자로서의 국가폭력을 체험함으로써 병역거부에 대한 확신을 보다 강하게 가질 수 있게 된 것이다.

병역거부를 계속 고민하던 저는 미군기지 확장 이전 반대 투쟁이 벌어지던 2006년 평택 대추리에서 펼쳐진 일련의 사건들을 경험하면서 병역거부에 대한 확신을 갖게 되었습니다. 그저 자신이 살아오던 땅에서 계속 살고 싶어 했던 주민들에게 정부가 한 일은 군대와 경찰을 동원하며 그들을 모두 몰아내는 것이었습니다. '여명의 황새울' 작전이 벌어지던 5월 4일 동틀녘 대추리에서 저는 군대와 경찰의 무자비한 폭력을 눈앞에서 보았습니다. …… 국가안보를 지킨다는 군대가 자국 국민을 적으로 몰아 공격하는 모습을 보면서 원초적인 두려움을 느꼈습니다. (문명진, 병역거부 소견서, 「내가 총을 들 수 없는 이유」)

내가 병역거부자로서 사람들에게 받았던 질문 중에서 가장 섬뜩하게 느꼈던 것은 "강도가 집에 들어오면 어찌하겠는가?"였다.* 이 질문에는 수많은 쟁점들이 내포되어 있지만, 그 중 하나가 국가폭력의 '순결함'에 대한 맹종이다. 그러나 국가의 공식 기억 속에서 지워진 '가해자로서의 기억'을 가질 수 있다면, 집을 지키는 것과 군인이 되는 것은 감히 비교할 수도 없는 일임을 깨달을 수 있다. 만약 집을 지킨다고 그렇게 많은 사람들을, 심지어 자기 식구까지 죽였다면 강도가 들어오기도 전에 그 집은 이미 풍비박산 났을 것이다. 베트남 꽝응아이 성에 있는, 한국군의 만행을 기록한 '증오비'를 외면하지 않는다면, 군인이 되지 않겠다는 이들에게 "당신의 누이가 강간당해도 가만히 있겠는가"라는 저속한 비아냥거림을 감히 입에 담을 수 없을 것이다.** 1965년 12월 22일에 베트남 빈딘 성 꾸이는 시에서 벌어졌던 한국군의 만행은 다음과 같았다고 한다. "한국군들이 마을에 들어가 주민을 체포하면 남자와 여자를 따로 나눴다. 남자는 총알받이로 데리고 나갔다. 여자는 군인들 노리갯감으로 썼다. …… 강간한 뒤 살해하고, 임산부의 배를 태아가 빠져 나올

---

* **강도가 집에 들어온다면 어떻게 하겠는가?** | 병역거부가 늘 마주하는 이 질문에 대해 독일 연방법원의 결정은 중요한 시사점을 준다. "당신의 가족이 직접 공격을 받는다면 자기방어에 나서겠는가", "적국의 전투기가 당신의 고향에 폭탄을 던진다면 이 전투기에 총격을 가하겠는가"라는 두 질문에 "예"라고 답했던 두 젊은이의 양심적 병역거부 신청이 독일 지방행정법원에서 기각되는 사례가 발생했는데, 이에 대해 1960년 독일 연방행정법원은 "양심적 병역거부자들은 그들이 이 결정을 위해서 죽을 준비가 되어 있을 경우에만 충분히 확증하는 것이 아니"고, "개인이 이미 피할 수 없는 희생자가 되는 특수한 상황에서도 양심적 병역거부자들이 무기를 들지 않을 것이 요구"된다면 기본법과 병역법에 규정된 병역거부의 의미를 지나치게 엄격하고 좁게 해석하는 것이라 판결했다. 즉, 병역거부권은 순교자만을 위한 것이 아니라는 판결이다. 이 판결은 개인적 정당방위와 국가 차원의 교전권을 동일시하는 논리에 대해서는 무기력하다는 한계를 지니지만, "모기 한 마리도 죽이지 못하는 병역거부자"와 같은 인식이나 "순교자만이 할 수 있는 병역거부"와 같은 '예외화'를 극복할 수 있는 중요한 사례라 할 수 있다(문수현, 「전후 서독의 양심적 병역거부에 대한 논의」, 127쪽).

때까지 군홧발로 짓밟"았다(강정구, 「한국군의 베트남 양민 학살과 역사 청산」, 114~115쪽).

가해자의 자리에 서기

삭제되고 억압되었던 가해자로서의 기억이 조금씩 드러난다 해도, 이는 곧 또 다른 벽에 부딪힌다. '부인'되었던 기억을 '시인'하는 과정에서 불편한 진실을 외면하고자 하는 또 다른 '방어기제'가 작동하기 때문이다. 사실 자체를 부인하지는 않지만 당시의 비극을 권력자 개인의 폭정이나 현장 군인들의 실수로 일어난, 따라서 이제 다시는 반복되지 않을 '과거'의 이야기로 한정하는 것이 바로 그것이다. 나치 시기를 비정상적인 '예외'로 규정하면서 평범한 독일인들과 분리하려는 흐름은 이러한 방어기제의 대표적인 사례이다. 1996년 독일의 유대계 사회학자 다니엘 골드하겐Daniel Goldhagen이 『히틀러의 자발적인 학살자들』*Hitler's Willing Executioners*에서 독일인들 모두가 홀로코스트의 잠재적 공범이라는 주장을 펼쳤을 때, 독일 사회는 큰 충격에 빠졌다. 독일인들은 나치 시기의 경악스러운 살육을 인정하면서도 자신과의 연관성이나 책임, 현재와의 관계를 외면하고 싶었던 것이다. 사건을 구획화해서 보편적 책임을 부정하거나, 자신과의 거리를 강조함으로써 스스로의 결백을 주장하는 것

** **당신의 누이가 강간당해도 가만히 있겠는가?** | 김두식의 『평화의 얼굴』에서 한 장(3장)이 이 질문에 대한 비판으로 할애되었을 정도로, 병역거부자들이 가장 빈번하게 들어 왔던 질문이다. 이 질문이 가진 수많은 쟁점을 여기에서 모두 담을 수는 없지만, 이 질문 속에서 '보호자'로서의 '남성'과 보호되어야 할 '대상'으로서의 '여성'이라는 성역할이 강간이라는 폭력적 상황을 통해서 재생산되고 있다는 점은 지적할 필요가 있다. 질문에서 표상되는 강간은 남성의 소유물로서의 여성을 또 다른 남성에게 뺏긴 상황을 상징하며, 여성은 그 어떤 저항도 하지 못하는 의존적 대상으로 고정된다.

은 사실상 '부인'의 또 다른 방식이다(코언, 『잔인한 국가, 외면하는 대중』).

우리 사회 역시 다르지 않다. 이제 베트남에서 한국군의 만행을, 광주 계엄군의 학살 그 자체를 부정하지는 못하지만, 이를 특수한 정치사회적 구조 속에서 일어났던 예외적인 사건으로 한정하고자 하는 분위기가 강하다. 물론 당시의 구체적 맥락들, 구조적 요인들을 분석하는 일은 중요하다. 그러나 그 과정이 결코 당시의 사건을 병리적인 일탈로서 규정하는 것으로 귀결되어서는 안 된다. 푸코가 나치 독일이나 스탈린의 소련이 근대사회가 공통적으로 가지고 있는 일반적 속성이 발현된 것일 뿐이라고 파악했던 것처럼, 과거의 '폭력'을 예외적인 무엇이라 규정하는 것은 또 다른 폭력이 등장할 가능성을 외면하는 것이다. 그리고 그것은 가해자로서의 기억을 박물관 유리벽 안에 박제시켜 버리는 것이다. 홀로코스트의 생존자 프리모 레비는 간절히 말했다. "그것은 일어났고, 때문에 다시 일어날 수 있다. 이것이 우리가 이야기해야만 하는 핵심이다"(Levi, *The Drowned and the Saved*, p.199).

병역거부자들은 가해자로서의 기억 속에서 스스로를 가해자의 자리에 세운다. 그들이 가해자의 기억을 체화하고 현재화하는 방식이다. 이제 가해자의 기억은 과거 어느 시점에 한정된 비극이 아닌 성찰적인 현재의 '선택'을 위한 준거가 된다. 병역거부자 임성환은 한국의 군대가 권력을 찬탈하기 위한 수단이 되었던 역사와, 광주와 베트남, 이라크에서 행했던 '침략자'로서의 역할을 기억하면서, 군인이 된다는 것의 의미를 재정의한다. 그는 군인이 된다는 것은 국가폭력에 동참한다는 것이며, 자신의 의사와 상관없이 언제든 침략자의 위치에 설 수도 있다는 것이라고 말한다.

거대 병영국가인 한국에서 '군대'는 민주정부를 몰락시키는 쿠데타의 도구로 활용됐고 광주의 무고한 시민을 학살하는 총탄이었고 베트남, 이라크의 시민과 젊은이를 대량학살한 주범이자 공범이었습니다. 군대의 일원으로 참가한다는 것은 '물리적, 신체적 억압'만을 뜻하지 않습니다. 세계사를 피로 물들인 국가폭력에 동참한다는 것을 뜻하며 개인의 가치에 반해 언제라도 위와 같은 부도덕한 조직적 살해에 동참할 의사가 있다는 것을 밝히는 행위입니다. (임성환, 병역거부 소견서)

병역거부자 송인욱 역시 병역거부 이유서에서 '군인이 된다는 것'을 가해자의 자리에서 정의한다. 그는 군대가 하나의 유기체이기 때문에, 그 조직에 몸담는 것은 필연적으로 군대가 총부리를 향하고 있는 낯선 땅의 이름 모를 이들이 겪는 고통에 일조하는 일이라고 말한다.

한국군은 베트남전 참전이라는 실로 부끄러운 경험을 진지하게 반성하지도 않은 채 다시 제국주의 침략 전쟁에 발을 담그고 있는 것입니다. 더욱이 그 총부리는 더 이상 낯선 땅 이름 모를 사람들에게만이 아닌, 과거 광주에서 그랬듯 지금은 평택에서 묵묵히 고된 삶을 일궈 오던 사람들에게로 향하고 있습니다. 군대라는 조직이 단순히 최전선에서 싸우는 전투병들로만 이뤄질 수 없는 하나의 복합적인 유기체라는 점을 감안하면 그런 조직에 어떤 식으로든 몸담는다는 것은, 저로서는 차마 용납하기 어려운 일입니다. (송인욱, 병역거부 이유서)

군인으로서 가해자의 자리에 서는 것은 명령에 복종할 수밖에 없는 기계로서의 자신을 확인하는 일이었다. 국가폭력은 대부분 국가의 권위와 명령에 의해 정당화된다. 국가의 정당한 '권한'이라 불리는 전쟁은 말할 것도 없고, 끔찍했던 대량학살들도 대부분 공식적인 국가의 정책으로서 집행되었다. 허버트 켈먼Herbert Kelman과 리 해밀턴Lee Hamilton은 '복종 범죄'Crimes of Obedience와 '승인된 학살'sanctioned massacres이라는 표현을 통해 이 현상을 설명한다(Kelman and Hamilton, *Crimes of Obedience*, pp.16~19). 승인된 학살은 명령을 통한 행위는 책임질 필요가 없다는 복종 범죄의 환상을 만들어 낸다. 그러나 '가해자로서의 자리'는 이 환상을 깨뜨린다. 가해자의 자리에 선 이들은, 명령을 받은 군인으로서 자신이 행할 일이 진정 무엇인가를 간파할 수 있었다. 1980년 광주에서 계엄군의 모습을 기억하는 이들은 자신이 계엄군으로서 그 자리에 있었다면 어떤 선택이 가능했을까를 고뇌할 수밖에 없다. 병역거부자 오정록의 말처럼 "종국에는 전투명령에 저항하지 못하고 집단의 부속품처럼 살인의 행위자"가 될 수밖에 없음을 깨달았던 것이다(오정록, 병역거부 소견서).

그래서 병역거부자 안홍렬은 '두려움'을 말한다. 자신이 알지도 못하는, 친구가 될 수도 있는 이들을 명령에 따라 아무 판단 없이 죽여야 할지 모른다는 두려움. 이 두려움 속에서 그는 대한민국 국민 이전에 한 명의 인간이 되고 싶다고 말했다. '가해자의 자리'에 자신을 세운 순간, 그들에게 병역거부는 인간으로서 존재하기 위한 절박한 선택이었다.

정치꾼들이 그려 놓은 사업계획에 따라 꼭두각시처럼 춤을 추게 될까 두렵다. 내가 알지도 못하는, 어쩌면 친구로 만날 수도 있었을 그런 사람들을 향해 총부리를 겨누고, 어느 순간 명령에 따라 총을 쏴야 하는 순간이 닥칠까 두렵다. …… 나는 대한민국 국민이기 이전에 한 명의 인간이 되고 싶다. 이성을 가진, 영혼을 지닌 한 명의 온전한 인간이 되고 싶다. (안홍렬, 병역거부 소견서, 「나는 왜 병역을 거부하는가」)

이 절박한 선택은 켈먼과 해밀턴이 복종 범죄를 극복할 수 있는 가능성이라고 지적한 '아니라고 말하기'와 포개진다. "'아니라고 말하기'를 선택하는 것은 …… 궁극적으로는 우리가 우리를 인간이게 하는 몇몇 독특한 특성들, 즉 개인의 힘을 느끼고 우리 행위의 결과를 인식하며 동료 인간에 대해 걱정하는 그런 특성들을 긍정하는 데서 나온다" (Kelman and Hamilton, *Crimes of Obedience*. 허시, 『제노사이드와 기억의 정치』, 200쪽에서 재인용). 권위에 의한 살인을 거부하는 힘은 맹목적인 혹은 무책임한 복종을 거두고, 스스로의 행위가 가진 의미를 정확하게 인지하는 것에서 시작한다.

대문호 톨스토이는 일찍이 군인을 '살인하는 노예'라 칭했다. 고대의 그 어떤 노예보다 끔찍한 예속과 굴종의 상태가 군인이라는 것이다. 우리에게는 문학작품으로만 알려진 톨스토이지만, 그는 가장 원칙적인 평화주의자였으며 병역거부를 옹호한 대표적인 지식인이었다. 군인이라는 노예가 되길 거부해야 한다는 그의 통찰은, 거대한 살인기계 속에서 부품이 되길 거부하는 병역거부자들의 마음속에서 이어지고 있다.

[징병제 속에서] 모두 살인을 배워야 했고, 상관의 명령에 복종하는 노예가 되어야 했으며, 명령을 받으면 누구든 예외 없이 죽일 수 있어야 했

다. …… 고대 세계의 어떤 노예보다 더 끔찍한 예속과 굴종의 상태를 받아들인 것이다. …… 우리는 사람들을 교육시킬 것이다. …… 징집당한 사람들은 내키지 않아 하며 총을 쏘는 것을 거부할 것이다. 우리는 사람들을 교육시켜 평화와 선의에 가득한 그리스도의 삶이 투쟁과 살육의 삶보다 낫다는 것을 깨닫게 할 것이다. (톨스토이, 『국가는 폭력이다』, 60~74쪽)

'가해자로서의 기억'과 병역거부자들의 관계를 사회적 맥락 속에서 고찰해 보면, 민주화 이후 우리 사회에서 진행되었던 과거사 진상규명의 노력들이 2000년 이후 등장한 정치적 병역거부자들의 신념이 형성되는 과정에 중요한 영향을 미쳤다고 볼 수 있다. 신화화된 국가폭력의 정당성을 비판적으로 사유할 수 있게 만드는 '가해자로서의 기억'은 과거사 진상규명의 노력 속에 '사회적' 기억이 될 수 있었고, 이 기억은 병역거부자들의 언어로 이어졌다. 이러한 모습은 민간인 학살과 같은 국가폭력의 역사를 복원하는 것이 가진 현재적 의미 중 하나의 면을 보여 준다고 할 수 있다.

가해자로서의 기억과 병역거부가 만나는 모습은 비단 한국만의 이야기는 아니다. 독일의 병역거부자들은 심사 과정에서 병역거부 신념을 보여 주기 위한 에세이를 써야 한다. 이 에세이에서 병역거부를 결정한 동기로 빈번하게 등장하는 것이 바로 가해자로서의 독일이다. 전범국가로서의 독일, 600만 명에 달하는 유대인을 학살한 독일에 대한 기억. 전후 독일의 전쟁 기억이 가진 특징으로 명명되는 '가해자로서의 기억'은 이처럼 총을 들 수 없다는, 폭력을 거부하겠다는 신념으로 이어졌다. 그래서 많은 이들이 총을 들지 않고 대체복무제를 선택하는 독일은 침략

당하고 붕괴되었을까? 정반대였다. 독일은 자신의 전쟁 책임을 인정하고, 주변국에 진심 어린 반성을 표하면서 성공적으로 유럽의 일원이 될 수 있었다.

우리 사회의 지배적 전쟁 기억인 '피해자로서의 기억'은 끊임없는 공포와 불안을 만들어 내면서, 국가안보 이외의 다른 모든 가치들을 질식시켜 왔다. 북한의 국가예산보다 많은 국방비를 쓰면서도 군축 이야기만 나오면 북한을 아느냐고 목소리를 높이는 것이 우리의 현실이다. 그러나 우리 사회가 진정 평화로워지기 위해서는 이제 불편하기 그지없는 가해자로서의 기억과 대면해야 한다. 이 대면은 우리에게 더 강력한 무기와 보다 많은 군인을 탐내는 것이 아니라 스스로의 폭력을 돌아볼 수 있는 기회를 줄 것이다. 파렴치한이라 손가락질당하는 병역거부자들은 어쩌면 조금 먼저 이 불편한 기억을 대면한 사람들일지도 모른다.

3. '진짜 남자' 되기를 거부하기

폭압적인 군사문화

한국 군대가 구성원들에게 거부감을 샀던 이유 중 가장 큰 것은 '복종훈련', 즉 군기를 잡는다고 표현하는 폭압적인 군사문화였다(박노자, 「군대 가야 진짜 남자가 된다?」, 27쪽). 전쟁에 대한 공포나 살인훈련에 대한 반감만큼이나 입영자들을 두렵게 했던 것은 내무반 안에서의 생활이었다. 사실 이 둘은 분리되지 않는다. 군인이 효과적인 전투를 수행하는 '기계'가 되기 위해서는 철저한 상명하복의 위계질서를 체현해야 했고, 한국 군대가 이를 위해서 선택한 것은 반복적인 학대였기 때문이다.

한국군의 탄생은 미군정 시기에 그 기틀을 잡았기에 형식적으로는 미국 군대와 비슷하지만, 그 제도를 운용한 군부 엘리트들은 모두 일본 제국 군대에서 훈련받고 복무했던 장교들이었다. 그들은 일제 군대에서 병사들의 일상생활을 통제하는 방식을 한국 군대에 그대로 가져왔다. 일제 군대는 1930년대와 1940년대 초반, 장교가 병사들을 구타하는 것을 하나의 '정책'으로 도입했다. 보병들을 명령에 복종하도록 만드는 하나의 '기술'로서 고안된 것이었다. 한 일본군 병사가 증언한 구타라는 '기술'의 효과는 처참하면서도 정확하다. "잔인하고 비합리적인 벌을 계속 받다 보니까 아무 생각 없이 명령에 따르는 것이 몸에 배게 되었다" (문승숙, 『군사주의에 갇힌 근대』, 76~78쪽).

한국 군대 문화가 가진 폭압성에는 이러한 일제 식민지라는 역사적 배경이 존재하지만, 사실 이는 군대가 가진 일반적인 모습이기도 하다. 군사훈련 속에서 벌어지는 사회화를 통찰력 있게 분석한 필립 카푸토Philip Caputo는 군 내부에서 신병에게 행해지는 정신적·육체적 '모욕'의 기능에 주목한다. 그는 이 모욕 행위가 신병이 가진 자존감을 파괴하고, 그 파괴된 자리에 군중심리와 복종심리가 채워진다고 본다(Caputo, *A Rumor of War*, p.12). 이러한 군사문화 속에서 명령에 살고 명령에 죽는 인간이 탄생하는 것이다.

병역거부자들 역시 살인훈련에 대해서만큼이나 이러한 군사문화에 대해서도 거부감을 가지고 있었다. 그러나 이 거부감은 운동 초기에는 병역거부의 이유로 표현되기 어려웠다. 병역거부를 특권을 이용한 면제와 혼동하는 이들에게 병역거부만의 특징을 강조하기 위해 '유별난' 신념 때문에 병역을 거부한다고 대답했고, 모두가 혐오하는 군대 문화에 대한 이야기는 감춰졌다. 초기 병역거부자인 유호근은 인터뷰에서 자신 역시 군대 내부의 문화에 대한 고민을 가지고 있었지만, 그러한 내용을 병역거부 이유로 말하면 "군대 가기 싫어서 병역거부 했다"라는 비난을 불러올 수 있었기 때문에 그러지 못했다고 말했다.

그러나 시간이 쌓여 가면서 병역거부자들의 언어에는 감옥행을 멈춰 달라는 호소를 넘어서서, 군사문화에 대한 저항과 거부의 마음들이 나타나기 시작했다. 2005년에 병역거부를 선언한 조정의민은 자신이 군대라는 폭력적인 구조를 버텨 낼 수 없을 것이라는 두려움을 병역거부 소견서에 담았다.

> 저는 군대를 간다는 것이 싫기도 했지만 두렵기도 했습니다. 권위주의를 혐오하고, 폭력을 거부하는 제가 민주적 의사 개진의 여지가 전혀 없는 그런 폭력적인 구조에서 과연 버텨 낼 수 있을까 하는 두려움이 있었기 때문입니다. (조정의민, 병역거부 소견서)

병역거부자 오정록 역시 군대 문화에 대한 비판을 통해 자신의 병역거부 동기를 말한다. 내부의 폭력성과 남성 중심성, 위계문화에 적응할 수 없다고 생각한 그는 거부를 택했다.

> 군대는 사회의 폭력성, 남성 중심성, 권위-위계가 가장 극단적으로 드러나는 곳이라고 생각합니다. 사회에서는 제 나름의 생활방식을 만들어 가고 사회적 불평등, 폭력에 저항할 수 있지만, 군대는 둘 중 하나입니다. 거부할 것인지, 적응할 것인지. (오정록, 병역거부 소견서)

군사문화에 대한 '거부'를 표현하는 병역거부자들의 언어 속에서, 이전까지 '강고한 신념의 주체'로서 표상되었던 병역거부자의 이미지가 변하고 있음을 확인할 수 있다. 군사문화에 대한 두려움을 드러내고, 자신이 그 공간에서 적응할 수 없을 것이라는 나약함을 긍정하는 모습은 분명 이전 병역거부자들의 언어에서는 없었던 부분이다. 감옥행을 멈춰 달라는, 다른 방식으로서 의미를 다하겠다는 강한 외침은 점점 더 자신의 살갗에 닿는 군복의 느낌을 솔직하게 드러내면서 낮고 풍부한 울림을 가져 갔다. 병역거부자들은 폭력에 민감한 겁쟁이로서 자신의 마음을 사람들과 나누고자 했고, 그들의 언어 속에서 "군대 가는 것이 무섭다"는 마음은 더 이상 감춰야 할 부끄러운 것이 아니었다.

군사주의의 남성성

열악한 조건 속에서도, 선구적인 여성학 연구들은 군대라는 공간에서 남성성이 어떻게 강화되는지, 내부의 남성우월적 문화와 성폭력이 성 소수자에게 어떤 모습으로 다가가는지에 대해 밝혀 왔다(권인숙, 「군대 섹슈얼리티 분석」; 『대한민국은 군대다』; 이영자, 「한국의 군대 생활과 남성 주체 형성」; 유혜정, 「남성 섹슈얼리티의 사회화 기제로서 군대 성문화 연구」; 김현영, 「병역의무와 근대적 국민정체성의 성별정치학」 등). 이 연구들이 공통적으로 지적하는 것은 군대 내부의 문화는 성 소수자의 정체성과 배치되며, 군대는 그들에게 또 다른 의미에서 폭력의 공간이었다는 점이다.

병역거부가 공론화된 이후, 그 폭력의 공간을 거부하며 성 소수자의 정체성을 이유로 병역거부를 선택한 이들이 등장했다. 2003년 7월에 병역거부를 선언한 임태훈은 성 소수자 그룹에서 활동했던 배경을 가지고 있었으며, 병역거부 사유 역시 자신의 성 정체성을 중심에 두었다. 성전환자와 동성애자는 현행 '징병-신체검사 등 검사규칙'(국방부령 제534호)에 따르면 '인격장애 및 행태장애'로 분류되어 정신과 진단서를 첨부할 경우 4급 보충역 또는 5급 면제 판정을 받을 수 있지만, 임태훈은 이러한 규정을 거부했다.

> 저 또한 여타 다른 동성애자들처럼 병 진단서를 첨부하면 공익근무요원 내지는 병역의무를 완전 면제받을 수 있습니다. …… [그러나 국내외적인 의학 기준에 따르자면] 동성애는 지극히 당연하며 자연스럽고 건강한 인간 본성의 한 부분이라고 되어 있습니다. …… 저는 동성애자를 차별하고 소위 비정상성으로 규정하고 있는 대한민국 군대의 입대를 시민불복종적 의미에서도 거부하고 싶습니다. (임태훈, 병역거부 소견서, 「나의 양심에 따른 병역거부를 선언하며」)

자신의 정체성이 '질병'으로 분류되어 군대가 면제되는 것도, 그렇다고 정체성을 숨기고 군대에 가는 것도 임태훈에게는 스스로를 기만하는 행위였다. 이러한 실존적인 갈등 속에서 임태훈은 동성애자로서, 그리고 동성애자 인권운동에 참여했던 활동가로서 동성애를 질병과 비정상으로 규정하고 차별하는 군대에 대한 저항을 병역거부로써 실천했다.

임태훈의 병역거부가 성 정체성을 기준으로 정상-비정상을 구별하는 신체검사 제도를 비판하는 것에 초점을 둔 것이라면, 전투경찰 복무 중 그 내부의 남성 중심적인 문화에 적응하는 것을 거부한 유정민석은 군대가 만들어 내는 '남성성'을 비판하며 병역거부를 선택했다.

남성적인 가치들을 강요하는 군대에서의 경험을 통해 반작용적으로 깨닫게 된 섬세한 정체성과 내 안의, 또한 내가 옳다고 생각하는, 그런 여성성이 결코 부끄러운 것이 아니라면, 겁이 많고 남을 죽이는 연습을 해야 하는 시뮬레이션의 군사훈련조차 벌컥 손부터 떨리는, 아직은 사람들에게 낯설게 느껴지는 부류의 '사내자식이 계집애 같다'는 그러한 '성적 소수자'로서 바라보았던 남성화된 병영 문화의 병폐와 호전적이고 공격적인 남성성을 재생산하는, 군대라는 '진짜 남자'가 되기 위한 통과의례를 거부할까 합니다. (유정민석, 병역거부 소견서, 「나약하고 유약한 제 안의 여전사는 병역을 거부합니다」)

사회 속에서 군인이라 호명되는 주체는 '정상 남성'을 의미한다. 정상 남성들만의 공간인 '군대'는 여성의 공간과 분리된 특별한 공간으로서, 이 공간을 경험한 이들만이 '진정한 남성'의 자격을 가질 수 있다고 인식된다. 이 과정에서 '정상 남성'이 아닌 이들, 군대라는 공간을 경험하지 못한 이들을 '결핍'된 존재로 규정하는 성별 정치학이 작동한다(이영자, 「한국의 군대 생활과 남성 주체 형성」, 84~85쪽). 이 성별 정치학은 폭력의 수행자로서 '군인됨'soldiering의 자질을 진정한 '남성성'manhood과 등치시키고, 이 남성성의 범주에 들어오지 못하는 특성들을 혐오하게 만든다.

호전적인 남성성을 재생산하는 군대를 거부함으로써, '진짜 남자'가 되길 거부한다고 말한 유정민석의 병역거부 선언은 스스로의 성 정체성을 바탕으로 더 이상 군대라는 공간에서 복무할 수 없다는 '거부'이기도 했지만, 군대가 만드는 남성성에 대한 '저항'이기도 했다. 군인이 되는 과정에서 극복해야 할 모든 것은 여성스러운 것으로 환원되며, 여성성에 대한 부정과 혐오가 일상화된 군대(권인숙, 「징병제하 인권 침해적 관점에서 군대 문화 고찰」, 204쪽). "너는 계집애냐"는 호통 속에서 사내다움을 강요받는, '진짜 남자'가 되는 과정인 군대. 유정민석은 이를 거부한 것이다. 그는 겁이 많고 남을 죽이는 연습조차 무서웠던 자신의 정체성을 긍정함으로써 병역거부를 선택할 수 있었다. "남자가 이것도 못하냐"라는 비아냥거림에 "시정하겠습니다"가 아니라 "못하겠습니다"라고, "왜 잘해야 하는지 모르겠습니다"라고 답한 것이다.

'남자'가 되어 돌아온 군인들

진짜 남자가 되기 위한 통과의례로서의 '군인 되기'를 비판한 유정민석의 언어는 안홍렬의 소견서에서도 확인할 수 있다. 그는 군대라는 공간이 어떤 모습의 '진짜 남자'를 만드는지를 구체적으로 묘사한다.

> 어린 시절부터 가깝게 지내던 친구들 대부분이 군대를 다녀왔다. 그 친구들을 다시 만나게 되었을 때, 난 "군대를 다녀와야 '사람'이 되고 '진짜 남자'가 된다"던 어른들의 말을 실감할 수 있었다. …… 평소 수줍음이 많고 내성적이었던 다른 한 친구는, 내가 알던 친구가 맞는지 의심스러울 정도로 많이 변해 있었다. …… 여성에 대한 얘기로 시작해서, 여성에 대한 얘기로 끝나던 그 지루하고 짜증나던 대화에서, 여성은 그에게 단지 성적 소모품일 뿐이었다. 성매매업소의 출입을 부끄러워하지 않고, 마치 전리품을 얻은 듯 당당히 말하는 그를, 나는 이제 만나지 않는다. 학창 시절을 함께 보냈던 그는 친구가 아닌, 낯선 이방인이 되어 버렸고, '진짜 남자'가

되어 가짜인 나를 하찮게 여기는 당당한 '대한민국 국군장병'으로 살고 있다. (안홍렬, 병역거부 소견서, 「나는 왜 병역을 거부하는가」)

이러한 비판은 '군대'라는 조직이 가진 사회적 기능의 한 단면을 드러낸다. 초기 병역거부자들의 언어가 폭력기구로서의 군대의 본질을 드러내고 비판하는 것이었다면, 이후 군사문화를 비판하는 병역거부자들의 언어는 훈육 시스템으로서의 군대를 거부한 것이다(훈육 시스템으로서의 군대에 대해서는 요시다 유타카, 『일본의 군대』, 33~67쪽 참조). 우리 사회에서 군대와 징병제는 병력 유지라는 군사적 효용만큼이나 국민성 주입과 노동 인력으로 필요한 규율을 습득하게 하는 등의 훈육적 효과를 가지고 있다(박노자, 「인간성을 파괴하는 한국의 '군사주의'」, 392쪽). 그리고 이 훈육을 통해서 만들어지는 '덕목'들은 이 사회의 남성이 가져야 할 덕목이라 일컬어졌다.

입대하는 연예인들이 수많은 카메라 앞에 서서 짧은 머리를 문지르며 "남자가 되어 돌아오겠다"고 말하는 모습을 종종 볼 수 있는데, 이 노골적인 표현에는 군대 훈육의 본질이 정확하게 담겨 있다. 여성학자 권김현영은 군 복무자들과의 인터뷰를 통해서 군대 내부의 계급이 남성성의 성취와 직결됨을 드러냈다. 신병은 '남성 이전의 존재'로서 여성화된 위치에 놓이지만, 계급이 올라갈수록 점점 더 남성이 되어 간다. 그리고 병장은 남자가 되기 위한 관문을 모두 통과했기에 지배적인 남성성을 획득한 존재로 표상되는 것이다(김현영, 「병역의무와 근대적 국민정체성의 성별정치학」, 2쪽). 말 그대로 군대에서 진짜 '남자'가 되는 것이다.

그렇게 돌아온 이들은 과연 어떤 '남자'가 되었을까? 앞선 소견서에서 안홍렬은 군대를 다녀와서 '사람'이 되고 '진짜 남자'가 된 자신의 친구가 수줍음과 내성적 성격을 버리고, 돈을 주고 여성을 사는 것을 전리품을 얻는 것처럼 당당하게 말하는 이로 변했다고 말한다. 병역거부자 조정의민은 군대가 만들어 낸 '남자'란 결국 획일적인 문화와 남성 중심적인 권위주의를 체현한 이들이라고 비판한다.

> 우리는……군대에서 확고하게 그러한 문화를 몸과 마음속에 아로새기게 됩니다. 그러고는 일상생활에서 너무나 당연하게 군사문화와 폭력, 남성 중심성을 드러내게 됩니다. 그러한 과정에서 합리적 소통과 차이를 인정하는 가치는 사라져 버리고, 획일적인 문화와, 권위주의, 일상 속의 폭력이 난무하게 되었습니다. (조정의민, 병역거부 소견서)

군대를 통해 만들어지는 남성성에 대한 병역거부자들의 비판은, 그들이 '진짜 남자'가 되기를 거부하는 이유이기도 하다. 그리고 이와 같은 군사화된 남성성에 대한 비판적 인식은 비단 병역거부자들에게만 한정된 것이 아니다. 최근 군 복무자들에 대한 경험적 연구들을 통해서 공통적으로 확인되는 점은 상당수의 군 복무자들 역시 군대가 만들어 내는 '남성성'에 대한 부정적 인상을 가지고 있다는 것이다. 해당 연구 속에서 "군인은 운동을 좋아하고 여성에 대해 정복적이어야 한다는 말은 무수히 들었지만 귀담아 듣지 않았다"고 말하거나, "현재 군대에서 통용되는 남성성이란 낡은 관념의 잔재라 생각한다" 등과 같은 진술들을 확인할 수 있다(이영자, 「한국의 군대 생활과 남성 주체 형성」, 92쪽). 이는 우리 사회에서 군사화된 남성성이 더 이상 공고한 헤게모니를 가지고 있지 않음을 보여 준다. 병역거부자 오정록이 자신의 소견서에서 예견한 '가까운 미래'는 더 이상 미래가 아닐 수도 있는 것이다.

비록 병역거부자들 한 명, 한 명의 힘은 미약하지만 제 목소리에 공감하고 군대에 저항하는 사람들은 더욱 많아질 것입니다. 40년 전 베트남 파병 군인은 멋쟁이 군인이었겠지만, 2005년 자이툰은 그렇지 않습니다. 군대는 남자라면 당연히 경험해야 하는 것이라고 생각하겠지만, 가까운 미래에는 누구나 꺼려 하고 그 존재에 대해서 의문을 제기하는 집단이 될 것입니다. (오정록, 병역거부 소견서)

6장 병역거부자의 목소리

1991년 강경대 열사의 죽음을 전투경찰의 신분으로 지켜본 박석진은 더 이상 '진압의 도구'가 될 수 없다고 결심했다. '양심적 병역거부'라는 말조차 없었던 시절, 그는 더 이상의 복무를 거부한다는 '양심선언'을 했고, 이후 오랜 수배생활을 견뎌야만 했다. 그로부터 17년이 지난 2008년, 의무경찰로 복무 중인 이길준은 촛불집회에 모인 시민들을 밀어내면서 스스로의 양심이 하얗게 타 버렸음을 느꼈다. 수많은 번뇌 속에서, 나중에 지금을 부끄럽지 않게 기억하고자 병역거부를 선택했다. 동성애자로서 군 복무 중이던 유정민석은 테러진압훈련이 있기 며칠 전부터 무서웠고, 왜 자신이 이 훈련을 해야 하는지 이해할 수 없었다. 사내새끼이 이것도 못하냐는 비아냥거림 앞에서 그는 자신의 나약함을 긍정하며 군사화된 남성성을 거부했다.

이 장에서는 이 세 명의 병역거부자들에 대한 이야기를 담을 것이다. 한 명 한 명의 결을 따라가면서 이들의 고민과 갈등, 당시의 배경 등을 보다 풍부하게 설명하려고 한다. 이는 폭력을 거부하는 마음을 나누기 위한 또 다른 시도이다. 앞 장에서 그들이 남긴 글을 통해서 병역거부의 이유를 분석하고, '개념어'로써 정리했다면, 이 장에서는 세 명의 병역거부자들과 직접 나눈 이야기를 바탕으로, 그들이 품었던 생각에 조금 더 가까이 다가서고자 한다.

1. 강경대가 죽고 나서 벗은 진압복

각하는 국가다

영화 「효자동 이발사」를 보면 청와대 경호실장이 이발사 성한모(송강호 분)에게 이런 구호를 외치게 한다. "각하는 국가다." 이 말은 실제 박정희의 경호실장 차지철이 즐겨 쓰던 "각하가 곧 국가다"에서 따온 것이다. 이 말처럼 군사독재 이데올로기를 잘 보여 주는 단어가 또 있을까. 그 이데올로기가 구체적인 현실 속에서 작동하는 많은 예가 있겠지만, 민중들의 시위를 막기 위해서 군대를 동원하는 상황만큼 극적인 예도 없을 것이다. 한국 현대사에서 '신성한' 국방의 의무라는 이름으로 징집된 젊은이들은 '각하'를 지키기 위해 빈번히 이용되어 왔다.

　우리 헌법은 국가비상상태에서 선포하는 계엄이 아니라면 군대를 대민 치안에 동원할 수 없다고 규정하고 있다. 나라 지키라는 군대가 시민들에게 총을 겨눈 역사가 적지 않은 대한민국이지만, 그래도 군대가 민간인과 부딪히는 것은 계엄과 같은 특정한 상황에서만 가능한 일이었다. 그러나 박정희 정권은 군 병력을 일상적으로 동원하는 법안을 통해 항구적인 계엄 상태를 만들어 냈다. 1968년 김신조를 비롯한 30명의 남파간첩이 청와대 뒷산까지 침투한 것을 주된 계기로 하여 2년 후 만들어진 전투경찰대설치법이 바로 그것인데, 명목상으로는 대對간첩작전을 위한 전환복무이지만 지금까지 이들이 대간첩작전에 사용된 경우는 창설 초기를 제외하고는 극히 드물다. 이후 작전전투경찰순경(1976년 9월 1일 창설)과 의무전투경찰순경(1982년 12월 31일 창설)으로 구체화되고 업무 영역도 범죄예방, 순찰, 교통 등 치안보조 등으로 확대되었지만 이들 모두의 주된 역할은 시위 진압이었다. 전·의경은 2008년 기준 3만 7,440명으로 전체 경찰 인력의 26.8%를 차지하고 있을 정도로 그 숫자와 비중이 상당하다.

현역으로 입대를 해서 무작위로 차출당하는 전경과, 지원입대이지만 사실상 대체복무로 군 복무를 대신하는 의경 모두 엄연한 군인이다. 조국을 지키기 위한 희생이라 칭송하면서, 젊은이들을 '국방'과는 거리가 먼 업무로 사실상 무급 착취해 왔던 것이다. 계엄 상황도 아닌데 군인을 일상적으로 대敵민간인 작전에 투입하는 국가는 세계에서 유례가 없을 정도이다. 전쟁 시에도 비무장 민간인을 군인이 공격하는 것은 전쟁법을 위반하는 행위다. 그런데 한국에서는 40년 가까이 군인 신분인 20대의 젊은이들이 시민들을 향해 방패와 진압봉을 잡고 돌진해야만 했던 것이다. 이 비극의 한가운데에 박석진이 있었다.

1991년, 강경대의 죽음

1991년 4월 26일, 명지대 1학년생 강경대가 전투경찰이 휘두른 쇠파이프에 머리를 맞고 숨졌다. 이 비통한 사건이 발생한 직후인 5월 4일, 전투경찰로 복무하고 있었던 박석진은 "정권의 방패막이인 전투경찰대를 해체할 것"을 요구하며 더 이상의 복무를 거부하는 양심선언을 했다. 박석진은 당시의 양심선언에 대해서 지금 와서 본다면 양심적 병역거부였지만, 당시에는 '병역거부'라는 단어조차 없었기에 그렇게 연결 지을 수는 없었다고 말한다.

이 연결의 부재는 병역거부에 대한 논의가 이루어지고 있는 현재에도 마찬가지이다. 여호와의 증인 병역거부의 역사와 오태양 이후의 정치적 병역거부자 및 사회운동에 대해서는 나름의 연구가 진행되고 있지만, 1980~90년대 다양한 방식으로 군대에 저항했던 역사를 병역거부의 맥락에서 조망하지는 못해 왔다. 따라서 박석진의 양심선언과 저항을 병역거부의 맥락에서 주목하는 것은 당시 사건들을 병역거부의 맥락에서 새롭게 위치 짓는 것이라 할 수 있다.

박석진은 1990년 대학에 입학했다. 정치학과 새내기로서 사회과학에 관심이 많았고, 당시 분위기가 분위기인지라 학생회 활동을 하면서 시위에도 참여했지만, 흔히 말하는 '운동권'은 아니었다고 한다. 입학 직후인 1990년 6월 14일에 육군으로 입대를 했는데, 전투경찰로 차출되면서 시위 진압을 전담하는 서울 동대문 1기동대로 배치되었다. 당시는 노태우 정권이 '범죄와의 전쟁'을 선포하면서 대대적인 공안정국을 조성했을 때였고, 시위 진압 역시 폭압적인 공격 위주로 바뀔 때였다. 일선 진압중대에선 '토끼몰이'식 진압을 통해 시위자를 전원 검거한다며 3분의 1을 사복 체포조, 소위 말하는 '백골단'으로 바꾸었고, 박석진이 있던 소대가 그 '백골단'으로 바뀌게 된 것이다.

1991년 3월부터 명지대학교에서는 등록금 문제로 학생들의 치열한 시위가 이어지고 있었다. 4월 24일 학내시위를 주동했다는 혐의로 명지대 총학생회장 박광철이 연행되자 학우들은 "우리 총학생회장 내놓으라"며 보다 강경한 시위를 시작했고, 4월 26일 오후에는 교문 밖으로 진출을 시도했다. 이 진출을 기다린 것은 백골단이었다. 교문 밖 골목에 숨어 있던 백골단들은 대오가 충분히 나오자 최루탄을 쏘며 달려 나갔다. 교문 밖 대오 속에 있었던 강경대는 쫓기면서 학교 담을 넘으려 했으나, 백골단이 그를 잡고 끌어내려 길이 115cm의 쇠파이프로 가슴과 어깨를 내리쳤다. 이후 다섯 명의 백골단이 그를 둘러싸고 쇠파이프와 나무 몽둥이로 말 그대로 '죽도록' 때리기 시작했다. 강경대가 의식을 잃자 백골단은 그를 내버려 두고 도망쳤다. 쓰러져 있는 강경대를 발견한 동료 학생이 급히 인근 성가병원으로 옮겼으나 후송하던 중 숨지고 말았다. 1991년 4월 26일, 91학번이었던 그가 대학생이 된 지 채 2개월도 지나지 않았던 날이었다.

같은 부대는 아니었지만, 자신과 같은 '전투경찰'의 손으로 강경대가 살해되는 모습을 보게 된 박석진은 강경대가 죽은 지 8일 후인 5월 4일 더 이상의 복무를 거부하며, 전투경찰의 해체를 요구하는 양심선언을 하게 된다. 그러나 그는 강경대의 죽음이 양심선언의 결정적인 계기였음은 분명하지만, 그 이전부터 심한 내적 갈등을 해왔다고 말한다.

박석진 강경대의 죽음이 결정적인 계기가 되었지만, 하지 말아야 될 일을 하고 있다는 생각 속에서 정말 큰 고통을 겪었다. 그 고통을 참을 수 없어서 죽고 싶다는 생각까지 했었던 것 같다. 복무하는 내내 많은 고민이 있었다. 전투경찰이라는 것은 내가 생각하는 국방의 의무가 아니었고, 국민을 적으로 여기게 만드는 구조였기 때문이다. 강경대의 죽음을 통해서 이것은 내 양심에 반한다는 확신을 가지게 되었다.

서강대로 진압을 들어갔다가, 시위대에 있던 단짝친구와 마주쳤던 순간을 박석진은 아직도 기억한다. 그 친구도, 자신도 서로를 한번에 알아보고 '얼음'이 되었다고 말한다. 돌아서서 울었던 적도 많았다고 한다. 그랬던 그에게 강경대의 죽음은 더 이상 진압봉을 잡으면 안 된다는 결심을 굳히게 만들었다. 그러나 방법이 고민이었다. 그냥 도망치는 것은 아닌 거 같고, 무엇이라도 해야 한다고 생각했지만 마땅한 방법이 떠오르지 않았다. 그러다가 5월 2일 광주에서 의경이었던 나윤성 씨가 양심선언을 했다는 것을 텔레비전으로 보게 되었다. 그 양심선언을 보면서 누구에게도 말할 수 없었지만, 마음속은 방망이질로 터질 것 같았다고 한다.

박석진 아 저런 방법이 있구나. 근데 마침 그 다음 다음날이 백골단 해체의 날이라고 들었다. 그 당시 강경대 타살 사건 범국민대책회의가 연세대에서 꾸려졌고, 문익환 목사님이 그 싸움을 대표하고 계셨는데, 5월 4일을 백골단 해체의 날로 정한 거다. …… 그날 시위가 전경들에게 꽃 꽂아 주는 시위였다. 우리는 진압 나가기 전에 대충 브리핑을 받는데, 그날이 백골단 해체의 날이라는 것을 알았고. 그런 생각을 한 거다. 백골단 해체의 날에 백골단이 양심선언을 하면 의미가 있겠다. 시청에서 대기하던 와중에 근무지를 이탈해 연세대로 향했다. 연세대 들어가서 연세대 총학생회가 어디냐 묻고, 총학생회로 들어가니 대책위 사람들이 있었는데, 나 전경인데 양심선언 하러 왔다고 했다. 가서 1시간도 안 돼서 양심선언을 했다. 문 목사님께서 옆에서 손 잡아 주시고. 경대 부모님도 오셨다.

독재정권 방패막이 폐지하라

박석진의 양심선언 속에서 구호로 나온 것은 "독재정권의 방패막이인 전·의경제를 폐지하라"였다. "군대 내에서 구타를 금지하라"나 "병영 내의 민주화"와 같은 것도 함께 이야기되었다. 양심선언 직후 박석진은 "전투경찰대설치법이 국민의 평등권과 양심의 자유를 가질 권리 등을 침해한다"며 헌법소원을 제기했다. 그는 소장에서 "전투경찰은 군인 중에 차출되기 때문에 다른 병역의 의무를 지는 사람과의 평등권에 위배되며, 자신의 양심에 반하는 일을 명령받기 때문에 양심의 자유를 가질 권리까지 침해받는다"고 주장했다. 재판관 네 명은 "경찰의 순수한 치안 업무인 집회 및 시위의 진압의 임무는 결코 국방의무에 포함된 것이라고 볼 수 없고, 이 진압명령은 곧 헌법 제39조 제1항 소정의 국방의무 이외에 헌법상 아무런 근거가 없는 또 다른 의무를 청구인에게 부과하는 것이 된다고 할 것이다"라는 위헌의견을 냈지만, 헌법재판소는 1995년 12월 28일 전·의경제도를 5대 4의 의견으로 가까스로 '합헌'이라 결정하면서 존치시켰다(헌법재판소, 91헌마80). 결국 그때의 결정으로 친구로 사귀어야 할 동시대의 젊은이들을 적으로 물어뜯게 하는 이 야만적인 제도가 지금까지 이어 오게 된 것이다.

양심선언 이후 박석진은 2년간의 수배생활을 이어 갔다. 이 수배생활은 단지 구속을 피하기 위해 몸을 숨긴 것이 아니라, 군대 문제로 양심선언을 한 이들과 공동의 실천을 준비하기 위한 과정이었다. 박석진이 양심선언을 했을 때, 그보다 먼저 군인 신분으로 양심선언을 했던 이들은 전투경찰 해체와 군대 민주화를 위한 나름의 '활동'을 진행하고 있었고, 박석진은 이들의 제안으로 그 활동에 참여하게 되었다. 1987년 민주화 항쟁 이후부터 박석진이 양심선언을 할 때까지 군대 관련 문제로 양심선언을 한 사병만 50여 명에 달했다고 한다. 그 중에 8명(군인 3명, 전경 5명)이 수배 상태에서 함께 모임을 가져 갔다.

> **박석진** 사실 나는 양심선언 이후에 내가 할 것을 끝냈다고 생각해서 그냥 잡혀가려고 했었다. 그런데 그 선배님들을 만나고, 같이 함께할 일이 있다고 하셨다. 그렇다면 하겠다고 했다. 그 당시에는 무엇이라도 해야 한다는 생각에, 이 엄청난 문제를 내가 풀어야 한다, 저항을 해야 한다, 이렇게 생각을 했다.

이후 김영삼 '문민' 정권이 들어서자, 그동안 억눌려 왔었던 다양한 사회적 요구가 수면 위로 분출되었다. 군사정권이 끝났다고 하니, 군사정권이 어그러뜨려 왔던 일들을 해결하라는 목소리였다. 수배 상태에 있던 8명은 자신의 상징성을 가지고 1993년 5월 25일부터 7월 말까지 58일 동안 서울 종로 기독교회관에서 '군의 민주화와 자주화', '전투경찰대 해체' 등의 주장을 내걸고 농성을 시작했다.

농성 과정에서 '문민정부'는 이들에게 타협을 제안했다. 농성을 접으면 '적당히' 형량을 내려 주겠다는 것이었다. 그러나 농성 참가자들은 여기까지 와서 이렇게 정리할 수는 없다고 뜻을 모았다. 이들이 결정한 '마지막'은 청와대로 걸어가는 것이었다. 양심선언 당시 전경 신분이었던 이는 전투경찰복 입고, 군인 신분이었던 이는 군복 입고, 그 옷에다 "양심선언전경 누구", "양심선언군인 누구" 이렇게 붙이고 손으로는 플래카드 맞들고 행진에 나선 것이다. 지인과 지지자들 200명 정도가 함께 청와대로 걸어갔다. 결국 경찰에게 막혔고, 수배자 8명은 연행되었다. 군사정권의 방패막이 될 수 없다던 이들, 군대 내의 구타 금지를 외친 이들을 문민정부는 감옥으로 데려갔다.

당신은 어떻게 백골단을 거부할 수 있었는가

양심선언을 하면서 복무를 거부하고 2년간의 수배생활과 농성 그리고 구속까지 경험한 그였지만, 2001년 양심적 병역거부가 공론화되었을 때에는 그 역시 매우 충격이었다고 한다.

> **박석진** 2001년도에 '양심적 병역거부'라는 이야기가 등장했을 때 나 역시 매우 놀랐다. 병역거부 관련 토론회에 나가서 병역거부의 과거 사례로서 증언을 하기도 했다. 지금까지 1만 명이 넘는 이들이 총을 들 수 없다는 신념으로 감옥에 가 왔고, 그것을 권리로서 요구할 수 있다는 것을 알게 되면서 스스로의 행동 역시 다른 관점에서 볼 수 있었다.

병역거부운동은 여호와의 증인으로 병역거부자의 이미지가 고정되는 것을 벗어나기 위한 노력의 하나로 10년 전 박석진의 양심선언을 '발견'했고, 이를 병역거부의 사례로 소개했다. 박석진 역시 당시에 언어가 없었을 뿐, 자신의 고민과 저항은 양심적 병역거부였다고 이야기한다. '일체의 군사행위를 거부하는 신념'-'이를 보장하기 위한 대체복무'라는 한정된 틀을 벗어나서 폭력이 강제되는 상황과 이를 거부하는 저항으로서 병역거부를 접근한다면, 우리의 역사 속에서 훨씬 더 많은 사례들을 병역거부의 틀로 접근할 수 있다. 1980년대 교련 훈련 반대, 전방입소 거부 투쟁 등과 함께 박석진과 50여 명의 양심선언, 1993년의 농성은 해방 이래 여호와의 증인들이 묵묵히 걸어왔던 길, 2000년 이후의 정치적 병역거부자들의 목소리와 별개의 무엇이 아니었다. 이는 부재했었을 것만 같은 징병제와 군대에 대한 저항이 끊임없이 이어져 왔음을 의미한다.

마지막으로 그에게 어려운 질문을 물어봤다. 당신은 어떻게 거부할 수 있었는가? 수많은 이들이 백골단으로 복무하고 있었고, 강경대의 죽음을 보고 그들 역시 자괴감에 빠졌을 것이다. 그러나 당신은 거부를 선언했고, 다른 이들은 그러지 못했다. 무엇이 이 차이를 만들었는가? 우문현답이었을까. 박석진은 먼저 당시 부대 내부의 '적개심'을 간과해선 안 된다고 이야기했다.

박석진 전경들도 무척 힘들었다. 부대로 못 들어가고. 길바닥에서 한 달 가까이 자야 되는. 이건 생리적인 문제다. …… 못 쉬고, 못 자고. 그런 상황에서 적대심이 쌓이고, 결국 폭발해서 사람을 죽이는 상황까지 간 것이고. 그때 부대 내부에서는 몇 가지 분위기가 있었다. "죽을 놈 죽었다" 이렇게 반응하는 친구들도 있었고, 반대하진 못하지만 마음속으로 의문과 아픔을 느끼는 사람도 있었고. 물론 대다수는 침묵한다. 그러나 대체적인 분위기는 굉장히 적대적인 분위기였던 거다. 내가 왜 이 상황에 있는지에 대해 본질을 못 보니까. 나를 힘들게 하는 존재인 집회하는 사람들. 적대적이 될 수밖에 없다.

시위대를 증오의 대상으로 볼수록, '적'으로 인식할수록 이 상황을 끝내기 위해서는 적을 없애야 한다. "죽을 놈 죽었다"라는 반응은 바로 이러한 인식의 한 극단이라 할 것이다. 죽은 이에 대한 동정이나 연민, 자기 책임에 대한 인식이나 반성은 이런 반응 속에선 존재할 수 없다. 스스로의 폭력을 정당화하는 적대감과 함께, 대다수가 택한 '침묵'의 의미 역시 중요하다. 박석진은 군대라는 강력한 메커니즘 속에서, 대부분은 결국 견디고 있는 것이라 말했다.

> **박석진** 군대는 우리 사회의 가장 강력한 메커니즘이다. 그것에서 이탈을 했을 때 감수해야 되는 부분들이 있다. 분명 그 내부에서 체질화되고, 즐기는 사람도 있다. …… 그러나 대부분은 견디는 거다. 어쨌든 군대라는 생각에. 이걸 제대해야 뭐라도 할 수 있는 거라고. 복학도 할 수 있고, 취직도 할 수 있고. …… 양심선언자들이 가진 개인적인 기질이나 특수성이 있겠지만 그게 특별하게 취급되거나 그럴 것은 아니라고 본다. 그런 상황에 부딪혔을 때 반응하는 양태의 차이가 중요할 것 같다.

그는 '거부'를 택한 이들이 특별한 '인간'으로 취급되어서도 안 된다고 말한다. 어떤 상황에 부딪혔을 때의 반응과 양태의 차이가 있을 뿐이라는 것이다. 박석진은 어땠을까? 양심선언을 고민하면서는 선언을 무조건 해야 한다는 생각이 너무 강해서 앞일 뒷일 걱정하진 않았다고 한다. 불안함은 있었지만 실천 자체가 중요했고, 그 속에서 자유로움을 느꼈다고 말한다. 이후 수배생활이 길어지면서, 언제까지 이 고생을 해야 하나 생각이 들긴 했다며 인터뷰 중 크게 웃었던 박석진. 그는 지금도 살아가면서 제일 잘했다고 생각하는 일은 이 양심선언이라고 말한다.

스스로에게 떳떳할 수 있었던 행동, 선언, 그 속에서 자유로웠다는 기억. 그로부터 이어지는 지금의 평화활동(박석진 씨는 2010년까지 '평화와 통일을 여는 사람들'에서 활동했다).

이스라엘 병역거부운동 단체 중 '선배로부터의 편지'라는 단체가 있다. 먼저 병역거부를 한 이들의 목소리를 통해 입영대상자들에게 팔레스타인을 부당하게 점령하고 있는 이스라엘 군대에 입대하는 것을 거부하라고 '선동'하는, 우리 입장에서 보면 무시무시한 단체이다. 박석진과의 인터뷰 중에 이 단체의 이름이 떠올랐다. 물론 박석진은 '선동'하지 않았다. 그러나 그의 결심과 삶, 그리고 활동이 본받고 싶은 모습으로 느껴졌다면 과한 감정일까? 병역거부의 '선배'로서 좋은 모습을 부탁드린다.

2. 촛불시민들을 진압할 수 없습니다

하얗게 타 버린 양심

징병제가 존재하는 상황, 전·의경제가 끈질기게 이어지는 상황에서 또 다른 '박석진'은 나올 수밖에 없었다. 다만 시간이 오래 걸렸을 뿐이다. 다른 점이 있다면 17년이 지난 2008년, 또 다른 박석진은 '양심적 병역거부'의 언어로 자신의 선택을 설명할 수 있었다는 것, 그리고 그의 옆에는 그의 신념을 지지하는 병역거부운동가들이 있었다는 것.

권력의 모습은 한 치도 변하지 않았다. 1991년 노태우 정권이 젊은 이들을 앞세워 '군사정권 타도'를 외치는 시민들에게 쇠몽둥이를 내리치게 했다면, 정권이 바뀌고 바뀐 2008년 이명박 정권 역시 징집된 청년들을 내세워 촛불시민들을 막았다. 2008년 5월, 정부의 졸속적인 미국산 쇠고기 수입 협상에 반대하는 거대한 촛불시위가 거리를 덮어 갔다. 2008년 5월 31일과 6월 1일, 거대한 인파가 유례없이 비폭력을 외치며 청와대 앞에서 밤을 샜던 그날, 시민들을 막던 공권력 속에 이길준 이경이 있었다.

> **이길준** 당시 나는 기동대 버스에서 별 생각 없이 대기하고 있었다. 그런데 갑자기 전원 하차하라는 명령이 내려졌다. 진압복을 입고, 방패를 들고 어디론가 뛰어가라고 했다. 나는 영문도 모르고 정신없이 골목을 지나 달렸는데 그러다 보니 내가 시위대와 마주보는 맨 앞에 있었다. 효자동 쪽이었고 당시 대학생들이 앞에 있었던 것으로 기억한다. 다들 무언가 큰일이 날 것처럼 긴장하라고 소리를 질러댔지만 도저히 현실감이 느껴지지 않았다. 물대포가 온다는 소리를 듣고 정신이 들었다. '설마 쏘지는 않겠지'라고 생각했다.

6월 1일 새벽부터 물대포를 쏘기 시작했다. 청와대 코앞까지 갔던 시민들은 물대포에 당황하고 놀라면서도 불을 피우고 담요를 나르며, 따뜻한 음료수를 나눠 마시면서 버텼다. 해가 뜨자 본격적인 진압이 시작되었다. "대한민국은 민주공화국이다"라는 헌법 1조를 노래로 부르며 대통령이 국민의 목소리를 좀 들어야 한다며 앉아 기다리던 사람들에게 돌아온 것은 폭력적인 해산 작전이었다. 그 작전의 가장 앞에 서 있었던 이길준. 그렇게 광화문까지 시위대를 밀어내고 나서 그는 자신의 인간성이 하얗게 타 버린 것 같았다고 고백했다.

이길준 물대포를 계속 쏘다가 순간 앞으로 나가라고 했다. 뒤에서 밀어 대니까 정신없이 앞으로 달려 나갔다. 사람들을 밀고 밀어서 결국 광화문까지 밀어냈다. 끝나고 나서 길바닥에 앉아 있는데 내 인간성이 하얗게 탄 것 같았다. 내가 무슨 짓을 한 건가 싶었다. 물론 시위대 중에는 폭력적으로 저항을 한 사람도 있었다. 나도 소주병에 맞았지만, 그게 전혀 기분 나쁘게 느껴지지 않았다. 그 사람들은 비무장이고 난 방패를 들고 진압복을 입은 상태에서 소리를 지르며 뛰어갔기 때문이다. 그런 모습이 시민들에게는 큰 공포였을 것이다.

이길준은 이후 계속되는 촛불시위 속에서 헬멧을 쓰고 방패를 든 경찰로서 자신의 존재와 행위가 어떤 의미인지를 더욱 명확하게 확인해 갔다. 그는 시민들을 향해서 폭력을 행사하는 것이 얼마나 정당성이 없는지를 깨달았다고 한다. 그랬기에 시위대가 피켓을 들고 자신의 방패 앞을 지나만 가도 힘이 들었고, 항명하라는 시민들의 야유를 들으며 가슴이 후벼 파지는 듯했다고 한다. 헬멧 속에서 남모르게 눈물을 흘리기도 했다. 당장 옷을 벗고 촛불시위에 함께하고 싶었지만 용기가 없었다고 한다.

이길준 처음에는 도피를 시도했었다. 다치면 시위 진압에 나가지 않을 수 있을 것 같아서 다리를 부러뜨리려고도 했다. 다른 부서로 옮길 수 없을까 알아보기도 했다. 하지만 결국 다 잘 안 되었고, 그렇게 보낸 6월은 너무나 길고 힘들었다. 다행히 6월에는 직접 시위대 해산이나 진압이 아닌 길목을 막고 있는 역할이어서 버틸 수 있었던 거 같다. 7월로 넘어가면서

부터 도피가 아닌 저항을 해야 하지 않을까 생각했다. …… 이번 촛불집회는 스물을 갓 넘은 청년들이 얼마든지 권력의 도구로 사용될 수 있다는 것을 보여 주었다. 그런 이상 그것을 유지하는 일에 복무할 수는 없었다.

그는 이런 고민 끝에 병역거부를 결심했고, 휴가를 나와서 전·의경제 폐지를 주장하는 기자회견을 하기로 결정했다. '운동권'은 아니었지만, 사회문제에 관심이 많았던 국문과 2학년 이길준. 그는 의무경찰 내부의 폭압적 문화가 힘들었지만 촛불집회가 아니었다면 어찌어찌 적응하며 복무를 마쳤을 것이라고 했다. 사실 그에게 의무경찰 지원은 나름의 타협점이었다. 군대와 징병제에 대해 비판적 시각을 가지고 있었지만 '현실적'으로 피할 수 없다면 다른 방식으로 '대신'하자고 생각했고, 시위 진압이 아닌 방식으로 의무경찰 복무를 수행할 수 있었을 것이라 생각했던 것이다. 그러나 그는 촛불시위를 진압하면서 자신의 선택이 안이했음을 깨달았다. 그리고 이제 도망가지 않고 '저항'을 하겠다고 결심했다.

진압의 도구에서 양심의 주체로

내가 이길준을 처음 만난 것은 2008년 7월 24일 저녁이었다. 병역거부 기자회견 전날 저녁, 나와 이길준 사이에 진행된 인터뷰에서 나온 이야기가 바로 앞의 내용이다. 모양새야 『오마이뉴스』 시민기자로도 활동하는 나와 이길준 사이의 인터뷰였지만, 이는 이길준을 돕기 위한 나름의 '전략'이었다. 당시 이길준이 자신의 의사를 피력하면서 도움을 구했던 곳이 '전·의경제 폐지를 위한 연대'였고, 여기 활동가들은 대부분 병역거부운동과 밀접하게 관련된 이들이었다. 나 역시 이길준의 상황을 계속 전해 들었고, 기자회견 이후 등장할 엄청난 비난 여론 속에서 스스로 입을 닫아 버리면 어쩌나 하는 걱정이 들었다. 그래서 수많은 플래시 앞에 서기 전에, 멸시의 야유 앞에서 의연해 보이려고 애쓰기 전에 조금이라도 편안한 자리에서 스스로의 이야기를 풀 수 있기를 바랐다. 이길준의 목소리가 풍부히 담긴 인터뷰를 미리 기사화해서, 악의적인 왜곡에 맞설 수 있는 힘이 되었으면 했다.

인터뷰를 끝내면서 그에게 물었다. 부모님이 알고 계시는지를. 그는 인터뷰 내내 의연했던 모습과는 다르게 한참을 망설인 후 대답했다.

이길준 오늘 밤이나 내일 아침에 말씀드리려고 한다. 아마 절대 이해해 주시지 못할 것이다. 부모님을 설득할 수 있는 말씀을 드리겠지만 사실 자신이 없다. 내가 당하는 힘듦이나 고통은 내가 선택한 것이기에 받아들일 수 있지만 나로 인해 부모님이 겪으실 고통을 생각하면 정말 죄송스럽고 마음이 아프다.

병역거부의 경험을 가진 나였기에, 그 마음과 그 상황에 충분히 공감할 수 있었기에 걱정이 되었다. 마음속으로는 기자회견을 포기할 수도 있겠구나 생각이 들기도 했다. 자식 이기는 부모 없다지만, 자기 발로 감옥에 들어간다는 자식을 놓아줄 부모 역시 없기 때문이다. 몇 달을 끙끙 앓아 온 저 청년, 이제 세상에 전·의경제라는 부조리를 알리겠다는 저 청년이었지만 아직 부모님의 오열을 마주할 엄두를 내지는 못하고 있었다.

다음날 기자회견은 시작 직전까지 공개적으로 알리지 않았다. 이길준의 신변 보호가 우선이었기 때문이다. 비밀을 보장해 줄 기자 몇 명에게만 사전에 연락을 취했고, 인터뷰 기사 역시 이길준의 신변이 기자회견장인 종로 기독교회관 내부로 확보된 이후에 공개하는 것으로 했다. 미리 공개되었을 경우, 기자회견도 하기 전에 부대에서 그를 잡아갈 수도 있었기 때문이다. 이길준이 회견장으로 들어온 이후 보도자료와 인터뷰 기사가 공개되었다. 당시 가장 큰 이슈였던 촛불집회에서 진압의 주체였던 현역 의무경찰이 병역거부를 한다는 것에 대한 세상의 반응은 즉각적이었다. 기자회견장은 금세 수많은 인파로 가득 찼다.

그러나 정작 문제는 이길준의 신변이 아니라, 이길준 부모님의 마음이었다. 자식을 절대 감옥에 보낼 수 없다는 부모님의 절규. 기자회견장에 오셔서, "네가 결국 기자회견을 한다면 그 앞에서 내가 죽어 버리겠다"는 부모님의 말에 그 어떤 자식이 대답할 수 있을까? 이길준은 부모님 앞에서 고개를 숙인 채 그래도 자신의 마음을 알아 달라며 침묵의 매달림을 하고 있었고, 부모님은 눈물범벅의 얼굴로 빨리 집에 가자며 이길준의 손을 잡아끄셨다. 그렇게 시간은 흘러갔고, 결국 기자회견은 취소되었다. 근무지를 이탈한 이길준은 노출되지 않은 다른 장소로 이동해야만 했다. 이 기자회견을 준비했던 전쟁없는세상 활동가 양여옥은 당시 기독교회관의 모습을 다음과 같이 기억하고 있었다.

양여옥 아직도 길준이 부모님의 눈빛이 떠오른다. 지금이야 고생했다고, 수고했다고 말씀해 주시지만. 그때에는 분노와 원한을 담아 쳐다보시는 거 같았다. 너희들이 우리 아들을 망쳤다고. 기자회견이 알려지자 기독교회관 1층 로비에는 기자들과 촛불시민들이 몰려들고 있었는데, 정작 길준이는 부모님과 회관 밖으로 나갔다. 보도자료에 있던 내 연락처를 보고 전국 각지에 있는 촛불시민들에게 쉴 사이 없이 전화를 받았다. 이길준 씨 잘 있냐고, 어떻게 되는 거냐고, 잡혀가는 거 아니냐고. 기자들도 계속 전화를 했다. 당시 기자회견장 내부에는 사복경찰도 많이 섞여 있었다. …… 기자들에게 부모님을 설득하는 과정이라서 기자회견이 연기되고 있다고 말했다. 기자들은 이러다가 못하는 거 아니냐고 계속 물었고, 혹은 그냥 잡혀가는 것 아니냐고, 그래서 잡혀가는 것이라도 찍어야 한다면서 있는 곳을 알려달라고 했다. 이렇게 잡혀가면 아무것도 아니기에, 기록으로 남겨야 한다고 했다. 이해하면서도 서운했다.

이틀간의 잠행 후인 7월 27일 오후 7시, 결국 신월동 성당에서 '진압의 도구에서 양심의 주체로'라는 이름으로 기자회견을 했다. 일요일 오후 7시에 기자회견을 했다는 것은 당시의 절박함을 보여 준다. 당시 신월동 성당에 이길준이 있다는 사실이 언론에 노출되면서 사람들이 모여들었고, 더 이상 시간을 끌다가는 아무것도 하지 못한 채 부대로 잡혀갈 수밖에 없다는 상황을 인지하신 부모님께서 결국 '이해'가 아닌 '인정'을 하셨던 것이다.

이길준이 기자회견에서 읽은 글의 제목은 '나는 저항한다'였다. 비장해 보이는 제목이었지만, 사실 그 의미는 꽤 솔직한 것이었다. 그는 자신이 대단한 신념의 소유자나 도덕적인 인간이 아니라고 했다. 늘 타협하고 살아왔으며, 의경을 택했던 것과 그 속에서의 생활 역시 그래 왔다고 말했다. 그러나 이번만큼은 또 '타협'을 하면 두고두고 부끄러울 것 같아서, 자기가 너무 힘들 것 같아서 저항하기로 마음을 먹은 것이다. 시민들을 '적'으로 노려보면서 공격하는 일을 계속하는 것은 스스로의 자아를 무너뜨리는, 너무나 '고통스러운' 일이었기 때문이다. 「나는 저항한다」의 한 구절은 다음과 같았다.

[국가는] 제 또래의 젊은이들과 그들과 같은 시대를 사는 시민들을 적개심을 가지고 맞붙어야 하는 상황으로 내몰았죠. 저와 같은 친구들이 특별히 악랄해서 시민들을 적으로 여기고 진압해야 했을까요? 모두가 저처럼 가족과 공동체의 구성원들을 위해 2년이라는 시간을 복무하기로 한 사람들입니다. 그들 중에 누가 집회에 참여하는 사람들을 공격하겠다는 마음가짐으로 들어갔겠어요. 하지만 권력은 시위대는 적이 아니라고 명심하라는 위선적인 말을 하며 실질적으로는 이미 우리에게 시민들을 적으로 상정하게 하고 언제든 공격할 태세를 갖추도록 만들어 놓습니다. (이길준, 병역거부 소견서, 「나는 저항한다」)

이길준은 시위대에게 소리를 크게 지르지 않으면, 살기등등한 모습을 보이지 않으면 부대로 돌아가 얼차려를 받는다고 했다. 사실상 '적'과의 전투지침이었다. 그는 "내부의 지배적인 분위기는 시위대는 자신을 피곤하게 만드는 적이며, 그 적을 빨리 쓸어내는 것을 그저 업무로서 여긴다"라고 전했다. 이렇게 국가는 20대 젊은이들을 자신의 권력을 위한 도구로 거리에 세웠던 것이다. 그러나 이길준은 자신이 싸워야 할 대상이 '적'이 아님을 직시하고, 자신이 하는 일이 권력을 지키기 위해서라는 것을 깨달은 후 방패를 내려놓았다. 그리고 더 이상 같은 고통이 반복되지 않게 하기 위해, 기자회견이 끝난 직후 신월동 성당에서 전·의경제 폐지를 위한 농성을 시작했다.

젖과 꿀이 흐르는 병역거부 농성장

얼떨결에 이길준 농성장에서 '언론담당'이라는 감투를 쓰고 활동했던 난, 농성장에서 두 가지 먹먹함을 느꼈다. 하나는 끝없이 밀려드는 지지와 성원의 마음을 보면서 느꼈던 먹먹함이었고, 다른 하나는 그럼에도 결국 이길준 혼자 짊어져야 할 무게가 주는 먹먹함이었다.

서장에서도 언급한 내용이지만, 이길준의 농성장에 있으면서 가장 놀랐던 것은 사람들의 따뜻한 지지였다. 이길준은 아마 지금까지 한국에서 병역거부를 선언한 사람 중에, 아니 앞으로도 꽤 오랜 시간 동안 비교할 수 없을 만큼의 응원과 지지를 받은 이가 아닐까 싶다. 농성장 침탈에 대비해 성당 마당에서 매일 100여 명에 가까운 사람이 밤을 새웠다. 인터넷 커뮤니티 '82cook' 회원분들이 오셔서 먹고 싶은 건 없는지 물어보시고, 음식을 날라 주셨다. 복날에는 촛불집회에서 시민들에게 음식을 나눠 주시면서 유명해진 '다인아빠'란 분이 삼계탕 400인분을 만들어 주시기도 했다. 어떤 분들은 쑥스러운지 과일이 가득 담긴 봉지와 쪽지를 슬쩍 놓고 가셨다. 말 그대로 "젖과 꿀이 흐르는" 농성장이었다.

무엇이 '경멸의 대상'이었던 병역거부자가 그토록 따뜻한 지지를 받을 수 있도록 만든 것일까? 이는 이길준의 저항이 당시 뜨거웠던 촛불시위의 맥락 속에서 놓여 있었기 때문이었다. 이 '맥락' 속에서 사람들은 이길준의 결정에 공감할 수 있었다. 오랜 시간 거리에서 촛불을 들고 공권력의 폭력을 경험했던 사람들은, 공권력 속의 젊은이가 느꼈던 죄책감과 이를 거부하기로 한 결정에 공감했다. 그리고 그렇게 '거부'를 선언했던 젊은이를 지켜 주고 싶어 했다. '양심의 자유'나 '대체복무의 정당성'과 같은 지식을 통해 병역거부를 '이해'한 것이 아니라, 이길준의 마음 자체에 '공감'하면서 병역거부자와 연대할 수 있었던 것이다.

이렇게 수많은 이들의 지지와 격려가 있었지만, 정작 이길준 본인이 견뎌야 할 몫은 오롯이 그의 것일 수밖에 없었다. 농성이 시작된 다음 날부터 계속되었던 이길준과 언론의 인터뷰에는 병역거부자들을 바라봤던 우리 사회의 시선이 그대로 담겨 있었다. 세상은 총을 들 수 없다는 병역거부자들에게 대체복무가 시행되었을 때 부작용이 없음을 증명해 보라 했다. 병역거부자는 감옥에도 가고, 대체복무 해외 사례도 연구해야 했다. 이길준에게도 마찬가지였다. 전·의경제도의 문제점은 무엇이냐? 예산 부족이라는 이유로 폐지가 불가하다는 정부의 입장에 대해서는 어떻게 생각하느냐? 폭력적인 시위 문화를 바꿀 대안은 무엇이냐? 진압의 도구가 될 수 없다는 마음을 힘들게 꺼낸 사람에게 세상은 '정책적 대안'을 요구했다.

그뿐이었을까? 사람들은 내부의 이야기를 폭로해 주길 원했다. 부대 내부에서 폭력을 행사하라는 명령이 있었는가? 누가 언제 그런 명령을 내렸는가? 그는 처음 인터뷰에서부터 명확하게 말했다. 함께 근무했던 이들에게 피해가 가지 않았으면 한다고. 그는 내부고발자로서 특정한 이를 고발하고 처벌하기 위해 병역거부를 선언한 것이 아니었다. '타협'이 아닌 '저항'을 하고 싶었기에, 끊임없이 비극을 만드는 전·의경제라는 낡은 군사정권의 유물이 없어져야 한다고 생각했기 때문에 '네가 이럴 순 없다'는 부모님의 오열을 등지고 병역거부자가 된 것이다.

결국 그는 하루 만에 더 이상의 인터뷰를 하지 않았으면 한다고 말했다. 농성장 언론담당이었던 난 그의 말을 듣고 빽빽하게 잡혀 있었던 이후 인터뷰들을 취소하느라고 혼이 났지만, 입을 닫을 수밖에 없었던 그의 마음은 오죽했을까 하는 생각에 안타깝고 슬펐다.

농성을 시작하면서는 전·의경제가 폐지될 때까지 농성을 이어 가겠다고 했지만, 현실적으로 결단이 필요했다. 이길준이 복무하던 부대는 농성 4일째가 되던 날 그를 근무지 이탈 혐의로 정식 고발을 했고, 체포영장이 발부되었다. 많은 갈등과 고민 속에서, 그는 자진출두하기로 결정했다. 그는 현행법을 어겼을지는 몰라도 인간으로서의 도리는 지켰기에 당당하다고 말하며 수갑을 찼다.

이길준이 있어서 다행이다

법은 어겼지만 인간의 도리는 지켰다며 자진출두한 그를 권력은 가만두지 않았다. 검찰은 근무지 이탈과 명령 불복종 이외에도 언론과의 인터뷰를 꼬투리 잡아서 상관에 대한 명예훼손을 주장했다. 나와 이길준이 나눈 인터뷰에서 그는 부대에서 시위대에게 공격적인 행동을 취하라는 이야기가 있었다고 전했다. 검찰은 재판에서 이길준과 함께 근무했던 이들을 줄줄이 증인석에 세워 그런 명령은 없었다는 증언을 받아냈다. 이미 부대원들을 샅샅이 훑은 두터운 서면 조사서를 제출한 후였다. 누가 진실이었을까? 현역 군 복무자가 진실을 말한다는 것은 애초에 불가능하지 않았을까? 치졸한 권력은 같은 부대원들을 법정에 세워 서로를 부정하도록 만들었다. 피고인석에 앉아서 부대원들과 대질해야 했던 이길준은 당시 감정을 이렇게 담았다.

두번째 증인은 예전 소대장이다. 순박한 분이시다. 혹자는 비난할 수도 있겠지만 난 측은심 비슷한 걸 느낀다. 질답을 듣는 동안 난 찰리 채플린의 「모던타임즈」를 떠올린다. 역시 그와도 대질할 기회가 생긴다. 서로 다른 입장에 있게 되었지만 그가 이 상황으로 힘들어하지 않았으면 한다. 세번째는 예전 선임이다. 그와는 말할 기회가 주어지지 않는다. 다만 부대 시절 그와 나의 계급 차이는 상당했고 그 권력관계에서 제대로 된 소통이 이뤄지기 어렵다는 점을 지적하고 싶다. 그의 가족도 방청석에 있지 않았나 싶다. 무슨 생각을 했을까? 나를 보고 사람들은 다양한 의견을 갖겠지. 어느 쪽이건, 단정 짓지 않았으면 한다. 나도 그러지 않으려 노력한다. 다음은 입대 동기다. 일단 오랜만에 보니 반가웠지만, 잘 전달되지 않은 듯하다. 도리어 모진 질문을 던져 곤란하게 한 것 아닐까 저어된다. 그와 함께 고생하던 기억이 스친다. 입장 차이가 있지만 다음에 보게 된다면 편했으면 한다. (이길준, 「감옥에서 온 편지 081101」)

조금만 다른 관점으로 보자. 거리에서 전·의경들의 폭력에 당한 시민들이 넘쳐났는데, 그럼 그 행위들은 모두 '명령'으로 행해진 일이 아니란 말인가? 전·의경들도 엄연한 군 복무자이며 이들에게 있어서 명령을 넘어선 행동은 곧 처벌이다. 그러나 처벌받은 이는 누구인가? 이길준은 말했다. 시위대에게 뛰어갈 때 소리를 지르면서 방패를 땅에 내려치는 것은 '적'에게 공포를 주기 위함이라고. 난 이것이 진실이었을 것이라고 믿는다. 아니 이것이 진실이 아니고서는 2008년 여름 촛불집회에서 우리 사회가 경험했던 그 폭력을 결코 이해할 수 없다. 그러나 이길준에게 내려진 판결은 다음과 같았다. "피고인의 상관들이 평화롭고 합법적인 집회를 불법적인 물리력을 사용하여 진압하라고 지시한 것처럼 진술하였다. 이로써 피고인은 공연히 허위사실을 적시하여 …… 상관들의 명예를 훼손하였다"(서울고등법원, 2008노3104).

자신 때문에 부대원 중 그 누구도 힘들지 않았으면 한다면서 농성장 앞에 줄서 있는 기자들에게 돌아가라고 했던 이길준에게 내려진 명예훼손 유죄판결이었다. 재판은 내내 그랬다. 검찰은 조사 과정에서 '배후'가 있다면서 이길준의 휴대전화 사용내역을 샅샅이 뒤졌다. 왜 이해하지 못할까. 이 젊은이의 고통스럽지만 당당하고 싶었던 마음을. 1심에서는 1년 6월의 징역형이 내려졌지만 검사는 이 형량이 부족하다며 항소를 했고, 결국 2심에서는 더욱 높은 2년의 형이 선고되었다. 재판부는 이길준의 행위가 공권력 행사에 대한 국민들의 신뢰를 훼손했고, 동료 전투경찰들의 사기를 저해했기에 양심적 병역거부로 통상 내려지는 1년 6개월의 형량보다 더 무거운 형을 선고하여 처벌하는 것이 '마땅하다'라고 판시했다.

이길준의 병역거부 이후 경찰의 폭력은 더욱 악랄해졌다. 2009년 1월 20일 "저기 사람 있는데, 저러면 다 죽는데"라는 비명 위로 특공대를 가득 태운 컨테이너는 시너 가득한 용산 철거민들의 망루를 흔들었다. 생존권을 외쳤던 5명의 철거민과 진압 특공대 1명이 진압 과정에서 불타 죽었는데도 책임지는 이 누구 하나 없었다. 정부는 장례조차 치르지 못한 채 진상규명을 요구한 유가족들을 1년 가까이 외면하다가 결국 마지못해 타협했다. 만약 법원의 판결처럼 이길준이 조금 더 공권력에 대한 신뢰를 훼손했다면, 조금 더 경찰들의 사기를 저해했다면 어땠을까. 스스로의 폭력에 대한 진지한 성찰을 가질 수 있는 기회가 될 수 있지 않았을까. 그랬다면 최소한 6명의 목숨은 살릴 수 있지 않았을까. 하지만 그건 이길준의 몫이 아니다. 우리의 몫이다.

2009년 11월 30일 이길준은 가석방으로 출소했다. 건강한 모습이었다. 짧은 머리로 그를 처음 봤지만, 머리가 길고 나서 보니 그는 곱슬이었다. 그에게 수감 시절은 자신과 대화하는 시간이었다고 한다. 이제 무겁지 않게, 즐겁게 세상에 말을 걸고 싶다고 한다. 그는 지금 학교를 다니면서 나름의 재주를 살려서 글을 쓰고, 전쟁없는세상의 활동에도 참여하고 있다. 다행이다. 그에게도, 우리에게도. 강경대 열사가 돌아가셨을 때 백골단에서 단 한명의 병역거부자도 나오지 않았다면, 2008년 비폭력을 외치던 촛불시민들을 깔아뭉겼던 전·의경 중에서 이길준과 같은 이가 없었다면 우리는 훨씬 더 암담했을 것이다. 노무현 대통령에게 이라크 파병 다시 생각해 보셔야 한다고 말했던 현역 육군 이등병 강철민의 병역거부가 있었기에 전범 국가의 국민으로서 아주 조금이라도 숨 쉴 수 있었던 것과 같은 마음이다. 그래서 고맙다.

3. 나약함을 긍정하기

병역거부자가 아닌 병역거부자

1만 5천 명에 달하는 여호와의 증인 병역거부자, 1960년대까지 집총거부를 이어 갔던 재림교회 신도들, 2001년 오태양부터 2010년까지 50명의 정치적 병역거부자. 뿐만 아니라 '병역거부'라는 용어를 쓰진 않았지만 군대와 징병제에 저항했던 많은 사람들. 비록 이 책에서는 2000년대 이후의 사회운동과 정치적 병역거부자에 초점을 맞추고 있지만, 그 한 사람 한 사람의 삶과 실천에 경중이 있을 수는 없다. 사회적으로 큰 주목을 받았던 오태양, 강철민, 이길준과 같은 이들이 병역거부의 역사와 논의에서 자연스레 부각되었던 것은 사실이지만, 이들의 병역거부 역시 수많은 이들이 이어 왔던 발걸음이 있었기에 가능했다.

그 중에서 꼭 이야기하고 싶은 병역거부자가 있다. 바로 유정민석이다. 병역거부운동을 하던 이들조차 그의 고민을 처음 듣고는 병역거부가 아닌 것 같다고 말했던 이. 스스로의 나약함을 긍정하면서 병역거부를 선택하고자 했지만, 그 당시에는 자신을 온전히 표현할 병역거부의 언어가 없었기에 주저해야만 했던 이. 병역거부가 길을 만드는 묵묵한 걸음이라면, 이 걸음은 양심의 자유와 대체복무에서 끝날 수는 없다. 유정민석의 걸음은, 자신의 신념을 드러내기 위한 언어를 찾고자 했던 그의 고뇌는, 병역거부의 길을 새롭게 이어 가고자 했던 노력이었다.

대학생으로서 다양한 사회과학 세미나 모임에 참여하고, 진보정당 성소수자위원회에서도 활동했던 유정민석은 입대 전부터 동성애자라는 자신의 정체성을 바탕으로 남성성을 주입시키는 군대를 혐오하면서 병역거부를 고민해 왔다. 그러나 동성애자로서 먼저 병역거부를 했던 임태훈을 만나고, 다른 사회단체들을 통해 자문을 구하면서 병역거부는 '대단한' 신념을 가진 이들이나 하는 것이라고 느꼈다. 자신이 가진 신념의 수준이나 감옥행에 대한 결심을 놓고 볼 때 병역거부를 택하긴 어렵겠다고 결론지었다. 유정민석은 당시에 자신의 '언어'가 없었다고 말한다. 병영국가 대한민국에서 병역거부는 분명 다른 '언어'를 만들어 냈지만, 그 언어는 감옥행까지 감수할 정도로 강고한 평화주의 신념을 가진 이들의 것으로 한정되었기 때문이다.

유정민석 입대 전부터 성 소수자 관련 활동들을 하면서 군대에 비판적인 입장을 가지게 된 것도 있었고, 개인적으로 군대 가는 것이 두려웠다. 마초적인 문화와 획일적인 남성성, 나에게 너무 안 어울리는 공간 같다는 생각을 했다. 그러나 …… 언어가 부족했다는 생각을 한다. 내가 이런 사람이고 내가 병역거부를 해야겠다는 언어가 없었던 거 같다.

결국 입대를 했지만, 고민은 계속되었다. 전경으로 차출되고, 진압 훈련을 받으면서 그는 점점 더 군대가 자신의 존재와 배치되는 공간이라는 확신을 가지게 되었다. 테러진압훈련이나 총검술이 싫은 것도 싫은 것이지만, 그러한 느낌 이전에 그것들을 거부하는 자신의 몸이 먼저 다가왔다. 두려웠고 떨렸으며, 그 훈련 속에서 자신의 역할조차 외울 수 없었다.

유정민석 가끔 테러진압훈련을 했다. 그전에는 며칠 전부터 떨렸다. 내가 이걸 왜 해야 하나. 너무 하기 싫은데, 귀찮은 건 둘째 치고 왜 해야 하는지도 모르겠고. 이를테면 지하철 폭발물을 제거하거나 하는 일인데, 내겐 전혀 익숙하지 않은 일이고 거기서 가르쳐 주는 것이 너무 안 외워지는 것이었다. 내가 좋아하는 공부들은 머리에 쏙쏙 들어오는데, 총검술이나 그런 것들은 너무 안 외워졌다.

유정민석이 처음에 고민한 것은 의가사제대였다. 부대 역시 유정민석이 병역거부 의사를 밝히자 적극 말리며 의가사제대를 제안했고, 실제 재판에서도 통상 병역거부자들에게 내리는 징역 1년 6월의 형량이 아니라 집행유예를 선고하면서 병원에서 진단을 받아 다른 방법을 찾아보라고 주문했다. 본인도, 세상도 그를 '병역거부자'라기보다는 '복무부적응자' 혹은 '복무부적합자'로 규정했던 것이다. 유정민석이 입대 후 병역거부를 본격적으로 고민하면서 도움을 청했던 시민단체나 병역거부 활동가들 역시 크게 다르지 않았다. 이들은 유정민석의 병역거부를 일단 말렸으며, 본인의 생각을 좀더 정리할 필요가 있음을 주문했다. 당시 유정민석을 만났던 한홍구와 최정민은 그의 이야기를 처음 들었을 때, 기존의 언어와는 너무나 달라서 '병역거부자' 같지 않았다고 말한다.

그러나 유정민석은 부대나 재판부에서 주문한 "매력적인 오답"(의가사제대 제안)을 거부하고 병역거부자가 되기로 결심한다. 나 혼자만의 문제가 아니라, 구조의 문제라는 깨달음이 있었기에 가능했던 결정이었다. 동성애자의 정체성을 가진 이가 남성 중심적이고 위계적인 군대 문화를 견딜 수 없는 것은 적응해야 할 무엇에 실패한 '부적응'이 아니라고 생각했기 때문이다.

유정민석 [처음에는] 면제가 빠를 것 같다고 생각했다. 한 달 정도 길게 휴가를 나올 수 있는 기회가 있어서 그 기간 동안 생각을 정리하게 되었다. 그 과정에서 이것은 구조의 문제이고 내가 빠지면 편하겠지만, 병역거부하는 것이 좋을 것 같다는 생각이 들어서 병역거부를 결심했던 것 같다.

나약함을 고백하는, 그리고 옹호하는

힘든 고민 끝에 내린 병역거부 결정이지만, 자신의 마음을 글로 정리해서 '병역거부 소견서'라는 이름으로 세상에 말을 거는 것은 또 다른 어려움이었다. 그나마 '안전한' 언어로 인정되는 '양심의 자유'와 '반전평화'에 기댄 병역거부와는 또 다른 유정민석의 병역거부는 새로운 언어를 만들어 가야만 했다. 그는 군사문화, 남성성 등과 같은 것을 거부하는 것이 병역거부의 언어가 될 수 있는가에 대해 고민했다.

> **유정민석** 소견서를 작성하면서 단어를 택하는 것에 참 많이 힘들었다. 폭력이 남성성과 밀접한 것 같고, 군대가 만들어 내는 남성에 당연히 동성애자들은 맞지 않을 것이고, 남성이라는 호명에 부합하지 못하는 주체들이다. 그런 의미에서 본다면 평화주의 스펙트럼에 포함될 수 있을 것 같고, 그런 주류 남성성이나 등등에 문제 제기를 하는. 근데 확신이 들진 않았다. 개인이 그런 문화에 힘들어하는 것과, 정치적인 것과 바로 연결될 수 있는지.

유정민석의 고민은 개인만의 것은 아니었다. 운동 내부에서도 강고한 투사의 언어로 병역거부운동이 고정되는 것에 대한 경계가 있었다. 병역거부가 감옥행을 의미하는 상황에서 병역거부자의 언어가 순교자적인 느낌을 벗어나기란 쉽지 않았다. 감옥행을 견디는 신념, 양심을 지키기 위한 감옥행. 이는 병역거부운동 초기에 병역 '기피'와 구별을 만들기 위해 활동가들이 적극적으로 사용한 언어이기도 했다. 이 과정에서 병역거부의 언어는 점점 더 소수의 '대단한' 사람만이 사용할 수 있는 무엇으로 한정되어 갔다. 유정민석이 병역거부를 고민하면서도, 자신이 그 언어를 쓸 수 있을 정도로 대단하진 못하다고 느꼈을 만큼.

이 '투사'의 언어는, 비록 군사적인 남성성은 아니라고 하더라도 또 다른 방식의 남성적 '결기'로 이어졌다(강인화, 「한국 사회의 병역거부운동을 통해 본 남성성 연구」, 93~94쪽). 투사로서의 병역거부자는 어떤 의미에선 사회적으로 인정될 수 있는 또 다른 남성성을 표출하는 존재이기도 했다. 이러한 고민과 같은 맥락에서 여성학자 정희진은 한 칼럼을 통해서 군사주의에 저항하기 위해서는 남성다움을 요구하는 '거부'보다는 나약한 '기피'를 새롭게 인식하는 것이 필요하지 않는가라는 질문을 던졌다.

> 군사주의가 일상에 뿌리 깊은 한국 사회에서, 병역거부는 사회 전체의 군사주의 시스템에 도전하는 행위로 간주되기 때문에 거부자 개인의 엄청난 용기와 결단(강함)을 요구한다는 점이다. 그래서 병역거부운동에는, 사회가 요구하는 강한 남성성을 비판하기 위해서 그보다 더 강해야 한다는 역설이 존재한다. …… 하지만 이러한 저항도, 잔인한 명령을 단호히 거부할 수 있는 '남자다운' 사람이어서 가능한 것이 아니라, '두렵고 손이 떨려서 할 수 없는 나약함'을 옹호하는 데서 출발해야 한다고 생각한다. 강력한 군사주의에 저항하기 위해서 더 강한 남성다움을 요구하는 '거부'보다는, 나약함과 폭력 '기피'를 긍정적으로 재해석하는 인식의 전환이, 좀더 근본적인 따라서 현실적인 대안이 아닐까? (정희진, 「'양심적 병역기피'를 옹호함」)

최정민은 이 글이 당시 병역거부운동에 상당한 충격이었으며, 유정민석의 병역거부에도 상당한 영향을 미쳤다고 이야기한다.

최정민 정희진이 썼던 글이 당시 병역거부자에게 주었던 글의 충격은 상당했다. …… 그때가 마침 효웅[유정민석]이 병역거부를 했을 때였는데, 효웅의 병역거부 소견서가 자신의 두려움을 표현하는 것과 전통적인 병역거부자들의 신념 사이에서 갈등하고 있는 것처럼 보였다. 그래서 당시 활동가들은 효웅에게 너의 나약함이나 여성성을 드러내라고 조언했던 기억이 난다.

유정민석의 병역거부 소견서는 이처럼 본인의 고민과 함께, 운동의 성찰과 여러 자극들이 집약된 글이었다. 그는 인터뷰에서 자신의 소견서를 지금 보면 부족하기만 하다고, 당시 자신의 정서가 불안했고 언어도 부재했다고 말한다. 그러나 바로 그 불안함과 부재 속에서 또 다른 목소리가 만들어질 수 있었다. 소견서의 제목은 '나약하고 유약한 제 안의 여전사는 병역을 거부합니다'였고, 여기서 그는 "겁이 많고 어리버리한 제 심약함"을 병역거부의 '사유'라고 하기에는 미약할지도 모르겠다고 썼다. 그 미약함이란 바로 지금까지 병역거부의 언어가 담지 못했던 목소리가 존재함을 말하는 것이었다. 그리고 자신 안의 여성성을, 나약함을 긍정하면서 군대와 병역을 거부하는 병역거부자의 등장을 의미했다.

젠더 구획 짓기를 반대하는 페미니스트이자, 젠더 구획 짓기의 피안에 있는 게이인 저의 신념은 오로지 천편일률적이고 획일화된 남성성을 훈육, 교육시킴과 동시에 재사회화시키는 군대를 거부하려 합니다. …… '자매애'보다는 '전우애'를, '상생'과 '공생'보다는 상멸과 공멸의 결말을 가진 군사주의와 남성우월주의적인 군대를, 제 안의 겁 많고 어리버리한 여전

사는 온몸으로 거부합니다. (유정민석, 병역거부 소견서, 「나약하고 유약한
제 안의 여전사는 병역을 거부합니다」)

매력적인 오답을 거부하게 한 앎

유정민석이 자신의 나약함을 긍정하면서, '진짜 남자'가 되길 거부한다
고 선언했을 때, 그는 함께 활동해 온 성소수자운동·퀴어운동의 지지와
공감을 기대했다. 그러나 유정민석은 "왜 우리 같은 게이들을 나약하고
여성스러운 존재로 스테레오타입화하냐" 같은 적대적인 반응에도 맞닥
뜨려야 했다. "사내새끼가 이것도 못하냐"라고 윽박지르는 것은 군대만
이 아니었다. 나약함을 긍정하는 것은 병역거부운동, 동성애운동에서조
차 낯설고 어색한 무엇이었다. 유정민석은 자신의 병역거부를 통해 이
낯섦이 의미하는 '정상적' 남성성의 두터움을 보여 준 것이다.

유정민석이 '매력적인' 의가사제대를 거부하고 병역거부를 택했던
이유는 무엇이었을까? 부대에서 제대시켜 준다는데, 왜 군이 감옥에 갔
던 것일까? 그에게 왜 가장 '손해 보는 선택'을 했는지 물어봤다.

> **유정민석** 다른 선택을 하면 나중에 죄책감 같은 것이 들 것 같다는 생각도
> 들고, 그때 그렇게 구조의 문제를 알고 있으면서 나만 피하고 타협하는
> 게 아닐까 하는 생각도 들었다.

그는 부대에서 박노자나 권인숙이 쓴 군대 관련 책들을 품고 지냈
다고 한다. 군대가 너무 부당한데, 그 속에 자기편이 한 명도 없는데 의
지할 곳이 필요했고, 그 책들을 보며 위안을 얻었다고 한다. 설령 자신이

군대라는 구조를 거부하지 못한다 해도 군대가 부당하다고 생각하는 이들이 있음을 책을 통해 확인하면서 버틸 수 있었다고 한다. 그러나 앎이라는 것은 가진 자들에게는 권력이지만 그렇지 않은 사람에게는 고통이었다. 알면 알수록, 읽으면 읽을수록 더 부당함을 느꼈고, 더 견딜 수 없게 되었다. 그래서 그는 병역거부를 선택했다. 나약했기 때문에 얻을 수 있었던 앎으로, 자신이 절실하게 의지했던 앎으로, 그는 매력적인 오답을 거부할 수 있었다.

유정민석의 부모님은 말 그대로 '이중 충격'을 받으셨다고 한다. 아들이 동성애자인 것을 병역거부를 하겠다는 말과 함께 들으셨으니 말이다. 동성애자 병역거부자인 덕에 그는 수감 생활 내내 독방에서 생활해야 했다. 2008년 8월 14일 광복절 특사로 출소한 그는 아직도 독방의 찬 바닥에서 돌아간 입이 채 '정상'으로 돌아오진 못했지만, 예전처럼 사람들과 공부하고 수다 떨면서 열심히 살아가고 있다. 그리고 보다 적극적으로 군대와 젠더, 군사주의와 남성성에 대한 고민을 만들어 가고 있다.

유정민석 [최근에는] 군대는 젠더의 산물이고 젠더 위에서만 작동 가능하고, 젠더의 구별이 없었다면 군대도 없지 않았을까 하는 생각을 한다. 정희진 선생님이 이런 말씀 하시는데, 군대는 젠더로 작동되는 기관이라는. 남성성과 여성성 구분이 없으면 작동이 불가능하다고 보시더라. 지켜야 될 대상과 주체가, 주체와 타자의 이분법이 없으면 불가능한. 동성애자 복무 문제가 이슈인데, 군대 자체가 소수자들 하고는 친화적이지 않은 공간이고, 남성성을 계속 만들어 낼 수밖에 없는 공간인데 자꾸 편입하고 허용하라고 주장하는 것은 정말 핵심을 간파하지 못한 거라고 생각된다.

그의 이러한 고민에서 전쟁과 살인의 도구로서의 '군인'을 거부하는 병역거부의 언어가 채우지 못한, 보다 성 인지적인 평화의 언어가 생겨날 수 있을 것이라 믿는다. 물론 이는 유정민석만의 몫이 아닌, 병역거부운동을 이어 나가는 이들이 함께 나눠야 할 몫이다.

박석진, 이길준, 유정민석. 이 세 명의 병역거부는 흔히 말하는 병역거부의 '이념형'과는 조금 다른 사례일 수 있다. 모든 전쟁과 폭력을 반대하는, 그래서 입대나 집총 자체를 반대하고 대체복무를 요구하는 것을 병역거부의 전형이라 칭한다면, 이 세 명은 분명 그러한 모습과는 거리가 있다. 세 명 모두 복무 중에 병역거부를 선언했고, 보편적인 '반전 평화'를 말하기보다는 각자의 상황 속에서 구체적인 폭력을 거부했다. 굳이 분류를 하자면, 선택적 병역거부자에 가깝다고 할 수 있다. 그러나 1장에서도 말한 것처럼 이러한 구별은 체제가 그어 놓은 선일 뿐이다. 점점 더 많은 이들이 병역거부를 택할수록, 그 선은 끊임없이 지워지고 다시 그어질 수밖에 없다.

군 복무 중에 자신을 강제했던 구체적 폭력에 저항한 세 명의 병역거부자의 이야기를 담기로 한 것은 그들이 병역거부를 고민하고 택했던 순간의 구체적인 모습을 전하고 싶었기 때문이다. 병역거부의 맥락을 보다 가시적으로 보일 수 있는 사례를 택한 것이다. 구제나 경외의 대상이 아닌, 공감하고 연대할 대상으로 병역거부자를 만나기 위한 방식이었다.

7장 '감히' 징병제를 논하다

징병제에 대한 거부감은 일반적이었으며, 또한 당연했다. 아무리 그것이 '국민의 의무'라는 이름으로 주입되고 '신성한 희생'이라 미화되었어도, 신체를 구속하고 삶을 죽음의 위협으로 내모는 징병에 대한 민중들의 반감이 무마될 수는 없었다. 일제 시기 '총알받이'로 근대적 징병을 처음 체험한 한국 사회 역시 마찬가지였다. 해방 이후 동원의 주체가 달라졌지만, 몸에 새겨진 거부감이 사라질 순 없었다.

박정희 군사정권이 들어서면서 구성원들에 대한 통제와 감시, 동원 체계가 본격적으로 갖춰지고, 이와 함께 병역의 '도덕화'가 진행되었다. 병역이란 '의무'에 의문을 품는 것에는 '비도덕'이라는 낙인이 찍혔기에, 병역에 대한 사회적 거부감은 표출조차 될 수 없었다. 도덕화된 병역이 신성화될수록 군대 내부는 사람이 죽어 나가도 그 이유조차 알 수 없는 '지옥'이 되어 갔다. 병역을 피하고 싶은 마음은 간절해져 갔지만, 방법도 언어도 없었다. 부모 잘 만나 '빠지는 것'이 유일한 방법이라면 방법이었다. 민주화 이후 수많은 사회운동이 분출해 나왔지만, 병역은 여전히 접근 불가의 예외적 영역으로 놓여 있었다. 이 장에서는 이러한 역사적 배경을 딛고 일어선 병역거부운동이 어떻게 '감히' 그 병역과 징병제를 논했는가를 살피고자 한다. 병역거부운동은 자신의 목소리를 가지고 징병제라는 거대한 벽에 균열을 만들고자 했던 운동이었다.

1. 부재했던 저항의 언어

감히 이분들 앞에서

2002년 12월, 병역거부가 처음으로 텔레비전 토론에서 다루어졌을 때였다. 병역거부운동 쪽에서는 공동변호인단을 조직했던 임종인 변호사와 병역거부연대회의 공동집행위원장인 최정민 평화인권연대 활동가를 패널로 내보내려고 했다. 그러나 방송국에서 최정민이 여성이기 때문에 이 사안의 패널로 적합하지 않다는 의견을 보내왔다. 자신들도 병역거부를 지지하지만, 여성보다는 남성이 이야기해야 설득력이 있을 것 같다는 논리였다. 결국 최정민의 자리에 '남성'인 내가 앉게 되었다. 당시에 난 '미필자'였지만 방송국은 남자인 이상 크게 신경 쓰지 않았다.

이렇게 나간 토론에서, 나는 2002년 일어난 서해교전 전사자의 아버지와 마주해야 했다. 프로그램 제작진이 방청객으로 전사자의 아버지를 모셨고, 토론 중 발언요청을 한 것이다. 그분의 말씀을 들으며 난 제작진에 대한 분노로 눈을 감을 수밖에 없었다. 자식 잃은 슬픔을 견디기도 벅차신 분을 '군대 가면 비양심이냐'라는 수준의 질문이 반복되는 이 토론장에 모시다니. 방송이 끝나자마자 급히 그분을 찾아뵙고 말씀드렸다. 감히 아버님과는 비교도 할 수 없겠지만 저희도 아드님의 죽음에 너무나 마음이 아프다고. 아버님 보시기에는 저희가 나쁜 놈이겠지만 마음을 알아주셨으면 한다고. 그분은 어깨를 두드려 주시며 답해 주셨다. 너희들이 무슨 잘못이겠냐고.

당시에는 분노의 감정이 컸지만, 돌이켜 보면 "감히 너희들이 이분 앞에서도 말할 수 있는지 보자"며 병역거부자를 '전사자' 가족과 대면시킨 제작진은 병역의 작동 원리를 정확하게 간파하고 있었다는 생각이 든다. "감히 이분 앞에서"라는 논리는 병역거부에만 해당되는 것이 아니었다. 병역과 군대에 대해 조금이라도 저항하고 비판하려는 이들은 늘 이 목소리 앞에서 멈출 수밖에 없었다. 국가와 조국의 이름으로 죽은 이들 앞에선 '희생에 대한 추모'만이 유일하게 허용될 뿐이다. 그리고 이들의 희생으로 지킨 조국 위에 너희들이 있는 것이고, 너희들 역시 목숨을 걸고 이 나라를 지켜야 한다는 논리를 통해, 이 추모는 '의무'의 부과로 이어진다. 이것이 상비군을 유지하고 전쟁을 벌이는 근대 민족국가가 품고 있는 강력한 회로이다.

베네딕트 앤더슨Benedict Anderson은 무명용사의 기념비나 무덤보다 더 인상적인 근대 민족주의의 상징은 없다고 말한다(앤더슨, 『상상의 공동체』, 29~30쪽). 그는 '무명용사의 무덤'이 가진 상징적 의미를 정확하게 짚어 냈는데, '무명'이라는 공백을 통해 만들어질 수 있는 동일한 호명의 가능성과 추모를 의무로 잇기 위한 탈맥락화의 방식을 본 것이다. 한 사람 한 사람이 어떤 상황, 어떤 전쟁에서 죽었고, 그 죽음의 책임은 누구에게 있으며, 죽은 이로 인해 누가 어떻게 고통받고 힘들어했는가는 이 무덤 안에 담겨선 안 된다. 이들은 탈맥락화된 시공간 속에서만 국가와 조국을 위해 죽어간 '이름 없는 숭고한 희생자'로 구성되고 추모될 수 있다.

한국전쟁 당시 마구잡이로 끌려간 소년들, 달러를 벌기 위해 베트남에서 낯선 이들을 죽이고 죽어간 군인들 역시 국립묘지에선 '순국선열'이며 '호국영령'이다. 2010년 차가운 서해 바닷속에서 안타깝게 숨진 천안함의 젊은이들은 침몰하는 배 안에서 조국을 원망하며, 살고 싶다고 외치지 않았을까? 그러나 이들이 '자랑스러운 대한의 아들'로 명명되는 순간 그 간절한 목소리는 사라진다. 이 탈맥락화된 추모와 애도를 통해, 다른 선택이 있었다면 죽지 않았을지도 모를 이들의 죽음은 미화될 수 있고, 그들을 죽음으로 내몰았던 국가의 정당성도 유지될 수 있다.

조국을 지켜 내기 위하여 희생되었다고 명명된 전사자들에 대한 애도와 추모는 그들이 목숨 바친 조국과 후손들을 자신들이 계속 지켜 내야 한다는 '의무'로 이어진다(다카하시 데쓰야, 『국가와 희생』, 142~146쪽). "당신들의 죽음을 반드시 기억하고, 헛되이 하지 않겠다"라는 익숙한 국가의 추도사는, 또 다른 국민들에게 국가를 위해 목숨을 바쳐야 한다는 의무의 부과를 내포하고 있기 때문이다. 거대한 애도 분위기 조성, 추모 행사의 성대함은 의무를 떠안아야만 하는 이들에게 이를 똑똑히 보여 주기 위함이다. 국가를 위해 바친 목숨에 대해서 이만큼의 보상을 할 테니 죽음을 두려워하지 말라고. 일본의 전 수상 나카소네 야스히로中曽根康弘는 이를 완벽하게 표현했다. "나라를 위해 목숨을 바친 사람들에게 국민이 감사하는 것은 당연하다. 그렇지 않으면 누가 나라를 위해 목숨을 바치겠는가?"(필드, 『죽어가는 천황의 나라에서』, 155쪽에서 재인용). 이처럼 추모와 애도의 물결이 거셀수록 조국을 위한 희생이라 미화되는 군대와 병역에 대한 사회적 헤게모니는 공고해져 갔고, 다른 발화의 가능성은 말라 갔다.

'권리와 의무'에 가려진 저항의 역사

탈맥락화된 추모와 애도 속에서 '의무'로서의 병역이 공고해져 갔던 것과 함께, 권리와 의무의 교환이라는 논리 역시 저항의 언어를 봉쇄했다. 대한민국 모든 국민은 국방의 '의무'를 지닌다는 명제의 강력함 앞에서 병역거부자의 양심이나 반전평화를 향한 신념, 군대 문화의 남성성 비판은 나약하기 그지없었다. 민주주의와 인권의 정수와도 같은 '양심의 자유' 역시 국방의 의무 앞에선 유보되어야만 했다. 국민으로서의 '권리'를 누리기 위해서는 그 '의무'를 다하여야 했고, 그 의무가 싫으면 이 땅을 떠나라는 비난도 이어졌다. 구성원의 생명을 지키는 병역은 국민의 의무 중에서 가장 중요하다는 통념 속에서 '남성 전사戰士'가 가장 기본적인 국민 정체성으로 상정된다. 공동체 방위에 나서는 '희생'을 수행하지 않는 이들(여성, 장애인, 병역거부자 등)은 이등 시민으로 규정되고 이들에게는 사회적 발언권, 특히 안보 영역에 대한 발언권 자체가 부정된다.

그러나 권리-의무로 이루어진, 말끔해 보이는 법 논리 역시 앞선 희생의 담론처럼 '전쟁'이라는 역사적 맥락을 삭제해야만 가능해진다. 미셸 푸코는 표면상 중립적으로 보이는 '법'은 사실 정복과 전쟁, 불타는 도시 한가운데에서 생겨났으며, 그것의 본질을 확인하기 위해서는 전쟁으로 돌아가야 한다고 말한다(푸코, 『사회를 보호해야 한다』, 307~310쪽). 국민이라면 모두가 '신성한' 병역의 의무를 다해야 한다고 말하지만, 실상 병역과 징병제의 본질은 전쟁을 하기 위해 지배자가 민중들을 착취하는 억압적 제도였다. 그리고 민중들은 이 착취에 격렬히 저항해 왔다.

국민개병제의 원형이라 불리는 프랑스를 보자. 1793년 30만 명의 징집명령이 내린 후, 프랑스 국민공회가 맞닥뜨린 것은 방데 지방을 중심으로 한 서부 지방의 반란이었다. 반란을 일으킨 것은 구체제의 지지자도 왕당파도 아닌, 그저 자신들이 살던 고향을 떠나기 싫다는 절박하고도 당연하고 이유로 일어난 농민들이었다(최재희, 「징병제의 역사」, 225쪽). 개인의 자유를 숭상하는 영국에서 징병제에 대한 반발은 더욱 극심했다. 영국 정부는 징병제에 대한 사회적 반감이 엄청났기에 끝까지 제도 도입을 미루다가, 제1차 세계대전의 장기화에 따른 병력 부족을 계기로 1916년 징병제 법안을 통과시켰다. 법안 통과의 후폭풍은 엄청났는데, 내무장관은 항의 표시로 즉각 사퇴했고, 집권당이었던 자유당 내부조차 분열되었다(Adams and Poirier, *The Conscription Controversy in Great Britain 1900-18*, p.16). 영국 노동당의 한 의원은 "만일 징병제와 패배 중 택하라면 나는 징병제가 바로 패배"이며, 영국의 징병제 도입은 "독일 군국주의의 가장 위대한 승리가 될 것"이라고 비판하기도 했다(최재희, 「20세기 초 영국에서의 징병제 논쟁의 의미와 영향」, 222쪽).

이처럼 징병제에 대한 저항은 예외적인 것이 아니라 일반적인 것이었다(중동과 중앙아시아의 징병제와 그 저항에 대한 연구로는 Zürcher ed., *Arming the State* 참조, 미국·영국·프랑스에서 20세기 초반에 징병제를 가동하려 했을 때 벌어진 사회적인 논란들에 관해서는 Flynn, "Conscription and Equity in Western Democracies, 1940-75" 참조). 흔히 징병제의 원리처럼 이야기되는 '희생의 평등, 권리의 평등'은 권리와 의무 간의 평화로운 교환을 의미하는 것이 아니라, 국민개병제가 확산되자 국가의 일방적인 동원에 맞서 봉기한 민중들의 '슬로건'이었다. 우리는 고향 떠나고 농사도 못 지으면서, 왜 하는지도 모르는 전쟁에 끌려가고 있으니, 너희들이 가진 것들이라도 내놓으라는 외침이었다. 서구 국가들은 초창기에 물리적 탄압으로 이 저항에 대응하고자 했지만, 지속적인 '착취'를 위해서는 피착취자들의 동의를 이끌어 내야 한다는 깨달음을 얻고 선거권 확대와 의회 구성 등을 약속하는 협상을 통해 저항을 무마했다.

앤서니 기든스Anthony Giddens는 이를 '지배의 변증법'dialectics of control 이라는 개념으로 설명한다. 지속적인 자원 동원을 위해서는 자원 제공자의 최소한의 동의가 필요한데, 이를 위해서는 권력의 일정한 양보가 필요하다는 것이다. 바로 이것이 지배를 위해 권력을 나눴던 변증법이다. 기든스는 전쟁 이후의 선거권 확대에 주목하고, 전쟁을 수행하기 위한 자원 동원 과정이 근대의 민주화 과정과 밀접하게 관련된다는 점을 지적한다(*The Nation-State and Violence*, pp.10~11; pp.237~238). 야노비츠Morris Janowitz 역시 대중군대의 징집이 시민권의 확대, 그리고 다당제 의회기구의 등장에 주요한 역할을 했다고 지적했다(Janowitz, "Military Institutions and Citizenship in Western Societies", pp.353~366).

이러한 역사적 과정은 시민권에 대한 찰스 틸리의 정의에서 더욱 명확하게 확인할 수 있다. 틸리는 우리가 지금 시민권이라 부르는 것의 핵심이 "국가 행위, 특히 전쟁 수행 수단을 둘러싼 통치자들과 피치자들의 투쟁 과정에서 꾸준하게 의견 차이를 좁혀 온 많은 협상"들을 통해 이루어진 것이라 말한다(틸리, 『국민국가의 형성과 계보』, 164~165쪽). 이처럼, 서구 사회에서 민주주의와 시민권이란 전쟁 동원에 대한 민중들의 저항, 그리고 국가와의 협상 속에서 만들어졌다. 이것이 제도화되면서 '권리'와 '의무'의 평화로운 교환처럼 포장되었지만, 그 바탕에는 시민들의 손에 총을 들리게 하기 위한 국가의 치열한 탄압과 시민들의 저항이 깔려 있던 것이다. 그러나 이 역사는 먼지 속에 묻혔고, 전쟁과 투쟁은 법률 밑으로 숨겨졌다. 치열했던 착취와 저항의 역사 위에 권리와 의무의 교환이라는, 꽤 공평해 보이는 관념이 말끔하게 기입된 것이다.*

언어가 부재했던 울분

한국 사회는 앞서 서구의 역사와 같이 '지배의 변증법', 즉 전쟁 동원을 위한 착취와 이에 저항하는 민중들의 힘 사이에 일정한 타협이 만들어지는 과정이 없었다. 한국은 18~19세기 서구 사회에서 등장했던 병역을 통한 권리의 확장을 경험하지 못했으며, 일방적인 동원과 강제만이 있었을 뿐이다(문승숙, 『군사주의에 갇힌 근대』, 77쪽). 저항의 역사조차 가져 보지 못한 채 병역이 '국민'으로 살기 위해선 당연히 이행해야 하는 의무인 양 시작부터 내리꽂혔던 한국 사회에서 병역에 대한 비판적 언어는 상상하기조차 힘들었다.

　우리 사회가 징병제를 최초로 경험한 일제 말기, 총독부는 조선인을 대상으로 시행되는 징병제가 참정권과 같은 권리 요구로 이어지는

---

* **병역과 시민권** | 하지만 근대 국민국가에서 국민개병제 혹은 대중군대를 통해서 참정권으로 대표되는 시민권이 등장했고, 근대적 시민사회 구성의 주된 역할을 했다는 강력한 통념은 근대 서구의 특정 시기 및 지역에 한정되었을 때에만 '진실'이다. 병역과 시민권에 대한 경험적 자료를 바탕으로 한 연구들은 일부 서구 국가에서 나타났던 병역과 시민권의 교환 관계를 일반화시킬 수 없음을 지적하고 있다. 여성주의적 관점에서 병역과 시민권에 대해 분석한 유발 데이비스(Nira Yuval-Davis)는 시민권과 병역 사이의 연결은 경험적인 것이 아니라 이데올로기적인 것이라고 주장한다(*Gender and Nation*, p.89). 문승숙 역시 병역과 시민성의 연결은 역사적으로 보편적이지 않다고 말한다(『군사주의에 갇힌 근대』, 178쪽). 재거스(Keith Jaggers)는 전쟁과 국가건설의 관계는 자원 동원의 수준, 사회경제적 파괴의 정도, 그리고 전쟁 전의 사회적 성격에 따라 가변적이라고 보는데(Jaggers, "War and the Three Forces of Power", pp.36~62), 국민개병제와 같은 병력동원의 사회적 효과 역시 이러한 사회적 조건들 속에서 다양하게 나타날 수밖에 없다. 그렇기 때문에 전쟁 동원의 사회적 효과를 평가하기 위해서는 전쟁의 성격과 내용, 군사적 동원의 양식과 수준, 해당 국가의 역사적 유산과 사회적 조건에 대한 면밀한 검토가 수반되어야 한다(전상인, 「한국전쟁과 국가건설」, 204쪽).

것을 극도로 경계했다. 황군으로 끌려간 조선인들은 결국 아무 대가도 받지 못한 채 총알받이가 되어야 했다. 그렇다면 해방된 조국에서는 상황이 달라졌을까? 국가의 꼴도 갖추지 못한 상태에서 발발한 한국전쟁 속에서, 대한민국은 길거리에 다니는 이들을 잡아서 총을 걸치게 해보고, 총이 땅에 닿지만 않으면 끌고 갔다. 총구를 들이대며 집 안을 수색하는 일도 다반사였다. 그렇게 끌고 갔지만 한국전쟁이 끝난 이후 돌아온 귀환 병사들의 생계를 누구도 책임져 주지 않았다(『조선일보』, 1955년 6월 29일; 전쟁 직후 제대군인들의 상황에 대해서는 후지이 다케시, 「돌아온 '국민」 참조). 매번 선거 때마다 제대군인을 위한 일자리와 후생복지가 공약으로 내세워졌지만, 말뿐이었다(『진상』, 1957년 2월호). 안 갈 수 있으면 안 가야 하는 곳이 군대였다. 1960년 병역기피율이 40%에 육박했던 것은 전혀 이상한 일이 아니었다.

2장에서 언급했던 것처럼, '대한민국'이 만들어지는 과정은 이러한 내부의 저항과 불만을 폭압적으로 억누르는 과정이었다. 박정희 정권은 '입영율 100%' 사회를 만들고자 몽둥이를 꽉 움켜쥐었다. 주민등록제도와 같이 세계에서 유례없는 감시-통제 제도가 도입된 중요한 이유가 병역기피자를 색출하기 위함이었다는 것은 잘 알려진 사실이다. 정권은 '병역필'이 모든 직장의 채용 조건으로 들어가도록 함으로써, 군대에 갔다 오지 않으면 먹고살 수도 없도록 노동시장까지 통제했다.

물리적 통제를 강화함과 동시에, 병역을 '도덕'으로서 구성원들에게 내면화시키는 노력 또한 진행되었다. 병역은 나라를 지키기 위한 '선'으로 추앙되었고, 이를 기피하는 것은 '악'으로 낙인찍혔다. 학교 교육은 반공주의, 군사주의 교육으로 채워졌고, '새마을운동'과 함께 '기피자 없는 마을 만들기 운동'이 진행되었다(신병식,「박정희 시대의 일상생활과 군사주의」, 159~161쪽). 유신 시기 이는 정점에 달했는데, 사회악이 된 병역기피자의 이름은 공보에 게재되었고, 기피율은 결국 0%로 치달아 갔다. 그리고 마지막으로 남은 병역거부자들에게는 감옥에 가도 군대에서 가라는 '강제입영' 조치가 내려진다.

앞선 2장에서 병역거부자의 역사를 통해 징병제 형성의 폭력적 과정을 확인했지만, 그 폭력은 '선'을 넘는 누구라도 대상이 될 수 있었던 폭력이었다. 그 폭력을 예감한 이들은 감히 그 선을 넘을 상상도 하지 못하게 되었다. 이처럼 병역에 대한 정당한 보상을 받지도, 착취에 저항을 시도해 보지도 못한 채 '입영율 100% 사회'가 완성된 대한민국. 병역을 기피하고자 하는 심리는 광범위했지만, '도덕'이 된 병역 앞에서 감히 저항의 언어는 등장할 수 없었다. 언어가 부재한 상황에서 민중들은 표현할 수 없는 '울분'만을 쌓아 왔다. 그리고 이 울분이 병역에 대한 우리 사회의 모순적인 의식을 배태시켰다. 홍세화는 이 상황을 다음과 같이 표현한다.

> "솔직히 군대 가고 싶어 가는 놈 나와 보라고 그래" "그런데 왜 너희들만 안 가냐?" 맞는 말이다. 그런데 희한한 일은 지금까지 벌어진 논란의 과정에서 "솔직히 군대 가고 싶어 가는 놈 나와 보라고 그래"에 대해 따지는 경우는 없고 "왜 너희들만 안 가냐?"에만 집착한다는 점이다. 또 그럴 때마다 갑자기 애국자들이 대거 등장한다. (홍세화,「'분풀이'의 휘몰이가 섬뜩하다」)

이렇게 등장한 '애국자'는 도덕의 근엄한 목소리를 빌리지만 정작 그가 하고자 하는 말을 뱉지 못하는 주체이다. 징병제에 대한 비판의 언어, 저항의 언어가 부재했던 상황에서 피해의식은 결국 '평등주의'에 대한 강박으로 폭주했다. 민주화 이후 특권층의 병역기피가 중요한 사회적 쟁점으로 부각되었지만, 공공연한 비밀이었던 그 문제에 대한 대안적 토론은 만들어질 수 없었다. 다른 언어가 없는 상황에서 결론은 '모두 군대에 가자'일 뿐이었고, 이는 국가가 가장 원하는 목소리였기 때문이다. 국가의 목소리를 따라 외쳤던 이들은 결국 자신이 받은 피해와 상처를 남들도 받아야만 한다는 궁색함을 숨긴 채 군 가산점제나 병역거부, 이중국적자, 혹은 연예인 병역과 같은 사안으로 흘러가 계급적 울분과 군 복무에 대한 상처를 폭발시켰다. '애국자'들은 자신을 착취하는 국가의 언어에 기대서 '도덕'을 외쳤지만, 결국 분풀이 이상의 무엇이 되지 못했다.

지금까지 군대 문제, 징병제 문제에 대한 논의는 늘 이 틀 속에 갇혀 있었다. 여성과 장애인, 병역거부자 등을 배제하면서 만들어지는 가난한 시민권을 손에 쥔 군필자들은 이 분풀이를 통해서 자신의 고통을 보상받고자 하지만, 그들 역시 배제되어 있기는 마찬가지였다. 정작 군필자들조차 자신에게 죽을 고생을 시킨 권력에게는 '말할 수 있는 자격'도 '언어'도 갖지 못했기 때문이다.

그런데, 다른 목소리를 가진 이들이 등장했다. 비록 그들이 군대와 징병제 자체에 대해 적극적인 쟁점을 제기했던 것은 아니지만, 그들의 존재와 언어는 분명 기존의 틀에 균열을 가져오는 것이었다. 바로 병역거부자들이었다.

2. 징병제 담론의 균열

당당한 거부자

아무런 보상도 없는 일방적인 강제로만 작동해 왔던 한국 징병제하에서 병역기피 심리는 당연한 것이었다. 군 복무에 대한 나름의 '권위'를 인정하는 사회적 분위기가 존재하긴 했지만, 이는 앞서 언급했던 것처럼 미필자들을 배제하며 만들어지는 거짓된 권위였을 뿐이다. 그러나 '비도덕'이란 낙인과 함께 강력한 처벌과 사회적 고립이 기다리고 있는 '기피자'는 감히 택할 수 없는 선택항이었다. 물론 편법으로 '면제'가 된 이들도 있지만, 이들 역시 불안한 마음으로 살아가야만 했다(면제·기피·거부에 대한 차이와 긴장에 대해서는 이남석, 『양심에 따른 병역거부와 시민불복종』, 27~39쪽 참조).

부도덕하고 비정상적인 기피의 맞은편에는 '정상'적이고 '애국'적인 군 복무가 존재한다. 기피가 파렴치한 행위가 될수록 군 복무가 가진 '정상성'은 더욱 공고해져 간다. 유승준이 매장될수록, 연예인들에게 군 복무는 살아남기 위한 필수 조건이 되어 가는 것이다. 대안을 찾지 못한 이들은 결국 원하든, 원하지 않든 이 정상성을 받아들이면서 군인이 되었다. 이것이 군대에 가고 싶은 사람이 누가 있냐는 성토 뒤에 갑자기 '애국자'가 등장하는 또 다른 이유이다.

비겁한 '기피자'와 모범적인 '현역병'의 이항 대칭으로 이루어진 징병제 담론은 징병제 안에 두 개의 항만이 존재하도록 인식하게 하고, 그 항 중 하나를 결코 택할 수 없는 것으로 만든다. 감히 그 누구도 군대에 가지 않겠다고 '발화'하는 주체가 될 수 없도록 하는 것이다.

병역거부자들의 등장은 바로 이 징병제 담론에 균열을 만든 사건이었다. 군대에 가지 않겠다고 공개적으로 선언하는 이들. 자신의 생각과 신념을 담은 글을 '병역거부 소견서'라는 제목으로 사람들에게 나눠 주고, 이 선택의 결과가 감옥이라면 그것을 받아들이겠다고 말하는 이들. 이들의 등장은 징병제 담론이 품어 왔던 두 주체와는 구별되는 '당당한 거부자'의 위치를 만들면서, 이분법적인 대칭 구도에 균열을 만들었다.

오태양 이후 두번째로 공개적 병역거부를 선언했던 유호근은 통일운동을 하면서 오랜 시간 군대에 간다는 것이 스스로의 신념과 맞지 않다는 생각을 해왔다고 한다. 병역특례를 준비하면서 계속 입영을 연기했지만, 이런 방식이 무언가 잘못되었다는 느낌을 지울 수 없었다. 병역을 기피할 수도, 그렇다고 병역특례로 군 문제를 해결하는 것도 내키지 않는 상황에서 답답한 시간만이 지나고 있었다. 그때 유호근은 '병역거부'라는 단어를 봤고, 그것을 자신이 택할 수 있는 '선택항'이라고 확신했다고 한다. 자신의 감정과 갈등을 무엇이라 말할 수 없었던 그에게 비로소 언어가 생긴 것이다.

유호근 대학생 시절 통일운동, 민족운동을 했고. 내가 군대를 간다는 것은 모순으로 느껴졌다. 예전의 책들을 보면서 전방입소 거부, 지금은 개념이 없었지만 그런 것을 지금도 해야 하는 것 아닌가 하는 고민이 있었고. …… 민족주의, 통일운동의 관점에서 봤을 때 내가 지금 이곳에서 동족에게 총을 겨누는 행위는 문제가 있다는 생각은 했었는데, 여러 사람들과 대화를 해봤지만 군대는 갔다 와야지 이런 대답이 전부였기에 고민을 진척시키지는 못했지만, 그래도 나에게는 무언가 걸리는, 택할 수 없는. …… 그러다가 인터넷 어딘가에서 '병역거부'란 단어를 봤다. 그리고 바로 검색을 해서 관련 단체를 찾았고 그래서 연락을 한 것이 최정민 씨였다. '병역거부'란 단어를 보는 순간 무언가를 발견했다는 생각을 했다.

유호근을 비롯한 정치적 병역거부자들은 자신의 병역거부 이유를 기자회견 등을 통해 공개적으로 밝히고, 다양한 공간에서 발언해 나갔다. 운동 초창기에는 병역거부자의 '존재' 자체가 사실상 하나의 운동이었다. 범죄자로서 낙인찍혀서 응당 숨어 지내야 할 존재가 당당하게 돌아다니고, 더욱이 병역을 거부할 수 있는 '권리'까지 주장했던 것이다. 전쟁없는세상 활동가 양여옥은 당시 사회적 이슈로 막 떠오르고 있었던 병역거부를 대학생 신분으로 지켜보면서, 병역거부 선언자들의 신변이 걱정될 정도로 그들의 존재 자체가 충격적이었다고 말한다.

양여옥 '군대를 안 갈 수도 있구나, 거부할 수도 있구나'를 처음 알았다. 그런데 더 놀라웠던 것은 그렇게 안 간다는 사람이 사람들 앞에서 기자회견을 하는 것이었다. 나는 이런 신념을 가지고 있다. 그래서 군대에 갈 수 없다. 지금 생각해 보면 그 내용이 더 중요했지만 당시에는 거기까지 생각이 미칠 수도 없었다. 군대에 안 가고 감옥에 간다니. 저 사람 테러라도 당하지 않을까 걱정되었을 정도였으니까.

새로운 자리, 새로운 언어

군대에 대한 비판적 문제 제기가 불가능했던 상황에서, 개인이 이 시스템에 저항할 수 있는 방식 역시 부재했다. 그러나 병역거부가 등장하고 저항의 주체로서 병역거부자의 자리가 생겨나자, 비록 그 대가가 감옥이라고 하더라도 병역과 군대를 비판하고 거부하는 다양한 신념이 병역거부라는 이름으로 등장했다. 이는 사실상 군대와 징병제에 대한 '시민불복종'이었다(이남석, 『양심에 따른 병역거부권과 시민불복종』, 219~225쪽 참조). 양극단만이 존재하던 징병제 담론에 '당당한 거부자'의 자리가 만들어지자, 이 자리는 오랜 시간 억눌려 왔었던 징병제에 대한 문제 제기의 통로로서 기능한 것이다.

가장 대표적인 것은, 5장 3절에서 살폈던 것과 같이 성 소수자의 정체성을 가진 이들의 병역거부였다. 이들은 성 소수자의 정체성을 비정상이라 규정하면서 정상적인 남성성을 주입하는 군대를 병역거부를 통해 비판했다. 군대가 만드는 '정상'-'비정상'이라는 관념에 대한 비판적 문제 제기는 장애인권운동을 하는 권순욱의 병역거부에서도 확인할 수 있다. 장애인권운동을 하는 이로서 장애를 비정상으로 규정하고 배제하는 군대에 참여할 수 없다는 것이 그의 외침이었다.

> 저는 현재 장애인 단체에서 활동하고 있습니다. 우리 사회의 장애인 문제의 핵심은 군대가 병역의 의무를 부과하는 '신체 건강한 남성'의 정상성 규정과 일맥상통합니다. 바로 '신체 건강한'이라는 획일적인 기준, 획일적인 사고가 사회를 만들었습니다. 장애인은 사회적 약자로서의 장애인, 즉 비장애인 중심의 사회 안에서 배제된 사람들일 뿐입니다. 하지만, 사회는 끊임없이 기준을 정해 정상과 비정상을 나누고 그 기준에 맞추어 사람을 획일적으로 양성할 뿐입니다. (권순욱, 병역거부 소견서)

징병제하에서 '비국민'으로 규정되는 또 다른 주체인 여성 역시 병역거부운동에 적극 연대했다. 1999년 군 가산점 논쟁 등을 통해서 군대와 징병제가 양산하는 남성성의 폭력을 '바닥'까지 체험한 여성주의자들은 병역거부가 가진 젠더적 의미를 밝히면서, 병역거부운동에 적극적으로 함께했다. 2002년 9월, 이화여대 총학생회의 기자회견문은 그 연대의 맥락을 잘 보여 준다.

여성들이 양심에 따른 병역거부를 지지하고 반전평화를 이야기하는 것은 징집의 대상인 남성들을 지지하는 차원에 머무르지 않는다. 애초에 징집 대상에서 제외되면서 사회가 규정한 정상성에서 벗어난 이류 인간, 열등한 인간으로 취급받는 여성, 장애인, 트렌스젠더와 전쟁 시 죽어 가는 민중의 80%를 차지하는 여성, 아동, 노인 등 이 땅의 모든 사회적 소수자들과 함께 군대와 징병제 그 자체가 양산하고 있는 정상/비정상의 사회적 범주를 뛰어넘어 군대와 징병제로 인하여 차별받고 소외받지 않는 사회를 만들기 위해서이다. (이화여자대학교 총학생회, 「성명서: 이화인은 여성의 이름으로……」)

또한 병역거부는 정세적 '실천'을 위한 언어로 자리매김하기도 하였다. 앞서 살핀 강철민과 이길준의 병역거부는 구체적인 목표를 위한 저항으로서의 병역거부였다. 강철민은 현역 이등병의 신분으로 한국군의 이라크 파병에 반대하는 병역거부를 했다. 그는 자신의 행동을 병역거부라기보다는 군인으로서 파병에 반대하기 위한 최대한의 '무엇'이었다고 말한다. 그 무엇을 찾던 그는 당시 이라크 전쟁을 이유로 병역거부를 선언했던 염창근의 기사를 신문에서 접한 후, 자신이 저항할 수 있는 '언어'를 찾았다고 느꼈다. 이길준의 경우 현역 의무경찰의 신분으로서, 진압의 도구로 젊은이들을 내모는 전·의경제도 폐지를 요구하며 병역거부를 선택했다. 그에게 병역거부는 스스로의 양심을 지키기 위한 행동일 뿐만 아니라, 한 개인이 자신의 저항을 사회적으로 발언할 수 있는 수단이기도 했다.

탈맥락화된 애도와 추모를 넘어서

징병제 담론에 균열을 내면서 새로운 자리를 만들었던 병역거부자의 언어를 보다 적극적으로 평가해 보자면, 탈맥락화된 희생과 의무의 담론에 '맥락'과 '폭력'을 기입하는 언어라고 말할 수 있다. 앞서 언급했던 것처럼, 국가가 국민들의 손에 총을 들리고 전장에 세우기 위한 '의무로서의 병역'은 전사자에 대한 탈맥락화된 애도와 추모를 통해 헤게모니를 확보한다. 병역거부자들은 바로 그 전사자가 싸웠던 전쟁, 전투, 그들의 고통과 그들이 만들었을지도 모를 타인의 고통을 탈맥락적 애도와 추모에 기입하면서, 국가가 요구하는 '의무'의 본질을 말한다. 이들은 "권리를 얻기 위해 의무를 다한다"는 추상화된 단어들 속에 가려진 '전장의 기억'을 드러낸다.

앞서 언급한 베네딕트 앤더슨의 '무명용사의 묘지와 비석'으로 다시 돌아가 보자. 앤더슨은 이 기념비의 '텅 빔'을 주목했다. 이 텅 빔 속에서 한 사람 한 사람이 어떻게 죽었고 왜 죽었는지에 대한 이야기는 지워지게 되고, 산 자도 죽은 자도 침묵을 강요받는다. 그러나 죽은 자는 정녕 말을 할 수 없을까? 도미야마 이치로는 『전장의 기억』에서 그렇지 않다고 본다. 죽은 자들은 물리적인 발화 능력이 없어서 침묵하는 것이 아니다. 오히려 죽은 자를 대신해서 말하고 있는 권위주의적 '이야기'가 죽은 자들의 침묵을 강요하는 것이다. 그는 만약 대신해서 말하는 행위를 멈춘다면 죽은 자들이 말문을 열지도 모른다고 말한다. 말문을 열 가능성의 장. 침묵하고 있음을 빌미로 장엄하게 울려 퍼지는 '국민의 이야기'에 가린, 산 자와 죽은 자들의 진짜 목소리가 조금이라도 울릴 수 있는 공간(도미야마 이치로, 『전장의 기억』, 92~94쪽). 난 분명 병역거부의 언어가 그 '공간'을 창출하는 데 기여하고 있다고 본다.

용산 전쟁기념관의 베트남전 전시 패널에는 이런 설명이 적혀 있다. "한국군은 베트콩을 상대로 혁혁한 전공을 거두었고, 나아가 활발한 대민 지원 활동을 펼쳐 한국군의 위용과 용맹함을 전 세계에 과시했다." 병역거부자는 그 '이야기'가 가진 존재에 귀 기울인다. 전 세계에 과시했다는 한국군의 위용과 용맹함에는 지금까지도 내려오는 베트남 민중들의 울분이 담겨 있는가? 그리고 스스로를 그 자리에서 총을 들었던 이들의 위치에 세운다. 두렵지 않았을까? 사람 죽이는 것이, 명령 속에서 살인하는 노예가 되는 것이, 친구로 만날 수 있었던 이들을 자신의 손으로 학살한 기억을 안고 살아가는 것이. 무덤 속에서 침묵하고 있는 이들의 두려움, 병역거부자들은 그 두려움을 자신의 목소리로 말한다.

내가 알지도 못하는, 어쩌면 친구로 만날 수도 있었을 그런 사람들을 향해 총부리를 겨누고, 어느 순간 명령에 따라 총을 쏴야 하는 순간이 닥칠까 두렵다. (안홍렬, 병역거부 소견서, 「나는 왜 병역을 거부하는가」)

따라서 나는 총을 들 수 없다. 만일 조준의 대상이 나와 같은 동시대의 시민이라면, 그의 불안과 슬픔 혹은 냉정함과 광기를, 어떠한 이유로도 견뎌 낼 수 없기 때문이다. (김치수, 병역거부 소견서)

이 두려움을 인정한다면, 이제 '평화'를 위해 기억하고 추모해야 할 것은 전사자들의 용맹한 무용담이 아니라, 두려움이 놓여 있는 자리일 것이다. 병역거부자들의 언어에는 조국, 국민, 희생과 의무 같은 공허한 언사가 아닌 두려움을 품었던 자리, 그리고 그 자리에 존재했던 사람들의 목소리가 담겨 있다. 1948년 여순사건에서 운동장에 끌려나와 빨갱이란 지목 한 번에 국군에 의해 총살당했던 '자국민', 1949년 12월 24일 문경 석달마을에서 일어난 민간인 학살 속에서 방아쇠를 당겼던 군인, 1980년 5월 광주의 계엄군과 2003년 이라크로 떠난 자이툰 부대, 조국을 지킨다는 것에 가려진 핏빛 장면들과, 총구 앞에 섰던 사람의 이야기. 배제되고 삭제되어 왔던 이 목소리들이 총을 들 수 없다고 선언하는 병역거부자의 언어 속에서 현재화되고 있는 것이다.

앤더슨은 무명용사의 이름을 발견하거나, 텅 빈 기념비 밑에 진짜 유골을 채우길 주장한다면, 그것은 '괴이한 근대적 신성모독'이 될 것이라 말했다(앤더슨, 『상상의 공동체』, 29쪽). 난 병역거부의 언어가 바로 이 '신성모독'을 수행하고 있다고 본다. 그리고 이 신성모독의 언어를 숱한 손가락질 속에서도 꿋꿋하게 발화해 나가는 것이, "자랑스러운 대한의 아들들을 결코 잊지 않겠다"라는 탈맥락화된 애도와 추모의 효과를 조금이나마 흔들 수 있는 가능성이라 믿는다.*

3. 안보의 벽을 허무는 활동들

안보 영역의 민주화

징병제 담론에 균열을 만든 병역거부운동은 시민사회가 안보 영역에 개입할 수 있는 상상력을 형성하는 데에도 큰 기여를 했다. 안보 영역은 국가 상층 엘리트만이 결정하고 집행할 수 있다는 이데올로기가 강하게 자리 잡고 있다. 외부의 '적'으로부터 내부를 지킨다는 명목으로 안보 영역은 철저히 기밀화되고, 시민사회의 개입 역시 차단되어 온 것이다. 따라서 안보 영역의 민주화란 소수 권력층이 배타적으로 독점하고 있던 안보 영역을 '사회화'하고, 국가주의적 안보정치를 민주적으로 재구성하는 시도이다(이대훈, 「안보섹터-시민사회 관계의 민주적 개혁방안」).

참여연대 협동사무처장이자 평화운동가인 이태호는 대인지뢰반대운동과 병역거부운동이 한국 사회에서 안보 영역의 민주화에 선도적인 역할을 했다고 평가한다. 그는 두 활동 모두 기존에 시민사회가 개입할 수 없다고 여겨 왔던 안보 영역에 도전한 운동이었으며, 평화의 감수성과 안보 문제에 대한 시민 통제에 있어서 직접적인 확장을 가져왔다고 말한다.

---

* **추모와 애도의 맥락** ㅣ 일본 전사자에 대한 추모를 놓고 다카하시 데쓰야(高橋哲哉)가 가토 노리히로(加藤典洋)와 벌였던 논쟁은 추모와 애도의 '맥락성'에 중요한 시사점을 준다. 가토 노리히로는 야스쿠니와는 다른 형태로 일본의 전사자들을 '먼저' 참배하는 것이 헌법 개정이나 전쟁 책임과 같은 문제로 양분된 일본 사회를 통합할 수 있는 길이며, 이러한 통합을 바탕으로 아시아의 피해에 대한 사과와 해결 역시 이루어질 수 있다고 봤다. 이에 대해 다카하시 데쓰야는 '자국의 사망자'이기 때문에 먼저 인정하고 추모하는 것은, 결국 그 자국의 사망자가 왜 죽었고 어떻게 죽었는지에 대한 기억이 없는 공허한 추모이기에 진정한 애도도 사죄를 위한 시작도 될 수 없다고 비판했다. 이러한 추모에선 '아시아의 죽은 타자'들이 배제될 수밖에 없으며, 일본의 전사자와 타국의 사망자들에 대한 '필연적 관계'의 역사가 제거되기 때문이다(가토 노리히로, 『사죄와 망언 사이에서』; 다카하시 데쓰야, 『일본의 전후책임을 묻는다』 참조).

이태호 2000년을 전후로 해서 국방 분야의 문민 통제를 목표로 해서 벌어진 운동이 있었다. 하나는 대인지뢰운동. 이것은 양심적 병역거부보다 아주 근소하게 앞서서 벌어진 운동이다. 이 운동은 국제 평화운동에서 생겨난 상상력과 이념, 행동양식의 결정체로서 노벨평화상을 받았고, 저렇게도 평화운동을 할 수 있구나 하는 상상력을 한국 평화운동가들에게 주었다. …… 실제 대인지뢰가 어디 매설되어 있는가를 공개할 수 있는가에 대한 논쟁이 일어났으며, 또한 비인도적 무기에 대해서 시민이 발언할 수 있느냐, 그것을 제한할 수 있느냐의 사회적 논란이 발생했다. …… 이것과 함께 우리나라와 같은 군사주의 사회에서 가장 뇌관 같은, 하지만 반드시 짚고 넘어가지 않을 수 없는 문제로 병역거부가 등장하게 되었다. 평화의 감수성과 안보 문제의 시민 통제에 대해서 아주 단도직입적이었던 대인지뢰운동과 병역거부운동은 기념비적인 운동이라고 할 수 있다.

1990년대 후반에 등장했던 대인지뢰반대운동은 한국 사회에서 최초로 민간 영역이 무기와 관련한 사안에 구체적인 개입을 시도한 활동이었다. 시민사회가 특정 무기를 반대하고, 그 무기에 대한 정보를 군에 요구하고, 대중적인 운동의 흐름을 만들어 냈던 경험은 분명 안보 영역과 관련한 사고의 폭을 크게 키우는 데 기여했다. 안보 영역에 대한 이런 방식의 개입을 통해 당시 걸음마 단계였던 한국 평화운동은 하나의 계기를 가지게 되었다. 이태호는 병역거부운동 역시 그러한 맥락에서 평가할 수 있음을 지적한 것이다.

병역거부운동의 중심에 놓여 있었던 대체복무제 개선을 '안보 영역의 민주화' 관점으로 접근해 본다면, 군 인력 정책에 대한 시민사회의 개입이었다고 할 수 있다. 병역거부운동은 여기서 한 걸음 더 나아가 한국 사회에서 적정 군 병력의 규모에 대한 사회적 논의가 단 한 번도 이루어지지 않았음을 지적했다. 병역거부라는 통로를 통해, 비대한 군대를 그대로 유지하는 것이 과연 올바른 것인가에 대한 질문을 제기한 것이다.

> 한국 사회는 1954년 한국군을 60만 대군으로 성장시킨 이래 단 한 번도 한국군의 적절한 규모가 얼마인지에 대해 시민사회 차원에서 논의해 본 적이 없다. 한국은 현대전의 양상 변화, 동서 냉전체제의 붕괴와 남북관계의 변화, 한국 사회의 경제성장과 민주화 등의 요인을 감안하여 군 구조 개편을 포함한 국방 개혁이 절실하게 요구된다. (병역거부연대회의, 「타이완 대체복무제도 시찰 보고서」)

선구적으로 한국 병역거부운동에 대해 정치철학적 연구를 진행한 이남석은 병역거부운동이 지난 50년 동안 금기시되어 왔던 군과 병역의무에 대한 질문을 던지고 있으며, 현재 적정 군사력의 규모와 바람직한 국방정책, 군대 인권의 부분까지 문제의식을 확장해 나가고 있음을 지적한 바 있다. 그의 이러한 주장은 병역거부자 염창근과 이용석의 글을 통해 뒷받침된다. 염창근은 "한반도 평화를 위해서는 남북 모두 군비 감축에 나서야 한다. 군 복무기간 단축과 대체복무제 도입은 한반도 평화 군축을 위한 작은 출발이 될 것"이라고, 이용석은 "대체복무제가 도입돼 모든 청년들이 대체복무를 선택하면 군사력을 유지할 수 없다고 말하지만, 이제까지 얼마만큼이 적정 군사력 규모인지에 대한 사회적 합의가 이뤄진 적은 없다"라고 말했다(이남석, 『양심에 따른 병역거부와 시민불복종』, 228~231쪽). 이러한 병역거부운동의 문제 제기는 시초적인 비판으로서 가지는 의미를 넘어서서 구체적인 사회운동으로 이어졌다. 군 인권운동, 전·의경제 관련 운동, 무기 거래 감시 운동 등이 그 예라 할 수 있는데, 그 각각을 간략하게 살펴보고자 한다.

예비역의 박탈감을 해결해야 한다, 군 인권운동

"대체복무제가 개선되면 군 인권이 향상된다"는 것은 대만의 사례를 근거로 병역거부운동이 주되게 사용했던 언사 중 하나였다. 실제 대만의 경우 군 복무와 대체복무가 현역복무의 '선택항'으로서 경쟁하게 되면서 군 복무 조건이 개선되었고, 대체복무제 개선을 통해 한국 사회에서도 이런 긍정적 효과가 발생할 수 있다고 생각했기 때문이다. 하지만 운동의 주체들은 여기에 안주하지 않고, 직접적으로 군 인권의 개선을 위한 활동을 벌여 나갔다.

병역거부운동을 진행하는 과정에서 활동가들은 군 복무를 마친 예비역 사이에 만연한 박탈감을 매 순간 확인할 수 있었다. 이 문제가 해결되지 않고서는 병역거부뿐 아니라, 군대에 대한 합리적인 논의조차 전개될 수 없을 것이라는 절절한 공감대가 형성되었다. 한홍구는 이 공감대를 바탕으로 군 인권운동이 필요함을 적극 제기하면서 활동을 조직해 나갔다. 외부적으로는 병역거부운동과 독립적인 활동이었지만, 그 주체와 맥락에 있어서는 병역거부운동의 확장인 셈이었다. 한홍구는 병역거부운동이 가진 사회적 반감으로 인해 독립적인 외양을 취했지만, 이제는 이 둘 사이의 관계가 온전하게 평가받을 필요가 있다고 이야기한다.

한홍구 [군 인권 문제를 제기하면서] 그 중에서 제일 약한 고리라고 생각했던 부분이 군대 월급 문제였다. 하지만 연대회의의 입장이나 병역거부운동이 직접적으로 월급 문제를 제기하지 못했다. 그랬다면 어땠을까? 월급 오른 것에 대해서 공치사를 했다면 어땠을까? 사실 우리가 올린 것이다. 연대회의 회의에서 논의되었지만, 연대회의 이름으로 하면 역풍이 우려되었기에 내가 그러지 말자고 했다. …… 어찌 보면 연대회의의 언더 활동이었다고 볼 수 있다. 이런 활동을 한 것이 우회일 수밖에 없지만 병역거부 인정을 위해서는 국민의식이 변해야 하고, 그러기 위해서는 잘못된 피해의식을 깨야 하는데 그러기 위해서는, 새로운 피해자들이 적게 나오기 위해서는 군대 인권이 개선이 되어야 한다고 생각했다. …… 그런데 그것이 병역거부운동으로 어떻게 다시 돌아왔느냐를 살펴보면, 그 작업은 부족했던 것 같다.

병역거부운동은 당시 사병 월급 개선이라는 문제의식을 담은 『한겨레21』의 기획 '대한민국 사병은 거지인가'가 만든 사회적 분위기를 적극 활용하여 이슈화시켜 갔다(『한겨레21』, 2002년 9월 26일). 또한 2005년 병역거부운동 활동가들을 주축으로 진행된 성공회대학교 인권평화센터의 『군대 내 인권 상황 실태조사 및 개선 방안 연구』도 이후 군 인권교육 등과 같은 활동으로 이어져 갔다(이 프로젝트에 참여했던 병역거부자 임태훈은 이후 '군 인권센터'http://www.mhrk.org를 설립하고 군인 인권운동을 주도적으로 만들어 가고 있다). 병역거부운동의 군 인권 활동은 병역거부에 대한 반대여론을 해결할 수 있는 장기적인 방법이라는 맥락에서 시작된 것이지만, 이후 한국 사회의 군사주의를 극복하기 위해 군 내부의 인권과 병영문화를 향상시키는 것을 목표로 하는 독자적인 흐름으로 발전해 갔다.

진압의 도구가 아닌 사람으로, 전·의경제도 폐지 운동

2008년부터 본격화된 전·의경제도 폐지 운동 역시 병역거부운동의 흐름 속에서 만들어진 활동이었다. 2008년 촛불집회 정국에서 당시 전경이었던 이계덕의 육군 전환복무 신청과 의경이었던 이길준의 병역거부 선언은 병역거부운동의 주체들이 전·의경제 폐지 활동을 구성하게 된 계기가 되었다. 이계덕의 육군 전환복무 신청은 육군에 입대한 이들이 전투경찰로 전환되어 배치되는 현실에 대한 나름의 저항 방식이었다. 시위 진압은 자신이 알던 국방의 의미가 아니며, 육군으로 다시 돌아가 복무하겠다는 요청이었다. 그의 전환복무 신청이 촉매가 되어 병역거부 운동을 통해서 함께 활동했던 이들을 중심으로 '전·의경제 폐지를 위한 연대'가 결성되었다. 이후 의경으로서 전·의경제 폐지를 주장하며 병역을 거부한 이길준의 선언까지 이어지자 운동은 보다 힘을 받게 되었다.

병역거부 활동가들은 이계덕과 이길준의 저항이 부당한 폭력을 거부하는 병역거부의 맥락 속에 있다고 판단했다. 때문에 제도적 모순을 지적하는 것을 넘어서서, 전·의경제가 현역 복무보다 내부 주체들에게 군사주의를 더욱 강력하게 주입하는 공간이라는 점을 강조했다. 전·의경들은 집회 진압에 동원되면서 사실상 매일 '전투'를 치르고 있다. 그 과정에서 민간인을 적으로 간주하고, 그 적을 진압하는 경험을 쌓아 간다. 병역거부 활동가들은 이 구조를 비판하면서 전·의경들을 '인간'이 아닌 폭력의 '수단'으로 만드는 메커니즘에 비판의 초점을 맞췄다.

모든 군인은 인간이다. 누구나 군인이 안 될 수는 있지만 인간이 아닐 수는 없다. 그 어떤 권력과 폭력도 한 사람의 인간성을 완전히 말살할 수는 없다. 촛불집회에 나온 전·의경들의 마음속에도 분명 '인간'이 있다. …… 아무리 시스템에 복종하는 인간이라고 하더라도 그 양심에 반하는, 혹은 인도에 반하는 행위에 동참하는 경우에 그 책임을 피할 수 없음을 인식해야 한다. (전·의경제 폐지를 위한 연대, 「전·의경제도의 실태와 문제」)

전쟁으로 재미를 보는 자들을 감시하는 운동

병역거부활동가들과 병역거부자들은 2007년, 병역거부운동의 국제 연대에 있어 주요한 고리였던 전쟁저항자인터내셔널 국제회의에 참여하면서 '전쟁수혜자'War Profiteer 운동을 접하게 되었다. 전쟁수혜자 운동은 전쟁으로 이익을 얻는 자들, 특히 무기 관련 기업들에 대한 감시와 견제를 하나의 사회운동으로 구성한 것이었다. 이라크 점령을 통해 이윤을 얻고 있는 거대 기업들을 평화운동이 감시할 필요가 있다는 문제의식에서 출발한 것이다.

미국 34대 대통령인 아이젠하워는 1961년 퇴임연설에서 "미국의 민주주의는 거대하고 음험한 새로운 세력의 위협을 받고 있기 때문에 경계하지 않으면 안 된다. 그것은 군산복합체military-industrial complex다"라고 말했다. 무기 상인과 군수산업의 존재야 물론 전쟁 그 자체만큼이나 오래되었지만, 냉전체제하에서 이들은 극단적인 군비 경쟁을 바탕으로 한 전쟁의 산업화·첨단화에 힘입어 비약적으로 성장해 나갔다. '무기 상인'들은 이윤 창출을 위해 사회 각 분야에 침투했고, 사회 전체를 전쟁으로 끌어당겼다. 2003년 미국의 이라크 침공 이면에 전쟁을 통해 이윤을 얻고자 했던 수많은 기업들이 있었음이 밝혀지면서 그들의 존재가 다시금 주목받게 되었고, 전쟁수혜자 운동 역시 촉발된 것이다.

2007년, 병역거부 활동가들은 전쟁수혜자 관련 활동을 한국에서도 시작하고자 작은 세미나 그룹을 조직했다. 이를 바탕으로 꾸려진 '무기제로팀'이라는 모임은 무기 관련 사안에 대한 감시와 개입을 위한 활동을 벌여 가고 있다. 2008년에는 국회 국방위원회 국정감사 모니터링을 하였으며, 그해 10월 1일 국군의 날 군사퍼레이드에 반대하는 기자회견과 캠페인을 진행했다. 2009년부터는 보다 구체적으로 집속탄cluster munitions, 集束彈* 관련 사안에 초점을 맞춘 활동을 전개하고 있다. 구체적으로는 집속탄 관련 해외 자료를 번역해서 국내에 소개하고, 한국 정부에 집속탄 금지협약Convention on Cluster Munitions에 가입할 것을 촉구하며, 집속탄을 생산·수출하고 있는 국내 기업인 한화와 풍산 측에 생산 중단을 요구하는 직접행동을 꾸준히 펼치고 있다.

전쟁없는세상 활동가이자 무기제로팀에 참여하고 있는 양여옥은 무기 감시 활동이 인적 구성뿐만 아니라 그 문제의식에 있어서도 병역거부운동과 밀접한 연관성을 가진다고 평가한다.

양여옥 한국에서 생산해 수출하는 무기들이 분쟁지역으로 팔려 나가고 전쟁에서 사용되어 사람을 죽이고 있었다. 한국 기업이 만든 집속탄은 이라크와 레바논에서 사용되어 수많은 사람들의 목숨을 앗아 갔다. 그 죽음의

---

* **집속탄(확산탄)** | 공중에서 터지면서 그 안에 있던 수백 개의 소폭탄들이 반경 수백 미터로 퍼지는 방식의 산탄형 폭탄으로서 '죽음의 비'라고 불린다. 살상력도 살상력이지만, 소폭탄 중 상당수가 불발탄으로 남아 있다가 대인지뢰처럼 터지기 때문에 국제사회에서는 대표적인 '비인도적 무기'로 분류되어 있다.

책임은 우리에게도 있는 것이다. 그리고 이는 병역거부운동과도 분명 맥이 닿아 있다. 자신에게서 시작하는 폭력에 대한 성찰과 고민이 있기 때문이다.

언어가 부재했던 울분. 비겁한 '기피자'와 모범적인 '현역병'의 대립으로만 이루어진 징병제 담론. 병역거부자와 병역거부운동의 사회적 등장은 이 해묵은 구도를 깨고 새로운 언어를, 새로운 자리를 만들어 냈던 '사건'이었다. 대체복무제 개선이라는 현실적 목표에 운동이 집중되면서 징병제와 병역 자체에 대한 문제의식을 충분히 외화하지는 못했지만, 병역을 '거부'할 수 있다는 것, 그리고 그 거부자들과 활동가들이 자신의 목소리로 감히 '징병제'를 논했다는 것은 분명 두터운 안보 영역에 균열을 만든 의미 있는 도전이었다. 그리고 이 도전은 군대 인권 개선 운동, 전·의경제 폐지 운동, 무기 감시 운동 등으로 확장되어 나갔다.

물론 안보 영역에 대한 문제 제기는 2000년대 병역거부운동 이전에도 존재했다. 6장 1절에서 살폈던 것처럼 전·의경제에 대한 문제 제기, 군대 내부의 민주화 요구, 그리고 군축 관련 주장들도 등장해 왔다. 또한 여성운동을 중심으로 1990년대에 군축과 관련해 '방위비 삭감 운동'과 같은 대중적인 활동이 진행되기도 하였다(김엘리, 「여성들이 하는 군축·반전운동」, 150~162쪽). 그럼에도 양심적 병역거부운동을 안보 영역의 민주화를 시도한 시초적인 운동으로 평가하는 이유는 병역과 군대, 안보 영역이 가지는 '신성성'의 가장 근저까지 침범한 운동이었으며, 구체적인 언어와 주체를 형성했기 때문이다.

한국 사회에서 병역거부운동이 만들어 낸 가장 큰 성과는 금지되어 온 '공간'에 침범했다는 것에 있다고 본다. 앞선 이태호의 인터뷰에서도 언급된 것처럼, 이 침범은 새로운 평화의 감수성을 깨웠고, 안보 영역에 대한 시민 통제의 가능성을 깨닫게 했다. "군대에 가지 않겠다", "군인이 되지 않겠다"라는 말을 자신의 이름을 걸고 당당하게 발화하는 순간, 그리고 그것을 '거부'라는 새로운 언어로 명명하는 순간, 봉인되었던 사고의 공간과 언어가 열린 것이다. 그 한 예로, 2009년 연세대에서는 재학생이었던 하동기의 병역거부 선언을 계기로 '너, 군대 왜 가니?'란 이름의 행사가 열렸다. 이 자리에서는 병역거부와 관련된 논의를 넘어서서 군대에 병역에 대한 자유로운 '잡담'이 공개적으로 이루어졌다.

'신성모독'이라는 죄는 처음 그 선을 넘은 자들에게만 유효할 뿐이다. 넘고 또 넘는다면, 그 선 너머에 있는 것은 더 이상 범접할 수 없는 무엇이 아니게 된다. 다양한 공간에서 병역거부를 매개로 군대와 징병제, 안보 영역에 대한 근본적이며 상식적인 질문이 이어지고 있음이 이를 보여 준다.

8장 병역거부가 서 있는 곳, 그리고 가야 할 곳

평화학은 현실에 대한 가치 중립적 분석보다는, 보다 많은 '평화'가 필요하다는 명확한 가치 지향을 가지고 현실에 개입해 나가는 학문이다. 평화학의 방법론으로 한국 병역거부운동을 다루고자 했던 이 책을 통해 궁극적으로 말하고자 했던 것은 '평화운동으로서의 병역거부운동'이었다. 운동의 등장 과정과 내부의 긴장 관계를 면밀하게 살피고, 운동의 언어에 담겼던 반군사주의적인 가치들을 적극적으로 평가했던 것은 병역거부운동이 가진 평화운동의 가능성을 확인하고, 그 지향을 뚜렷하게 만들어 나가길 바랐기 때문이다.

한국 병역거부운동은 지난 10년 동안 병역거부자들의 감옥행이 멈춰져야 함을 외쳤지만, 젊은이들의 구속은 지금도 이어지고 있다. 평화운동의 지향이 본격화되기 위해 넘어야 할 '고비'인 대체복무는 현재 어디에 있는가? 대체복무제가 개선되면 병역거부는 평화운동의 성격이 명확해질 것인가? 이 질문에 답하는 과정은 운동이 그동안 가져 왔던 한계를 대면하는 과정이기도 하다. 이 한계점들을 비판적으로 고찰하면서 평화운동으로서의 병역거부운동의 지금과 이후를 담아 보고자 한다.

1. 대체복무, 그 이후

대체복무가 놓여 있는 곳, 사법부

2008년 12월 24일 국방부가 대체복무 무기한 연기를 발표한 이후 병역거부운동은 부끄럽게도 뚜렷한 활동을 만들어 내지 못하고 있다. 2010년 4월 15일 유엔 자유권규약위원회는 나를 포함해 병역거부로 실형을 살았던 정치적 병역거부자 11명이 제출한 개인청원에 대해 권리침해를 인정하고 해당 국가의 즉각적인 시정을 권고했지만, 국내의 반향은 크지 않았다(이 결정은 2006년 12월 여호와의 증인 신도 최명진, 윤여범 씨에 대한 결정 이후 한국 병역거부 사안으로서는 두번째 내려진 결정이다). 대체복무제 개선을 통해 더 이상의 감옥행을 막아야 한다는 병역거부운동의 당면 과제를 위한 활동은 2011년 현재, 말 그대로 지지부진한 상황이다. 이러한 조건 속에서 대체복무 문제 '해결'의 가능성이 놓여 있는 곳은 사법부라 할 수 있다. 때문에 대체복무제 이후의 병역거부운동을 살피기 위해서, 먼저 사법부에서 병역거부가 논의되었던 흐름과 현재 상황을 확인해 보고자 한다.

이명박 정부는 대체복무 개선 결정을 뒤집으면서 '역주행'하고 있지만, 사법부의 분위기는 사뭇 다르다. 정부가 모르쇠로 버티는 상황에서도 끊임없이 무죄판결과 위헌제청이 이어지고 있다. 이는 비단 이명박 정부하에서만의 모습은 아니다. 본디 보수적일 수밖에 없는 사법부가 2000년대 이후 한국 병역거부 문제에 대해서 보여 준 모습은 그 시작부터 매우 전향적이었다. 2001년 군사법원에서 민간법원으로 병역거부 재판이 옮겨 가자, 기존의 3년형 관행을 깨고 최저형량인 1년 6개월을 선고한 것이 그 시작이었다. 곧이어 2002년 1월 29일, 서울남부지원 박시환 판사는 병역거부를 인정하지 않는 병역법이 위헌이라며 위헌심판 제청을 했고, 이는 병역거부에 대한 제도권 내부의 논의를 본격적으로 촉발시킨 계기가 되었다. 이후 2004년 5월 서울남부지원 이정렬 판사가 내린 병역거부 '무죄' 판결은 이 문제를 그해 가장 뜨거운 사회적 쟁점으로 밀어 올렸다. 활동하는 우리조차 현행법하에서 무죄는 불가능하지 않을까 생각하고 법을 '개정'하는 운동을 해왔던 것인데, 사법부가 현행법하에서 무죄판결을 내린 것이다. 우리 시대 최고의 인권 판결 중 하나라고 해도 손색이 없을 이 판결문에는 우리 사회 속 병역거부의 위치가 고스란히 담겨 있다.

> 이 사건을 담당한 판사 개인으로서도 특수전사령부 법무관으로서 병역 의무의 일부를 이행한 사람으로서 현행법상 위 대체복무제가 인정되지 않고 있는 상황에서 일정 기간 다소간이라도 국가방위력의 손상이 있을 것을 우려하지 않을 수 없으나, 국가란 이를 구성하는 개인의 생명과 신체, 자유 및 재산을 보호하는 것을 근본적인 존재 의의로 하고 있는 점에 비추어 볼 때 위와 같은 사정을 들어 천부인권인 개인의 양심의 자유를 후퇴시키는 것은 부당하고, 오히려 국가의 형벌권과 개인의 양심의 자유권이 충돌하는 경우에는 형벌권이 한발 양보하여 개인의 자유를 보장하도록 하는 것이 정당하다 할 것이다. (서울남부지방법원, 2002고단3940)

병역거부권을 '천부인권'으로서 접근하는 감격스러운 내용이 담긴 단락에서, 판사는 자신의 병역이행 여부를 밝히고 있다. 이 명판결문 안에, 헌법기관인 판사조차 "나도 군대 갔다 왔는데 말이지"라는 전제를 깔고 말해야 하는 우리 사회의 우울한 '비틀림'도 함께 담겨 있는 것이다. 판사는 법과 양심에 따라 판결한다지만, 만약 여성 법관이었다면 이런 판결이 사회적으로 '용납'될 수 있었을까 하는 생각이 든다. 아마 여성 법관이 판결을 내렸다면, 판결 이후 이정렬 판사가 겪어야 했던 고초의 몇 배를 감당해야만 했을 것이다.

이 1심 법원의 무죄판결은 얼마 지나지 않은 2004년 7월 대법원과 8월 헌법재판소에서 '진압'되었다. 그러나 최고법원에서 내려진 병역거부에 대한 유죄판결, 현행 병역법에 대한 합헌 결정은 표면적인 모습이었을 뿐, 실제 내용은 사실상의 대체복무 입법권고였다. 병역거부가 유죄라고 결정했던 대법관들조차 "무조건적인 집총병역의무를 강제하기보다는 이들의 양심상의 갈등을 덜어 주면서도 집총병역의무에 비견되는 다른 내용의 국방의 의무를 스스로 이행하도록 할 수 있는 대안으로 대체복무제를 도입할 필요성"이 있음을 별도로 밝혔던 것이다(대법원, 2004도2965). 헌법재판소 역시 결정문에서 '입법자에 대한 권고'라는 항을 두고 "이제는 양심적 병역거부자의 고뇌와 갈등상황을 외면하고 그대로 방치할 것이 아니라, 이들을 어떻게 배려할 것인가에 관하여 진지한 사회적 논의를 거쳐 나름대로의 국가적 해결책을 찾아야 할 때가 되었다"고 언급했다(헌법재판소, 2002헌가1). 최고법원이 국회와 행정부로 대체복무 입법의 공을 넘긴 것이다.

이 공을 받아 입법부에선 병역거부운동과 초창기부터 함께해 온 임종인 의원이 2004년 9월 여야 의원 22명의 서명과 함께 병역법 개정안을 국회에 제출했고, 뒤이어 노회찬 의원도 민주노동당 의원 10명의 연서와 함께 병역법 개정안을 발의했다. 국회에서 병역거부자들에 대한 대체복무제를 허용하는 최초의 법안이 상정되고 토의된다는 것 자체가 사회적 변화를 반영하는 것이었지만, 많은 난항 속에서 결국 해당 법안은 통과되지 못했다. 그러나 국가인권위원회의 대체복무 허용 권고, 국제사회의 압력, 그리고 무엇보다 병역거부운동의 노력이 결국 정부의 변화를 이끌어 냈다. 노무현 정부는 2007년 9월 '병역이행 관련 소수자의 사회복무제 편입 추진 방안'을 발표함으로써 병역거부자에게 대체복무제를 허용하는 역사적 결정을 내리게 된다. 그 결정을 이명박 정권은 집권 이후 '국민 공감대 미성숙'을 이유로 전면 유보한 것이다. 이러한 이명박 정권의 '뒤집기'를 사법부는 묵과하지 않았다.

이명박 정부 들어 계속되는 위헌심판제청과 무죄판결 등을 통해서 사법부는 지속적으로 이 문제의 해결을 촉구하고 있다. 병역법 88조 1항에 대한 법원의 위헌법률심판제청은 2010년 7월 현재까지 총 7건에 달한다. 2004년 헌재의 결정 이후에도 조속한 입법이 이루어지지 않자, 2008년 9월 5일 춘천지방법원은 위헌심판을 제청했는데, 이 제청 결정문은 "국가가 양심적 병역거부자들로 하여금 …… 국방 의무의 이행을 가능케 하는 어떠한 입법도 하지 아니한 채 이들에게 집총을 강요하고 그 위반 시 형사처벌을 가하는 것은 …… 다수자(강자)의 가치에 의하여 소수자(약자)의 존엄과 가치를 일방적으로 희생시키는 것"이기에 현행 병역법이 헌법 제19조(양심의 자유)뿐만 아니라 제10조(인간의 존엄과 가치)에 대해서도 위헌이라는 주장을 담고 있다(춘천지방법원, 병역법 위헌 제청 결정문).

2008년 12월 이명박 정부가 대체복무제 개선을 무기한 연기하겠다고 발표한 이후 위헌심판은 더욱 빗발쳤다. 정부의 발표 이후 2010년 7월까지 채 2년이 안 되는 시간 동안 다섯 건에 달하는 위헌심판제청이 이어졌다. 2009년 7월과 11월에 대전지법 천안지원과 전주지법의 위헌법률심판제청이 있었으며, 이후 2009년 12월 30일 수원지법과 2010년 1월 5일 대구지법 김천지원에서도 위헌법률심판이 제청되었다. 전주지법에서 위헌제청을 한 판사는 언론과의 인터뷰에서 "최근 정부가 대체복무제 도입을 원점에서 재검토하는 상황에서 종교적 병역거부자들은 자포자기한 상태에서 실형을 선고받고 있는 실정"이라며 "이들을 형벌로만 제재하는 것은 국가가 최소한의 의무를 다하지 않은 것"이라며 현재 상황에 대한 비판적인 입장을 분명히 했다(『연합뉴스』, 2009년 11월 23일). 이러한 위헌법률심판제청과 함께 2007년 10월 26일 청주지법 영동지원에서는 2004년 서울남부지원의 무죄판결에 이은 두번째의 병역거부 무죄판결이 나왔다. 현행법하에서도 병역거부는 무죄라는 판결 역시 이어지고 있는 것이다.

법률조항은 다르지만, 같은 병역거부의 맥락을 가지고 있는 향토예비군설치법에 대한 위헌심판제청 역시 이루어지고 있다(헌법재판소, 2007헌가12; 2009헌바103). 예비군 병역거부에 대해서 잠깐 이야기하자면, 예비군 훈련 역시 군사훈련을 포함하기 때문에 병역거부의 신념을 가진 이들은 이 훈련 역시 거부할 수밖에 없다. 물론 현역 복무 이전이나 중도에 병역거부를 하면 제2국민역에 편입되어 예비군 훈련 대상자가 되지 않지만, 군 복무를 마친 후에 여호와의 증인 신도가 된 경우처럼 병역거부의 신념이 '나중에' 생긴 경우에는 '예비군 훈련 거부자'가 되게 되는 것이다. 처벌의 강약을 따지는 것이 적절하진 않겠지만, 예비군 병역거부의 경우 그것이 거부하는 훈련의 형태나 정도에 비해서 처벌이 가혹하다고 할 수 있다. 매 훈련마다 처벌이 반복되고, 점점 더 커지는 형태이기에 결국 수천만 원의 누적된 벌금을 물어야 하기 때문이다.

병역거부 사안에 대한 사법부의 이러한 결정들은 2008년 병무청 연구용역으로 이루어진 『종교적 사유 등에 의한 입영거부자 사회복무체계 편입 방안 연구』 보고서에서 대체복무제도를 개선해야 하는 중요 근거로 제시되기도 했다. 이 연구 보고서는 사법부의 흐름을 볼 때, 이어지고 있는 위헌법률심판제청에 대해서 헌법재판소가 위헌결정을 내리거나, 위헌결정까지는 아니더라도 2004년 결정보다 훨씬 더 강력한 입법권고를 할 수 있다고 예상하면서 국방부가 대체복무제를 도입해야 한다는 입장을 피력했다(진석용정책연구소, 『종교적 사유 등에 의한 입영거부자 사회복무체계 편입 방안 연구』, 129쪽). 그러나 이 연구 보고서는 그 중 일부인 여론조사 결과만이 '국민 공감대 미형성'의 근거로 사용되었을 뿐, 정책 변화에 영향을 미치지 못했다.

'전쟁불사'를 외치는 이명박 정부의 냉전적 성향, 보수정당이 압도하고 있는 18대 국회의 의석 분포 등을 고려해 볼 때, 지금 상황에서 대체복무 문제가 '해결'될 수 있는 일말의 기대를 품을 곳은 사법부, 그리고 헌법재판소라고 할 수 있다. 앞선 위헌제청들을 논의하기 위해 헌법재판소는 2010년 11월 병역거부를 처벌하는 현행 병역법의 위헌 여부를 다투는 공개변론을 열었다. 이는 조만간 병역거부 문제에 대한 헌법재판소의 결정이 나온다는 것을 의미한다. 과연 헌법재판소는 해방 이후 단 한 번도 멈추지 않았던 병역거부자들의 처벌을 멈추는 결정을 내릴 것인가?[*]

감옥행이 멈춘다면, 그 다음 운동은

2007년 결정대로라면, 2009년부터 병역거부자들은 감옥이 아닌 다른 방식으로 이 사회 곳곳에서 봉사하며 자신의 젊음을 보냈을 것이고, 운동은 분주하게 대체복무제 이후를 고민했을 것이다. 그러나 감옥행이 이어지고 있는 지금, 그 이후를 고민하는 것은 하나의 '가정'으로 다뤄질 수밖에 없다.

대체복무 이후를 가정해 본다면, 지금의 흐름 속에서 자연스레 이어지는 몇 가지 운동의 영역을 예상할 수 있다. 먼저, 대체복무제를 지속적으로 '개선'하는 활동이 있을 것이다. 병역거부가 사회적 쟁점이 된지 10년이 넘었지만, 소모적인 찬반 대립만이 이어졌을 뿐 대체복무 자체에 대한 논의는 시작조차 못했다. 그렇기 때문에 실제 대체복무가 개선되어 감옥행이 멈추더라도 관련된 문제에 대한 연구와 시민사회의 개입이 지속적으로 요구될 수밖에 없다. 당장 2007년 국방부의 안을 보더라도, 허용 사유는 종교적 신념, 허용 시기는 입영 전으로 한정했다. 또한 예비군 병역거부를 인정하지 않으며, 대체복무 기간 역시 현역 복무의 2배로 설정했다. 만약 가까운 시기에 병역거부자에 대한 대체복무제가 시행된다면 이렇게 불합리한 조건들로 시작될 가능성이 높다. 이를 합리적으로 고쳐 나가는 활동은 분명 병역거부운동의 이어지는 과제가

---

* **운동의 사법화** | 헌법재판소의 위헌 결정을 통해 병역거부자들의 감옥행이 멈추는 것은, 분명 병역거부 '문제'를 해결하는 확실한 방법이며, 역사적인 결정이 될 것이다. 그러나 이러한 방식의 '해결'이 장기적으로 운동에 어떤 영향을 미칠지에 대해서는 또 다른 맥락에서의 고민이 필요하다. 사법 엘리트의 결정으로 이루어지는 '변화'가 장기적으로는 운동에 부정적인 영향을 미칠 가능성 역시 존재하기 때문이다. '정치의 사법화'와 유사한 맥락에서 '운동의 사법화' 역시 민주화 이후 한국 사회에서 우려할 만한 경향으로 자리 잡았다. 재판은 분명 중요한 '정치의 장'이며 '투쟁의 장'이지만, 재판에 운동의 모든 역량이 집중되고, 판결로 그 운동의 성패가 갈리는 것처럼 인식되는 것에 대해선 비판적 평가가 필요하다.

될 것이다. 또한 병역거부자를 판정하기 위해 설치될 기구에 대한 감시와 개입, 병역거부에 대한 정보를 입영 대상자들에게 제공하는 것 등도 제도 개선 이후 반드시 필요한 활동이다.

그러나 이에 대해 병역거부운동을 주도했던 활동가들은 이러한 영역이 필요함을 인정하지만, 스스로가 그 활동의 주체가 되지는 않겠다는 의견을 보였다.

> **최정민** 대체복무제 개선 이후의 제도 개선의 부분은 다른 이들이 했으면 한다. 이는 병역거부운동이 지향했던 사회운동의 성격이 많이 흐려지는 부분이 있기 때문이다. 물론 그러한 개선의 노력은 중요하지만 [그러한] 부분은 평화운동가의 영역은 아니라고 본다. 제도 감시의 영역이나 개선은 국방부나 병무청의 관료들과의 협상과 타협의 과정인데 이를 사회운동으로 바라보기에는 전망이 아직 부재하다.

> **한홍구** 필요한 일이라고 생각이 들지만, 모두가 할 필요는 없다고 본다. 우리 중 몇몇이 그런 역할을 수행하면서 일정 부분 노력을 하면 될 것이다.

활동가들은 대체복무로 초점이 맞춰져 왔던 병역거부운동에 대해 누적된 피로감을 보였다. 또한 활동가 대부분이 대체복무제도가 개선된 이후에 평화운동의 지향을 보다 명확하게 해야 한다는 입장을 가지고 있었기에, 운동이 제도 개선 영역에 머물러 있게 되는 것에 대한 경계심도 가지고 있었다.

그러나 대체복무제의 선진국이라 일컬어지는 독일의 사례만 본다고 하더라도, 병역거부의 '인정'은 논의의 마침표가 아니라 출발점이었다. 독일은 1949년 기본법에 병역거부권이 포함되어 있었지만, 1950년대 중반 징병제가 부활하고 병역법에 병역거부권이 구체적으로 규정되고 나서야 본격적인 논의가 불이 붙었다(문수현,「전후 서독의 양심적 병역거부에 대한 논의」, 119쪽). 한국 사회 역시 '인정'될 수 있는 양심이란 무엇인지, 그 심사의 기준과 과정은 어떻게 될 것이며 대체복무의 형태와 조건은 어때야 되는지에 대한 구체적 논의들은 아직 시작도 못한 상태이다. 즉 감옥행이 '멈춘' 이후가 병역거부운동의 또 다른 '시작'일 수도 있다는 것이다. 특히 '양심의 판단기준'과 같은 첨예한 쟁점에 대해서는, 그 기준을 벗어나는 병역거부자들이 또다시 감옥에 갈 수밖에 없기 때문에 운동의 지속적 개입이 불가피할 것이다.

또한 오랜 병역거부운동의 역사를 가진 해외 사례들을 살펴본다면, 제도 개선의 영역을 보다 넓게 사유할 필요가 있음을 알 수 있다. 유럽의 경우 머지않아 대부분의 국가가 모병제로 전환될 것이기에 징병제하의 운동으로 고정된 병역거부운동이 변해야 할 필요성이 제기되고 있다. 이런 맥락에서 전쟁저항자인터내셔널의 매체인 『브로큰라이플』*Broken Rife* 78호(2008년 5월)은 '유럽에서 양심적 병역거부의 종말'이라는 특집을 통해서 '군대의 전문화專門化'를 다루었다(Speck, "Professionalisation of the Military"). 이 특집은 징병제에 집중했던 병역거부운동이 놓치고 있는 많은 영역을 지적하며, 그 중에 하나로 직업군인들의 병역거부권을 지적했다. 직업군인의 병역거부권은 선택적 병역거부권이라 할 수도 있으며, 또한 명령거부권의 차원에서도 접근할 수 있다. 사실상 병역거부권은 '군대 민주화'와 '군인의 권리', 그 중에서 명령거부권과 직결되는 사안이다. 병역거부권이 인정된 이후, 이 권리는 점점 더 부정의하다고 인식되는 군사행위에 대한 참여를 거부하거나, 불법적인 명령을 거부할 수 있는 권리와 공명할 것이기 때문이다.* 이러한 관점을 보다 숙고해 본다면, 제도 영역의 활동을 병역거부에 대한 '비범죄화'로 한정 짓는 것이 아니라, 더 많은 반군사주의적 권리를 확보해 나가는 평화운동으로 구성해 나갈 수 있을 것이다.

병역거부운동의 다음 목표는 무엇인가

병역거부자들의 감옥행이 멈춘 이후에도 대체복무 관련 영역에는 지속적인 개입과 활동이 이어지겠지만, 이전과 비교했을 때는 '일부'의 영역으로 한정될 가능성이 높다. 그렇다면 '대체복무 개선 운동' 이후의 병역거부운동은 어떻게 변화될까? 인터뷰에 응한 활동가들은 대체복무 개선에 무게를 둔 현재의 운동 질서는 해소되는 것이 자연스럽다는 것에 의견을 모았다. 그러나 그 해소의 맥락과 이후 전망에 있어서는 차이를 보였다. 한홍구는 목표를 달성했기에 그 성과를 가지고 주체들이 새로운 평화운동으로 모일 것이라 봤다. 반면 유호근은 대체복무제 이상의 활동을 만들어 내지 못했던 상황에서, 중심적인 목표가 달성된 이후 병역거부운동의 위축이 불가피할 것이라고 봤다.

---

* **병역거부권과 전쟁거부권** | 이재승은 「군인의 전쟁거부권」에서 전통적인 '양심적 거부'가 놓치고 있는 선택적 병역거부, 항명, 전쟁범죄 거부 등을 '전쟁거부권'이란 틀로서 비교·분석했다. 또한 '보통 군인들'은 명령의 말단 도구로서 아무런 책임도 지지 않는 존재가 아니라 '제복을 입은 시민'으로서 부정의한 전쟁을 반대하고 거부할 권리, 그리고 그렇게 해야 할 '책무'가 있음을 주장했다.

한홍구 하나의 운동이 마무리된 것이라고 본다. '병역거부권 실현과 대체복무제도 개선'이라는 목표를 달성한 것이며 그렇기에 지금의 연대와 활동은 이 성과를 가지고 해산되어야 한다고 본다. 그 해산이라는 것은 당연하게도 이 목표를 위해 모인 연합의 해산이며 서로에 대한 경험과 신뢰는 유지될 것이다. 이 운동의 성과는 평화운동의 주체들이 만들어졌다는 것과, 그 주체들 사이의 연대가 형성되었다는 것이다. 이를 통해 이후 다양한 평화운동을 모색할 수 있을 것이다.

유호근 병역거부자들이 스스로의 신념을 밝히고 감옥에 가는 것은 분명 중요하지만 지금까지 그 이상의 무엇을 만들지 못했다. 전쟁없는세상의 경우에도 그러한 목적으로 만든 것이지만 지금은 많이 달라졌다. 그 상황에서 대체복무제 개선 이후에는 독일처럼 하나의 제도로서 굳어질 가능성이 크고 병역거부자의 활동은 안타깝지만 더욱 위축될 것이라고 예상된다.

유호근이 언급한 독일의 사례는 한국 병역거부운동이 끊임없이 경계했던 모습이기도 했다. 대체복무제의 '모범 사례'로서 소개된 독일의 경우, 징집 대상의 상당수가 대체복무를 수행하고 있으며 이들의 사회적 기여 역시 크다. 그러나 오랜 시간 안정적으로 운영되어 온 대체복무제는 현재 독일 사회에서 '반전평화'나 '반군사주의'와 같은 정치적 신념을 바탕에 둔 '저항'이라기보다는 또 하나의 복무형태로 인식될 뿐이다. 이렇게 철저하게 제도화된 병역거부와 대체복무는 현재 독일 사회에서 이루어지고 있는 군사화를 막아 내는 평화운동의 자원으로서 기여를 하고 있지 못한 실정이다(스펙, 「양심적 병역거부에 관한 최근의 노력과 도전들」, 6쪽). 유호근은 한국 역시 대체복무제 개선이 하나의 제도적 개선으로만 머물게 될 가능성이 크기 때문에 병역거부권이 인정되고 확대되는 것이 평화주의의 확산과 일치하지 않을 수 있다는 의견을 내놓은 것이다.

이러한 두 입장은 대비되는 것이라기보다는 현재 병역거부운동의 각 단면을 드러내고 있는 것이다. 비록 대체복무제 개선을 하나의 단계이며 더 큰 목적을 위한 과정으로서 사고했지만, 현실적으로는 여기에 대부분의 역량을 집중할 수밖에 없었다. 그렇기에 운동 과정에서 얻어진 활동가들의 문제의식과 연대가 새로운 평화운동으로 확대되고 이어질 '밑천'이 될 가능성도 있지만, 대체복무 개선으로 한정된 운동의 경험이 문제의식 자체를 위축시킬 수도 있는 것이다.

병역거부운동은 감옥행을 멈추기 위한 운동이기도 했지만, 분명 우리 사회의 군사주의를 극복하고 평화를 만들기 위한 운동이기도 했다. 아직까지 대체복무제 이외의 문제들이 운동의 당위를 넘어서는 수준으로 인식되지는 못하고 있지만, 이제는 보다 넓은 시각으로 '이후'에 대한 고민을 시작해야 할 것이다. 한홍구는 병역거부운동은 궁극적으로 군대와 징병제에 대한 도전이며, 현재의 '대체복무제 개선을 위한' 연대체가 해산되어도 병역거부운동이 담당해야 할 많은 과제가 있다고 지적한다.

한홍구 결국 병역거부운동이 나아가야 할 바는 군대와 싸우는 문제이다. 일반 국민들에게 징병제에 대한 문제의식을 가지게 만드는 것이고, 징병제 자체를 고쳐 나가는 것이다. 우리가 할 수 있는 일은 많다. 당장 무기 거래나 군 인권만 해도 우리와 같은 평화주의자들이 아니면 손대기 힘든 문제들이다.

박노자는 보다 구체적으로 이후 병역거부운동이 군사문화 척결에 나서야 한다고 이야기한다.

특전사나 해병대 등 특수부대나 의경부대에서 구타 문제 그리고 일반 부대에서 폭언 내지 성추행 문제는 여전히 심각한 것으로 나타난다. 일반 사회의 군사화를 촉진시키는 이와 같은 '군사문화'의 척결에 병역거부운동부터 나서야 하는 것은 순리일 것이다. (박노자, 「군대 가야 진짜 남자가 된다?」, 28쪽)

한국 병역거부운동에 많은 영향을 주었던 안드레아스 스펙은 병역거부운동이란 "정치적인 양심적 병역거부자들의 운동을 조직"하는 것이라고 말한다. 병역거부를 인권의 관점에서 개인의 선택으로 놓아줄 것이 아니라, 전쟁에 대한 저항이라는 측면에서 병역거부를 '도모'해야 한다는 것이다(스펙, 「양심적 병역거부운동의 현황과 과제」, 47쪽). 그의 관점을 따르자면, 병역거부운동은 지속적으로 병역거부를 조직하고, 전쟁과 군대에 싸우는 활동을 만들어 가야 한다. 한국 병역거부운동의 변화와 평화운동으로서의 이후를 모색함에 있어서 앞서 언급한 이들의 통찰은 분명 중요한 준거점이 될 것이다.

2. 병역거부운동이 배제한 이들

여성을 또다시 비가시화했던 병역거부

한국 병역거부운동은 역사 속에서 오랫동안 '비가시화'되었던 병역거부자들이 가시화되고, 사회운동의 주체로 등장하는 과정이었다. 그러나 역설적으로 병역거부운동은 특정 주체들을 또 다른 방식으로 비가시화시켰던 운동이기도 했다. 이 문제는 평화운동으로서의 이후를 고민함에 있어 반드시 진지한 성찰이 필요한 부분이다. 이 속에 병역거부운동의 한계가 고스란히 담겨 있기 때문이다.

병역거부운동을 한국 사회에 제안했으며, 가장 많은 활동을 해온 최정민은 '여성'이었기에 병역거부운동 속에서 주변화되고 비가시화되었던 체험을 말한다.

최정민 나는 이 운동에 있어서 보람을 별로 느끼지 못했다. 늘 병역거부자만 찾았고, 그들이 주인공이었다. 한홍구 선생님이 주인공이고, 오태양이 주인공이고. 늘 단체로 전화가 오면 그들의 연락처를 알려주기 바빴다. 또한 병역 문제에 있어서 여성이 배제될 수밖에 없는 사회적 시선도 이러한 내 느낌의 큰 이유였을 것이다. 방송이나 언론 인터뷰에서 내가 여성이라고 하면 일단 다른 사람을 찾는다. [MBC 「시선집중」 인터뷰에서] 손석희랑 말 섞고 싶었는데 그것도 섭외가 되었다가 여자라서 거절당했다. 사람들이 더 많이 설득되기 위해서는 남성이, 혹은 병역거부자가 이야기하는 것이 효과적이라는 논리 속에서 여성의 위치는 없었다.

양여옥은 활동 과정에서 병역의 문제가 남성만의 문제로 인식되고 있었음을 절감했다고 말한다. 그녀는 남성조차 군대에 관한 문제 제기를 제대로 할 수 없었던 분위기에서 병역거부운동에 참여한 여성이 받았던 사회적 시선은 무척 차가웠으며, 이는 병역거부에 긍정적이었던 이들조차 크게 다르지 않았다고 기억한다. 병역거부에 호의적인 이들 역시 여성 활동가의 위치를 자기 일도 아닌데 병역거부자들을 돕는 '착한 여자' 정도로 인식했다는 점에서 여성을 부차화시킨 점은 다르지 않았다는 것이다.

> **양여옥** [반대하는 이들은] 여성은 병역의 의무가 있는 것도 아니고, 병역거부를 하는 것도 아니고. …… 직접적인 관련도 없으면서 괜히 끼어들어 간섭하고 참견한다고 생각하는 것 같았다. [찬성하는 이들은] 자기 문제도 아닌데 나서서 도와주니까 이타적이고 착하고 대단한 사람으로 보는 것 같았다. 병역거부를 군대 문제, 남성들만의 문제로 좁혀서 봐서 그런 게 아닐까.

여성이 군대에 대한 발언을 했을 때, 이에 대한 사회의 반응은 '폭력적'이라는 표현이 부족할 정도였다. 말할 자격도 없는 여성들이 감히 어디서 목소리를 내냐는 반응이었다. 1999년 12월 군 가산점 위헌결정이 나자, 이를 주도했던 여성계에 쏟아진 사회적 증오는 결코 예외적인 것이 아니었다. 부산대 여성주의 웹진 '월장'이 예비역 문화에 대한 비판적 글을 싣자, 이화여대 총학생회가 병역거부 지지 선언을 하자 사회는 어김없이 그녀들에게 폭력적 언사를 퍼부었다. 이는 여성들이 강요당하는 '피보호자'로서의 위치를 단적으로 드러낸 사건들이었다. 피보호자인 여성이 보호자인 남성(군인)에게 할 수 있는(혹은 해야 하는) 말은 하나다. "지켜 주셔서 고맙습니다, 감사합니다." 그런데 이렇게 강요된 피보호자의 위치가, 군대에 가장 급진적으로 저항한다는 병역거부운동 내부에서도 '대중의 정서'를 핑계로 용인되었던 것이다.

한국 병역거부운동은 병역거부자가 중심에 서는 운동이었다. 그것이 피해자로서든, 운동가로서든 결국 징집 대상인 남성이 신념을 이유로 병역을 거부하는 것에 초점이 맞춰졌다. 이러한 구조 속에서 여성 활동가의 역할은 돌봄노동이나 감정노동에 한정되는 경향이 강했다. 2006년 권인숙 교수와 진행했던 전쟁없는세상의 '행복한 책읽기' 모임에서, 활동가들은 '남성' 병역거부자와 '여성' 후원회장으로 이루어지는 병역거부 내의 고정된 성별 분업에 대한 이야기를 나눌 기회를 가졌다. 권인숙 교수의 『대한민국은 군대다』를 읽고 토론하는 자리였는데, 이 책이 담고 있는 1980년대 학생운동 내부의 성별 분업에 대한 분석이 병역거부운동에 대한 평가로 옮겨졌다.

> 병역거부자 여자친구들이 병역거부자 후원회 회장을 하고, 병역거부자들의 감옥 수발을 해주는 것에 대해서 문제 제기가 있어요. 물론 좋다는데 어떻게? 라는 의견도 있지요. 저희처럼 현장에서 그 문제를 부딪치게 되면 이것을 어떻게 이야기를 꺼내서 풀 수 있을까 하는 고민이 많아요. 머릿속에서는 그러한 구도가 남녀의 성별 분업을 조장하는 것이라는 것을 뻔히 알고, 또 자기가 병역거부하는 신념의 바탕을 여성주의에 두고 있으면서도 여자친구에게 감옥 수발을 시키는 것을 [제가] 이해를 못하면

서도 비판적인 얘기를 해야 할 때는 어떻게 말을 꺼내야 할지는 모르겠어요. (『오마이뉴스』, 2006년 12월 30일, 최정민의 말)

감옥행을 선택한 강한 신념의 소유자인 남성 병역거부자와, 그들의 감옥행과 사회 적응을 물심양면으로 돕는 여성 활동가의 성별 분업 구도에 대한 문제의식이 내부적으로 공유되고(『전쟁없는세상 소식지』, 16호), 2010년 병역거부자의 날에는 '남성의 평화, 여성의 평화'라는 이름의 수다회를 열어 비판적 자기반성을 시도하기도 했지만, 일회적인 문제 제기로 그쳤던 것도 사실이다. 병역거부운동 내부의 성별 분업이 존재했고 여성 주체를 비가시화시키는 운동의 논리가 받아들여졌던 것은, 운동 내부의 또 다른 위계화를 의심하게 한다. 즉, 병역거부자의 감옥행과 대체복무제 도입이 운동 내부에서 '중심'의 위치를 점하게 되면서, 그것을 위해서라면 다른 가치들은 충분히 '타협'할 수 있다는 분위기가 형성된 것이다. 대체복무제 이후 이 위계는 또 다른 모습으로 재생산되진 않을까? 또한 그 위계 속에서 부차화된 것이 여성의 존재와 노동이라는 점에서 병역거부운동조차 남성성에 포획되어 있었음이 분명하다면, 이 남성성을 이후 운동에선 어떻게 극복할 것인가? 이 질문은 평화운동으로서 병역거부운동이 반드시 가져가야 할 '화두'일 것이다.

유승준과 오태양, 병역기피자의 자리

병역거부운동이 비가시화시킨 또 다른 주체는 '병역기피자'였다. 정확히 말하자면, 병역을 '기피'하고 싶은 이들, 그러나 병역거부자들처럼 무언가 거창해 보이는 '거부의 이유'를 찾지 못했고, 감옥에 가는 것도 싫은 이들. 4장에서 본 것처럼, 병역거부운동은 병역기피와의 구별을 통해 '병역거부'의 정당성을 획득하는 운동 논리를 구성했다. 이 구별 속에서 '거부'는 대체복무라는 또 다른 국가의 '의무'를 받아들이고자 하는 것으로 귀결되었고, 결국 징집제도 자체에 대한 문제 제기로 나아가지 못했다. 또한 한국 사회에 광범위하게 존재하는 군대 기피 심리의 심연을 이해하고, 이러한 기피 심리와의 사회적 연대를 만드는 데도 실패했다.

평화연구자 정유진은 병역거부와 병역기피는 과연 어떻게 다른가에 대해 질문한다. '오태양'과 '유승준'이라는 이미지의 극단, '평화와 인권을 사랑한 청년'과 '신성한 병역의 의무를 저버린 파렴치한'의 극단이라는 이분법이 평화운동의 입장에서 과연 받아들일 수 있는 것인지 묻는다. 즉, "운동 내에서조차 보편성이라는 지지를 획득하지 못한 '병역기피'는 어떻게 설명되어야 하는가?"라는 물음이다(정유진, 「경합하는 가치로서의 '국가안보'와 '개인의 안전」). 그녀의 질문은 평화운동가들이 '거부'와 '기피'의 차이점만을 강조하면서 '기피자'가 가진 내부의 고민과 연대할 가능성을 포기한 것에 대해 비판적으로 사유할 것을 요구한다.

물론 병역거부와 병역기피는 다른 행위이다. 징병제의 역사에서 특권층의 병역기피와 이로 인한 불평등은 오래된 문제이며, 이는 하층민을 착취하는 징병제 본연의 특징이기도 하다. 이는 종교적 신념으로 시작된 양심적 병역거부와는 그 역사적 맥을 달리한다. 이남석은 면제와 기피, 거부를 상세하게 구분하면서 이들의 차이를 이해하지 못한 채 병역거부자를 기피자라 비난하는 여론의 무지를 지적하고, 이 차이 속에서 병역거부의 정당성을 도출해 내기도 한다(이남석, 『양심에 따른 병역거부와 시민불복종』, 27~39쪽).

그러나 자신의 부와 권력을 이용해 편법으로 병역을 면제받는 일부가 아닌, 군대를 가기 싫어하는 평범한 이들의 내면을 살펴본다면 과연 기피와 거부를 명확하게 구분할 수 있을지에 대한 의문 역시 제기될 수 있다. 6장에서 논의했던 유정민석의 사례처럼, 기존 병역거부와는 다른 결의 '양심'을 가진 병역거부자들이 등장했을 때 활동가들조차 그들을 '기피자'로 생각했던 것처럼, 그 차이는 본질적인 무엇이 아닐 수 있기 때문이다.

실제로 초창기 병역거부자들은 대부분 군대에 대한 저항감을 가지고, 병역특례 등과 같은 방식으로 군대 문제를 '해결'하기 위해서 노력했다. 그 과정에서 병역거부라는 것을 알게 되었고, 군에 대한 자신의 거부감이 병역거부의 동기가 될 수 있음을 깨닫게 된 것이다. 병역거부라는 것이 전통적으로 종교적·평화주의적 신념에 근거해서 전쟁에 반대하며, 그 때문에 군사훈련을 거부하는 이들의 행위이지만, 그러한 신념의 기준을 획일적으로 정하는 것은 '체제의 논리'이지 '운동의 논리'는 아니다. 체제의 논리란 결국 기준 외부의 존재들을 배제하는 논리다. 이미 전쟁 반대나 군사훈련 거부가 아닌 군사문화에 대한 거부감을 이유로 병역거부를 선택하는 이들이 늘고 있고, 병역거부의 신념이나 사유는 계속 다양해져 가고 있다.

이런 현실 속에서 최정민은 병역거부와 기피를 구별하는 것은 내적인 측면이 아니라 외적인 행위가 중심이 될 수밖에 없다고 말한다.

최정민 병역거부와 병역기피의 차이는 감옥행이다. 하고 싶은 대로 하는 것이 아니라 자신의 행동에 책임을 진다는 차이가 있다. 기피하고자 하는 마음을 이해 못하는 것은 아니지만, 실제 병역기피를 선택하기 위해서는 돈이 많거나 빽이 있거나 해야 하지 않은가? 이는 나머지 사람들에게 박탈감을 준다는 의미에서, 특히 그들이 사회 지도층이라면 더욱 좋은 감정을 가질 수는 없다. 그런 의미에서 잘못된 시스템에 문제 제기하는 병역거부와 병역기피는 구별할 필요는 있을 것이라고 생각한다. …… 또한 사회적으로 말하는 것이 중요하다. 그래서 기피와 거부는 다르다.

최정민은 자신의 선택에 책임지는 것, 그리고 그 선택에 대해 사회적 발언을 하는 것이 '거부'와 '기피'를 구별할 수 있는 기준이라고 말한다. 그러나 병역거부운동이 징병제와 군사주의에 대한 적극적인 저항을 지향하는 평화운동이라면, 공개적으로 감옥행을 택한 이들만이 아니라 군대와 징병제에 대한 거부감을 가진 이들과 연대하고 그들을 조직하는 활동 역시 이루어져야 할 것이다. 이는 결국 병역거부운동이 지금까지 만들어 온 '병역거부'의 틀을 운동 스스로가 넘을 수 있는가에 대한 문제로 연결된다.

병역거부의 '꼴'을 깨는 이들

한홍구는 앞선 인터뷰에서 병역거부운동이 "군대를 왜 가?"라는 질문을 던질 수 있어야 했다고 이야기했다. 비록 병역거부운동이 이러한 질문을 적극적으로 제기하진 않았지만, 이미 병역거부는 우리 사회에서 군대에 대해 의문을 제기하는 이들의 언어가 되어 가고 있다. 두텁기만 했던 징병제 담론에 병역거부라는 '틈'이 생기자, 침묵을 강요당해 왔던 생각과 목소리들이 이 틈으로 파고들기 시작했던 것이다. 최근 전쟁없는세상에 병역거부를 문의하는 이들 중 상당수는 종교와 평화주의 같은 전통적인 신념을 이유로 병역거부를 고민하는 이들이 아니다. 이용석은 병역거부가 '평화주의자'들의 선택이라는 인식을 벗어나고 있음을 이 상담 경험을 통해서 이야기한다.

> 몸이 많이 아픈데 면제는 안 되고 거듭된 신체검사에서 재검 판정만 벌써 몇 년째 반복되고 있다고 찾아온 B의 이야기도 우리를 당황하게 했다. 완치가 불가능한데 병무청에서는 계속 놔주지 않는다며 해결책을 물어보는 그에게 우리가 해줄 수 있는 조언은 없었다. 거칠게 말하면 우리는 군대를 거부하고 감옥에 가는 방법은 알고 있었지만, 군대도 감옥도 안 가는 방법은 몰랐기 때문이다. 하다 하다 안 되면 병역거부까지도 생각하고 있다는 B의 말은 상당한 충격이었다. 더 이상 '병역거부'는 단순히 우리가 생각하는 의미로만 통용되고 있지 않다는 것을 불현듯 깨달았다. (『전쟁없는세상 소식지』, 23호)

양여옥 역시 병역거부의 이유가 다양해지면서 이전까지 평화운동의 흐름 속에 위치했던 병역거부자들의 역할과 운동의 지향이 일치되지 않는 것에 대한 혼란스러움을 토로한다.

양여옥 이 운동을 시작했던 것은 예전 파병반대운동이나 반전운동을 해오면서 내가 가지고 있었던 세상에 대한 상과 병역거부자들이 말하는 이유가 맞아떨어졌던 것에 있었다. 때문에 운동의 목표가 단순히 대체복무제에 머무를 수 없는, 이 사람들이 총을 들지 않는 이유를 사회적으로 실천하는 운동이 되어야 한다고 생각한다. 하지만 최근의 병역거부자들을 보면 총을 들지 않겠다는 이유가 너무 다양해진다고 느껴지고, 내가 처음에 생각했던 범주와는 다르다. 그래서 이 사람을 병역거부자라고 부를 수 있을지에 대해서 혼란스럽다.

이러한 변화는 병역거부운동을 바라보는 외부의 시선에서도 확인할 수 있다. 일본에서 평화연구를 하고 있는 박진환은 이제 한국 사회에서 기존의 '병역거부자'라고 규정되었던 틀을 넘어서는 병역거부자들의 등장을 받아들일 필요가 있다고 말한다. 그는 지금까지의 병역거부운동이 만들었던 담론이 전형적인 병역거부자의 '꼴'을 만들었고, 현재 병역거부를 고민하는 이들이 이미 형성된 이 틀에 자신을 맞추려고 하는 것은 아닌지를 의심해 봐야 한다고 지적한다. 이는 병역거부의 '꼴'을 깨는 이들을 운동이 인정하고, 주목해야 함을 의미한다.

양심, 사상, 종교에 근거한 병역거부를 통해 병역거부운동과 병역거부라는 큰 틀은 만들어졌다. 이미 한국 사회에서 병역거부운동과 병역거부는 실존하고 있는 것이다. 모르는 소리라고 말할지는 모르겠지만 지금까지의 병역거부자들의 노력이 현재 한국 사회의 '병역거부운동'의 담론을 만들어 낸 것이다. …… 이젠 이미 만들어져 있는 병역거부와 병역거부운동에 맞추어 자신을 표현하는 사람들이 늘어나고 있는 것은 아닐까? 병역거부라는 대의보다 지극히 개인적인 이유로 병역을 거부하려는 개인이 늘어날 수 있는 여지가 얼마든지 있는 것이다. 그들에게 기존의 병역거부의 틀 안으로만 들어올 것을 강요할 수만은 없는 듯하다. 병역거부가 개인의 정체성을 표현하는 '패션'이 될 가능성이 있는 것 같다는 것이다.

(박진환, 「'변화'하는 병역거부운동」)

최근 전쟁없는세상에 들어오는 또 다른 상담 사례는, 병역거부를 위해 외국으로 난민 신청을 진행하고 있는 이들이다. 과연 이들을 설명하고 품을 수 있는 언어를 병역거부는 가지고 있는가?[*] 오태양과 유승준의 차이를 운동의 논리로서 적극 활용했지만, 실제 그 과정에서 '유승준'을 비판하는 논리에 담긴 군사주의를 극복하기 위해서 병역거부운동은 어떠한 노력을 했는가를 반문해 보아야 한다. 병역기피자에 대한 사회적 낙인 속에 있는 군사주의 논리를 짚어 내고, 주류의 시선과 다른 목소리를 만들 수 있어야만 병역거부운동은 보다 파급력 있는 평화운동, 반군사주의 운동이 될 수 있을 것이다.

3. 평화운동으로서의 병역거부운동

다른 화살표를 그리기

이제껏 한 권의 책을 통해서 한국 병역거부운동을 평화운동의 차원에서 분석하고 평가하고자 했다. 그런데 누군가는 분명 고개를 갸우뚱할 것

---

[*] 개인적 불복종 | 이스라엘 병역거부운동을 분석한 루스 린은 이전까지의 정치적/도덕적 동기에 근거한 불복종(병역거부) 사례에서 인티파다(intifada) 시기에 개인적인 동기의 불복종이 등장했다고 진단하면서 새로운 '분류항'을 제시한다. 이 개인적 불복종의 특징은 딜레마적인 상황에서 스스로가 빠져나오는 것이 주된 목표이며, 행위가 대중적으로 반향을 일으키는 것에 크게 신경 쓰지 않는다는 것이다(Linn, *Conscience at War*, p.171). 4장에서 린의 분류를 인용해서 한국 사회의 여호와의 증인 병역거부자와 정치적 병역거부자의 특징을 분석했는데, '개인적 불복종'이란 또 다른 분류항 역시 최근 한국 사회에서 새롭게 등장하는 병역거부자들을 위치 지을 수 있는 개념으로 사용할 수 있을 것이다.

이다. 양심적 병역거부운동, 그거 원래 평화운동이라고. 맞다. 인류 역사 속에서 쉼 없이 전쟁과 폭력을 반대했던 병역거부자들은 평화운동의 주요한 흐름 중 하나였다. 대체복무제의 한계를 비판하고, 그 너머가 필요하다는 내용에도 누군가는 질문할 것이다. 한국 상황에서 차라리 모병제가 쉽지, 그 어려운 병역거부권을 잡고 싸우면서 왜 이렇게 자학이냐고. 역시 맞다. 군인으로서 동원할 수 없는 '존재'를 국가와 사회가 인정한다는 것 자체만으로도 한국 사회의 군사주의에 큰 균열을 만드는 시작일 수 있다. 이런 상식적인 반론들 앞에서 운동 내부의 '양심의 자유'와 '반군사주의' 간의 긴장 관계나 운동 속 내부 검열이 만들었던 한계를 말하는 것은 지엽적인 부분에 갇힌 분석이라 보일 수도 있다.

어디까지가 '양심의 자유-인권운동'이고 어디까지가 '반군사주의-평화운동'인지를 나누는 것은 어떤 측면에선 의미 있는 일이지만, 또 다른 측면에서는 함정이기도 하다. '개인의 자유', '피해자 구제'로만 틀 지어진 운동과 연구를 확장하면서 병역거부가 가진 '반군사주의'와 '평화운동' 측면을 부각한다는 점에서 이 '구분'은 분명 의미가 있지만, 그 구분선이 끊임없이 움직일 수밖에 없기 때문에 함정이기도 하다. 엄혹한 시절, 꿋꿋하게 병역거부를 이어 온 여호와의 증인 신도들의 역사가 없었다면 아직까지 우리 사회에선 '병역거부'란 단어조차 등장하지 않았을 것이다. 그런 역사를 무시한 채 개인적 병역거부와 정치적 불복종으로서의 병역거부를 단절적으로 구별하는 것은 도식적일 뿐만 아니라 정확하지도 않다.

평화운동으로서의 병역거부운동. 병역거부운동을 평화운동으로 접근한다는 것. 이 문제의식을 통해서 진정 하고자 했던 것은, '세상이 병역거부자들을 어떻게 구제할 것인가'에서 '병역거부는 세상을 어떻게 바꿀 것인가'로 화살표를 바꿔 그리는 것이었다. 병역거부자에서 시작해서 사회로 향하는 화살표, 또는 서로가 주고받는 화살표에 담긴 의미를 추적하는 것이었다. 이는 국가폭력의 정당성을 의심하고, 스스로를 가해자의 자리에 세우며, 나약함을 긍정하고 고백하는 이들의 언어와 실천이 가진 변화의 힘을 상상해 보는 것이었다.

병역거부의 언어, 평화의 언어

다른 화살표의 방향을 상상해 보는 한 예로 한국에서 해외 봉사활동으로 대체복무를 수행하고 있는 재독 한인 2세의 이야기를 들 수 있을 듯하다. 그는 자신이 17살이 되었을 때 병역을 수행할지 거부할지에 대한 고민의 기회를 학교 교육을 통해서 얻을 수 있었다고 했다. 이를 계기로 전범국으로서의 독일의 역사와 20세기에 벌어진 전쟁에 대해서 진지하게 돌아볼 수 있었고, 그 속에서 자신이 군인이 된다는 것의 의미를 성찰해 보았다고 한다. 이러한 기회를 가진 이의 삶과 고민의 기회도 없이 총을 잡아야 하는 이의 삶은 비교할 수 없는 차이를 가질 것이다. 이런 선택의 기회가 구성원들에게 보편화된 사회와 그렇지 않은 사회의 차이 역시 마찬가지일 것이다.

이러한 병역거부의 제도화가 가져올 변화도 중요하겠지만, 이 책에서는 대체복무제를 넘어 병역거부의 '언어'에 보다 주목하고자 했다. 대체복무를 폄하해서가 아니라 보다 넓은 평화운동의 가능성이 병역거부의 언어에 있다고 생각했기 때문이며, 그 언어를 통해 폭력을 극복할 수 있는 '공감'이 만들어질 수 있다고 믿었기 때문이다. 병역거부는 끊임없이 '언어'를 만드는 운동이었다. 한국 사회의 징병제와 군사주의에 대한 운동도, 그에 대한 연구도 극히 빈약한 조건 속에서 병역거부자들은 감옥행을 고심했던 날만큼이나 숱한 밤을 새우면서 자신의 언어를 만들 수밖에 없었다. 총을 들 수 없다는, 군인이 될 수 없다는, 전쟁을 할 수 없다는 언어. 바로 그 언어에 군사주의와 전쟁에 저항할 수 있는 가능성이 있다고 생각했다. 더 나아가 그 언어조차 멈출 수밖에 없었던 문턱을 확인함으로써 온 길과 갈 길의 흔적을 표시하고자 했다.

한국 평화운동의 대중적인 시작이라 할 수 있는 2003년 이라크 전쟁 반대운동에서 가장 힘을 얻었던 구호는 "파병으로 국익을 얻을 수 없다"였다. '파병국익론'을 들고 나왔던 정부에 대항하는 논리였지만, 자기 덫에 빠질 수밖에 없는 구호였다. 국익이란 것이 있어서, 그것에 도움이 된다면 파병을 할 수도 있단 말인가? 내부에서도 이 논리에 많은 비판이 있었지만, 대중들에게 효과적이라는 이유 앞에 이러한 문제 제기는 무력했다. 그렇다면, 병역거부의 언어를 통해서 새로운 평화운동의 언어가 만들어질 수 있을까? 타인의 고통에 공감하고, 그 마음으로 총을 내려놓겠다는 병역거부의 언어는 또 다른 이에게 전이되는 평화의 언어가 될 수 있을까?

보다 더 많은 노력과 시간이 쌓여야겠지만, 분명 될 수 있다고 생각한다. 하지만 그 생각 속에서도 끝내 마음에 걸렸던 것은 병역거부자 현민의 소견서에 담긴 구절이었다.

나는 여든 살의 외할머니에게 손자 인생에서 가장 중요한 결심을 이야기하고 이해를 구할 수 없다. 대신 병역거부 선언과 이후의 수감 생활을 숨기기 위한 구체적 방편을 준비하고 실행에 옮겨야 한다. …… 나는 한국 사회에서 제일 좋다고 하는 대학을 졸업했고, 석사학위까지 있다. 하지만 그 모든 공부는 나와 사랑하는 외할머니와 사이를 소통할 수 있는 언어를 제공하지 못한다. (현민, 병역거부 소견서, 「다음 세대를 위한 병역거부 길라잡이」)

아직까지 한국 병역거부운동에는 병역거부자가 자신이 사랑하는 외할머니께 스스로가 왜 병역거부를 하는지를 설명하고 이해를 구할 수 있는 언어가 없다. 이렇게 한 권의 책까지 쓴 나는 정작 나의 어머니께, 수감 시절 "그것이 무엇인지는 잘 모르지만, 이제는 나라에게 법을 바꿔달라고 기도한단다"라는 편지를 매일같이 쓰셨던 그 어머니께 내가 왜 총을 들 수 없는지를 설명드릴 수 있을까? 현민처럼 나 역시 아직도 자신이 없다. 현민의 외할머니께 그리고 내 어머니께 용서와 이해를 구할 수 있는 언어가 되어 가는 것, 어쩌면 그것이 진정 평화의 언어로서 병역거부가 만들어지는 과정일 것이다. 그 과정에서 군복이 아니면 자신을 드러낼 아무 기회도 갖지 못한, 그렇게 나약하기에 도리어 고래고래 소리를 지르시는 군복 입은 할아버지 분들께도, "그럼 나는 비양심이냐"며 핏대를 세우지만 정작 다시 군대에 가는 꿈에는 놀라서 깨 가슴을 쓸어내리는 예비역 분들에게도 병역거부는 한 걸음 더 다가갈 수 있을 것이다.

전쟁저항자인터내셔널에서 활동했던 토니 스미드Tony Smythe는 1967년 병역거부운동이 "징병제도의 소멸, 전쟁에 대한 대중적 저항, 전쟁의 원인을 제거하기 위한 사회적 변혁과 같은 목표"들을 가지고 있다고 말했다(Smythe, "Conscientious Objection and War Resistance", pp.17~22). 비록 병역거부운동이 이 모든 것을 할 수는 없겠지만, 병역 거부를 통해 만들어진 언어가 이 목표를 이루는 것에 중요한 바탕이 될 것이라 믿는다. 병역거부자들의 감옥행을 멈추고 그들의 권리를 확보하는 것과 동시에 병역거부의 언어와 실천으로 세상을 바꾸는 운동, 평화의 언어로 공감의 가능성을 여는 운동. 이것이 평화운동으로서의 병역거부운동이다. 한국 병역거부운동은 점점 더 그렇게 되고 있으며, 이 책은 그 변화의 맥락 속에 위치하고 있다.

4. 군대 없는 세상

손가락질 받았던 꿈이 역사를 밀어 간다

그래서 군대라도 없애자는 것입니까? 누군가 이 책을 흘깃 보고 격하게 묻는다면 기쁘게 대답하려고 한다. 그렇습니다. 뭐 없는 세상이라고 계속 말해서 좀 그렇지만, 전쟁 없는 세상, 군대 없는 세상. 그런 세상을 간절히 원합니다. 이상주의자이시군요. 맞습니다. 물론 당장 군대를 없애자는 말은 아니다. 사실 그럴 수도 없다. 일정한 무력에 의해 유지되는 국제관계, 국민국가는 부정할 수 없는 현실이다. 그러나 어떤 꿈을 가지고 지금의 운동을 만들어 가는가는 또 다른 문제이다.

단언하건대 이상주의자라 손가락질당하던 이들의 꿈이 역사를 밀어 갔다. 오늘날 그 누구도 부정할 수 없는 자명한 정치-윤리적 공리인 인종 간 평등은 1920~30년대에만 해도 공산주의자들만이 유일하게 주장했던 '공상'이었다. 1959년 '북진통일'이 진리였던 시대에 진보당 당수 조봉암은 '평화통일론'을 주창했다는 이유로 사형을 당했지만, 이젠 평화통일 자체에 이견을 다는 사람은 없다. 물론 그렇다고 지금 우리 시대에 인종 간 평등이나 평화통일 정책이 충분히 구현되고 있다고 말하는 것은 아니다. 다만, 현실 너머에 대한 꿈이 역사를 밀어 간다는 이야기를 하고 싶은 것이다.

사실 '군대 없는 세상'이 평화주의자들의 공허한 이상일 뿐이라고 하는 것은 조금 서운한 이야기다. '정의로운 전쟁론'의 현대적 이론을 정초했다고 평가받는 보수적 정치철학자 마이클 월저Michael Walzer조차 1977년에 출간된 그의 주저 『정의로운 전쟁과 부정한 전쟁』Just and Unjust War에서 군대라는 존재가 가진 근본적 아포리아를 지적했다. 그의 정의에 따르면, 정의로운 전쟁이란 성원들의 권리를 보호하기 위한 자위전쟁이다. 그런데 그 '보호'를 위해서 전투에 참여하는 병사들은, 스스로 선택했다고 할 수 없는 상황 속에서 정작 자신이 지키고자 하는 권리 모두를 상실하게 된다(p.136). "병사들은 살해당하기 위하여 만들어진다"는 나폴레옹의 말처럼, 누군가의 권리를 지키기 위해서 누군가의 권리가 박탈당해야 하는 곳이 군대이다. 톨스토이는 이처럼 권리가 박탈된 군인을 '노예'라고 명명하기도 했다. 월저는 이 모순을 전쟁 이론의 '곤란한 점'이라고 말했다. 그렇다면 한 사회는 얼마나 많은 사람의 권리를 박탈해야, 몇 명의 젊은이들을 살해당하기 위해서 양성해 두어야 '정의'롭다 할 수 있을까?(다카하시 데쓰야, 『국가와 희생』, 233~236쪽). 전쟁광을 제외한다면, 그 누구도 이 질문을 피할 수 없다.

칸트 역시 『영구평화론』의 제1장 「국가 간 영구평화를 위한 예비조항」 제3조에서 "상비군은 때가 되면 완전히 폐지되어야만 한다"고 주장했다. "사람을 죽이도록 혹은 다른 사람에게 죽임을 당하도록 고용된다는 것은 인간을 다른 사람의(다른 나라의) 손에 놀아나는 단순한 기계나 도구로 간주하는 것과 같다. 이것은 인격체로서의 인간의 권리에 합치하는 것일 수 없다"는 것이다(칸트, 『영구평화론』, 17쪽). 군인이라는 살인 기계를 만들어 내는 군대는 인간성의 권리와 전혀 조화되지 않기에, 시대의 흐름 속에서 사라져야 한다는 것이 칸트의 생각이었다.

책상머리 지식인들의 고매한 고민이라 치부할 수도 있겠지만, 현실 속에서도 우리가 알던 군대는 이미 없어지고 있는 중이다. '국민군대', '대중군대'는 더 이상 유효하지 않은 군사조직 상(像)이 되어 가고 있다. 인류 역사를 살펴보면 국가나 민족이라는 이름으로 대중적인 동원을 통해 군대를 운영한 것은 17~18세기 근대 민족국가의 등장 이후에나 일어났던 일이다. 여기에는 복합적인 요인들이 깔려 있는데, 기술적 요인 역시 그 중 하나였다. 산업화를 배경으로 한 무기의 대량생산, 특히 비숙련자도 사용할 수 있는 머스켓 총의 대량생산과 공성전을 필두로 한 전투 양상의 변화는 징병제를 촉발시켰다. 많은 병사를 동원하는 것이 보다 높은 전투력을 의미했기 때문이다. 지금은 어떤가? 최첨단 무기의 향연 속에서 더 이상 사병의 숫자가 전투력을 의미하지 않는다. 군의 '첨단화', '현대화' 속에서 징병제는 이미 구시대의 제도가 되고 있는 것이다.

그렇다면 모병제를 대안이라고 말할 수 있는가? 이제 대해서는 평화운동 내부에서도 아직 명확하게 합의된 내용은 없지만, 부정적인 의견이 우세하다. 모병제하에서 군인이 되는 이들은 사회적 취약 계층일 수밖에 없다. 결국 이렇게 만들어진 군대는 가난하고 배제된 이들의 손에 피를 묻히게 하는, 국적을 가진 용병 집단일 뿐이다. 특정 계층에 한정된 군대이기 때문에, 사회적인 감시와 통제의 동력 역시 약해진다. 또한 모병제하의 직업군인들은 성과를 내 진급하길 원할 것이고, 해외 파병을 비롯한 실전에 참여하길 희망할 것이다. 평화운동이 모병제를 대안이라 결코 말할 수 없는 이유다.

군의 현대화와 첨단화, 그리고 모병제로의 전환. 이러한 변화는 분명 사회를 일정 정도 탈군사화하는 효과를 가진다. 그러나 이러한 탈군사화는 더욱 잔혹한 군사적 행위로 이어질 가능성이 높다. 이 시대 평화운동이 직면한 '복잡성'이다. 이 복잡한 현실은 변화의 속도조차 빠르다. 이미 현실은 모병제에서 한발 더 나아가, 국적을 불문하고 '군사서비스'를 파는 민간 군사기업Private Military Cooperation이 유력한 행위자로 부상하고 있다(싱어,『전쟁 대행 주식회사』). 우리가 알던 군대는 사라지고 있다.

병역거부, 지금 이 순간의 저항 가능성

물론 이것이 '군대 없는 세상'을 꿈꾸던 이들이 원하는 방향은 아니다. 전쟁과 이윤 착취에 가장 적합한 방식이 아니라, 그 정반대의 방향으로 군대를 바꾸고 없애는 것을 원한다. 그러나 국가가 독점한 폭력으로서의 군대라는 것은, 비록 그것이 현재 상당한 위상 변화를 겪고 있기는 하지만, 여전히 근대 국민국가의 본질과도 같은 것이다(전 지구화라는 변화 속에서 조직적인 폭력의 국가 독점에 도전하는 새로운 양상에 대해서는 캘도어,『새로운 전쟁과 낡은 전쟁』참조). 때문에 군대에 대한 개입과 저항을 목표로 하는 운동은 늘 첨예한 갈등의 한가운데 놓였고, 극도의 탄압을 견뎌야 했다. 지금 한국 사회에서는 병역거부운동이 바로 그것이다. 그리고 2000년대 이후 한국 사회에 등장했던 병역거부운동, 새로운 주체로서의 정치적 병역거부자, 자신의 삶 속에서 전쟁과 폭력을 밀어내려는 이들. 이 모습을 통해서 '군대 없는 세상', '전쟁 없는 세상'에 대한 꿈을 이 책 속에 담고자 했다.

그러나 이 꿈은 좌파들에게서조차 폄하되기 일쑤였다. '운동권'들조차 양심적 병역거부자들, 병역거부운동을 '착한' 사람들이 하는 '순진한' 운동이라 보곤 했다. 혹은 '도덕'을 강제하는 운동, 개인의 양심에 매달리는 '탈정치적'인 운동이라고 말하기도 했다. 역시 서운한 말이다. 자본주의란 두 상태 중 하나일 뿐이다. 전쟁을 하거나 전쟁을 준비하는 상태. 따라서 사회주의자나 공산주의자들을 비롯한 좌파들은 매우 '정치적'인 맥락 속에서 자본이 강요하는 살인과 전쟁을 거부하는 병역거부를 자신의 실천으로 삼아 왔다. "병역거부는 인권 문제 이상의 무엇이며 반전평화주의자들과 반戰군국주의자들의 원칙적인 행동"이었다(스펙, 「양심적 병역거부에 관한 최근의 노력과 도전들」, 4쪽).

병역거부운동을 하는 우리 역시 개개인들이 총을 놓는 것으로만 모든 것이 해결될 수 있다고 생각하지 않는다. 낭만화된 평화운동, 탈맥락적인 비폭력 담론이 가진 맹점이 얼마나 치명적인지를 병역거부운동만큼 절실히 느끼는 운동도 없을 것이다. 그러나 우리는 병역거부가 분명 체제가 그어 놓은 국경과 전쟁, 폭력과 살육의 골을 넘어서는 실천이며, 개인과 사회 모두에게 근본적 변화를 가져올 맹아를 품고 있다고 믿는다. 병역거부라는 '공간' 속에서 이루어지는 고민과 갈등, 그 공간을 둘러싼 역사와 정치는 분명 동시대의 평화를 고민하는 이들이 숙고해야 할 '장소'라 생각한다.

20세기 역사 속에서, 거대한 전쟁이 지나고 나면 늘 강력한 평화주의가 대두했다. 그러나 시간이 지나면서 전쟁의 참혹함에 대한 체험과 기억은 희미해져 갔다. 전쟁의 원인을 설명하는 이론 중에 이 희미해짐을 '세대의 주기'로 보고, 이 주기에 따라 전쟁이 일어난다는 이론이 있다. 전쟁의 체험과 기억을 지닌 이들이 죽고, 전쟁에 대한 죄책감도 공포도 없는 이들이 등장하면서 다시 전쟁이 일어난다는 것이다. 이 이론의 설명력이 얼마나 정확한가는 차치하고서라도, 분명 일리가 있는 말이다. 매번 전쟁이 끝날 때마다 사람들은 말한다. 왜 막지 못했을까? 왜 저항하지 못했을까? 왜 제1차 세계대전에서 독일 사민주의자들은 전쟁을 지지했을까? 왜 제2차 세계대전에서 독일인들은 홀로코스트를 묵인했을까? 왜 일본의 신민들은 천황을 위해 기꺼이 죽어 갔을까? 그러나 이 각성과 반성은 시간이 지날수록 점점 흐려져 간다. 나는 병역거부자들의 언어가, 그들의 체험과 저항이 전쟁과 폭력의 본질을 또렷하게 전해줄 것이라 믿는다. 병역거부에 대한 때늦은 주목이 또 다른 전쟁이 끝나고 나서가 아니길 간절히 바란다.

> 전쟁은 오늘날 전사들이 누리는 것과 같은 존중과 명예를
> 병역거부자들이 받게 될 때 끝날 것이다.
> ― 존 F. 케네디 (Schlesinger, *A Thousand Days*, pp.87~88)

세계의 병역거부와
평화운동

여기서 소개하는 내용은, 한국에서 열렸던 2009년 5월 15일 세계 병역거부자의 날 관련 행사에 온 해외 평화운동가들과 진행했던 인터뷰 중 일부를 정리한 것이다. 아직까지 한국에서 해외 병역거부 사례를 소개하거나 접근하는 틀은 대체복무제에 한정되어 있다. 제도를 도입하는 과정이나 현재 운용 실태에 초점을 맞추다 보니 어느 나라가 대체복무제를 시행하고 있으며, 복무연수는 몇 년이고, 어떤 업무로 대체복무제가 구성되는지가 주된 내용이 된다. 물론 이러한 소개와 연구조차 턱없이 부족한 실정이지만, 이 인터뷰들은 그보다는 해당 사회에서 병역거부운동이 평화운동으로서 어떤 조건 속에서 어떤 사회적 변화를 추구하고 있는가를 주목했다. 병역거부운동은 그 사회의 맥락에 따라서 다양한 모습과 전략을 가지게 된다. 이 다양함을 통해서 병역거부운동이 가진 평화운동으로서의 의미와 효과가 보다 풍부하게 드러날 수 있을 것이다.

01 · 여자도 군대 가야 '양성평등'?

_ 알렉스 파루신(이스라엘)과의 인터뷰

이스라엘에서 온 알렉스 파루신Alex Parushin은 여성 병역거부자이자 이스라엘 반군사주의 운동단체인 뉴프로파일New Profile의 활동가이다. 여성까지 징병되는 이스라엘 국가에서 병역거부운동을 만들고 있는 그녀에게 군사주의와 남성성에 대한 문제를 물어보았다.

• 여성으로서 병역거부자가 되기까지

임재성 한국 사회에서는 아직까지 병역거부자라는 호칭만 하더라도 낯선데, '여성' 병역거부자라는 것은 더욱 그렇다. 어떤 과정을 통해서 병역거부를 결심하게 되었나?

파루신 고등학생이던 16살에 군대에서 입영에 관한 첫번째 편지가 왔다. 이스라엘 사회에서 군대는 하나의 통과의례처럼 여겨진다. 초·중·고를 거치듯 고등학생들은 자연스레 18세가 되면 모두 군대에 간다고 생각한다. 군인들이 고등학교에 와서 여러 설명회를 진행하고, 우리가 군대에 가서 군악대의 공연을 보거나 병영캠프 같은 것도 진행한다. 그 캠프 중 하나가 나에게 결정적인 계기가 되었다.

내가 17살이 되던 때 캠프에 가서 작전훈련, 안전수칙, 총기 조립과 같은 것을 배웠다. 그리고 마지막으로 몇 발의 총을 쏠 기회가 주어졌다. 나는 그때까지 총을 좋아했다. 장난감같이 작고 신기해 보였기 때문이다. 그러나 실제 사격을 했을 때의 경험은 충격적이었다. 총구에서 나가는 작은 총알이 내 몸을 뚫고 지나가는 듯했기 때문이다. 나는 그 느낌에서 벗어날 수 없었고, 집에 돌아가서도 악몽의 연속이었다. 이후 2년 정도 고민을 지속하면서 병역을 거부해야겠다는 결심을 했다.

임재성 이스라엘은 형식적으로 병역거부를 인정하고 있지만, 그 과정이 불합리하다고 들었다. 당신의 경우는 어땠는가?

파루신 법적으로는 병역거부가 인정된다. 그러나 이것은 대외적으로 인권 기준을 지키고 있음을 보여 주기 위한 허울에 불과하다. 정부는 징집 대상자들에게 병역거부에 대한 어떠한 정보도 주지 않으며, 실제 병역거부를 판결하는 위원회에서 남성들의 경우 대부분 탈락된다. 여성의 경우에는 그나마 남성보다는 통과 비율이 높은데, 이는 이스라엘 군대 내의 성별 불평등을 보여 주는 또 다른 예라고 생각한다.

나 역시 병역거부위원회에서 심사를 받아야 했다. 심사는 여섯 명의 퇴역 남성 군인들로 이루어진 위원회 앞에서 자신의 신념을 이야기하는 것인데, 질문은 바보 같은 내용이었다. 질문 중 하나는 이랬다. "수

많은 사람들이 도로에서 죽는다. 그런데 너는 어떻게 도로를 이용할 수 있는가? 너의 양심을 침해하는 일이 아닌가?" 첫 심사에서는 기각 판정을 받았는데, 이는 일반적인 일이었다. 위원회는 일단 처음에 다 기각을 시키고 계속 다시 신청하는 사람들에게만 허용해 주는 방식을 택하고 있기 때문이다. 두번째 심사에서는 나의 지인들까지 증인으로 나와야 했다. 다행히 대체복무제의 기회를 얻었고 2년간 빈곤층 아이들의 교육 시설에서 일했다.

• 기피와 거부, 돼지와 배신자

임재성 이스라엘에서는 상당수의 이들이 군 복무에서 면제가 된다고 들었다. 그럼에도 불구하고 병역거부를 선언하고 감옥까지 감수했던 이유는 무엇인가?

파루신 정부는 모든 이들이 군대에 간다고 말하지만, 군대 부적합자라고 불리는 'Profile21'로 분류가 되면 면제를 받는다. 이 범위는 상당히 넓은데, 신체적인 결함이나 정신적인 장애 등이 사유가 된다. 여성의 경우에는 결혼을 하면 면제가 된다. 그렇기 때문에 팔레스타인 점령 반대나 군사훈련을 거부하는 신념을 배경으로 이러한 면제를 이용하는 이들도 있다. 우리는 이것을 '회색 거부'Grey Objection라고 부른다. 이와는 다르게 공개적으로 병역거부를 선언하고 이것을 자신의 정치적 행동으로 삼는 이들도 있다. 후자의 경우가 병역거부 심사 과정이나 감옥 생활과 같은 법률적 지원을 더 많이 필요로 하기에 운동에 있어서 중점적일 수밖에 없지만, 이 두 방식 중에서 옳고 그름이 있다고 보지는 않는다.

　사회적으로 이 둘을 바라보는 시선에는 차이가 있다. 게으르거나 단지 의무를 피하기 위해서 면제를 받는 이들에게는 어떻게 사회에 대한 봉사를 피할 수 있냐며 '돼지'라고 부른다. 이스라엘에서 징병제는 어릴 때는 부모와 사회의 도움으로 컸으니 성인이 되어서는 그 빚을 갚아야 한다는 논리로 정당화되기 때문이다. 그러나 팔레스타인 점령에 반대한다는 주장을 하는 병역거부자들은 '배신자'로 불리며 "가자Gaza로 꺼져라", "아랍인들과 살아라" 등의 야유가 쏟아진다. 이는 현재의 팔레스타인 점령에 대한 이스라엘 사회의 인식을 보여 준다. 이들은 점령이 아니라 테러리스트들과의 팽팽한 전쟁이라고 현재 상황을 인식하며, 스스로를 피해자의 위치에 놓는다.

몇 년 전까지만 해도 군대 가지 않은 이들은 취직을 할 수도 없었다. 직장에서 군대가 발급하는 신체검사서를 요구했기 때문이다. 그러나 지금은 이것이 불법이 되었는데, 우리 단체에서 이러한 행위의 적법성을 법원에 물었기 때문이다. 이처럼 다양한 병역거부운동을 통해서 이스라엘 사회의 군사주의가 조금씩 극복되고 있다고 본다.

임재성 한국 역시 1960년대에 상당한 숫자의 병역기피자가 존재했다. 박정희 군사정권이 이러한 기피를 막기 위해서 사용했던 방법 중 하나가 바로 취직과 군 복무를 연계시키는 것이었다. 초기에는 직장마다 직원들의 군필 확인서를 비치해야 할 정도였다. 이제 한국은 이 제도가 너무나 자연스러워서 문제라고 생각하지 못할 정도이다. 한국에서는 "군대 갔다 와야 남자 된다"는 이야기가 보여 주듯이 군대와 남성성이 매우 밀접하게 연관되어 있다. 여성도 군대에 가는 이스라엘은 어떠한가?

파루신 여성도 징병이 되는 이스라엘에서도 군대는 남성성과 매우 밀접하게 연관되어 있다. 군대는 통과의례처럼 인식되기에 "군대를 갔다 와야 어른이 된다"고 하지만, 사실 여자는 아이를 낳아야 여자가 된다고 말한다. 반면 군인은 사회적으로 다 큰 진짜 남자의 상징과 동일시되곤 한다. 군대 내에서는 전우애와 같은 남성 간의 연대가 상당한데, 전투병은 대부분 남성들로서 그 역할에 대한 자부심을 가지고 있기 때문이다. 반면 군대에서 여자들의 지위는 비서나 복지, 행정적인 일에 머무르게 된다. 결국 사회의 성별 위계가 재생산되는 것이다.

• 여성이 군대에 가도 남성들만 말할 수 있다

임재성 한국의 일부 여성주의자는 여성의 군 복무를 확대하고, 더 나아가 여성 징병제를 통해서 보다 진정한 양성평등이 실현될 수 있다고 주장하고 있다. 이스라엘에서 여성 징병제가 성평등에 기여를 한다고 생각하는가?

파루신 이스라엘 역시 일부 여성주의자들은 남녀 징병으로 인해 우리 사회의 성평등이 이루어진다고 말하기도 한다. 이들은 군대 내부에서 여성의 지위를 향상하는 것이 필요하다고 여기며, 여성도 전투병에 지원할 수 있도록 제도를 바꾸는 활동 등을 했다. 그러나 실제 전투병으로서 끝까지 가는 여성의 숫자는 매우 소수에 불과하며, 군대 내에서 고위직 등으로 갈 수 있는 가능성도 희박하다.

나는, 군사주의가 성별화된 사고체계인데, 이것을 확대재생산하는 군대를 통해서 성평등을 이룰 수 있다는 것은 모순이라고 본다. 또한 오랜 시간 동안 여성의 징병이 계속되었지만 여전히 이스라엘 사회에서 안보와 관련된 이야기는 남성들만의 전유물이고 여성들에게는 발언권이 박탈되어 있다. 과연 군 장성을 여성이 한다고 해서 안보 문제에 대한 여성의 발언권을 획득할 수 있을까? 난 그렇게 생각하지 않는다.

임재성 팔레스타인 점령을 위해 공포를 극대화하고 군사적 수단의 사용을 정당화하는 이스라엘의 군사주의가 상당하다고 알고 있다. 그러한 이스라엘의 군사주의를 단적으로 보여 주는 사례로 어떤 것이 있을까? 그리고 당신의 단체는 그것에 대해서 어떤 방식으로 저항하고 있는가?

파루신 이미지로서 '군인'은 사회 곳곳에서 자연스럽게 등장한다. 광고 속에서는 어머니는 군대에서 돌아올 아들을 생각하면서 치즈를 준비한다. 텔레비전 쇼나 드라마, 심지어 특별한 관련이 없는 교과서 속의 대화에서도 군인들은 매우 빈번하게 등장한다. 그러나 군사주의라는 것은 이러한 이미지로만 한정되는 것은 아니다. 군사주의란 '안보'가 무엇보다 중요하다는 사고방식이다. "이것은 생존의 문제다. 무엇보다 중요하다." 이 속에서 사람들은 정부가 원하는 바대로 사회적 불평등이나 소수자의 문제에 무관심하게 된다. 우리는 바로 이 지점에서 싸우고 있다.

우리가 만든 인터넷 광고 중의 하나는 이렇다. 유명한 사람들, 예를 들어 큰 NGO의 대표 사진 등을 보여 주면서 "이들은 군대에 다녀오지 않았습니다"라는 멘트가 깔린다. 군대에 가지 않은 사람 중에 이런 유명한 사람도 있다는 것을 보여 주는 것이다. "얘들아, 군대에 안 가도 이렇게 잘되는 사람도 있구나" 하는 부모님의 모습도 있다. 이는 군대를 꼭 가야만 한다는 사회적 고정관념을 깨는 작업이다. 실제 우리의 주요한 활동 중 하나는 고등학교를 방문해서 병역거부에 대한 자료를 제공하는 것이다.

임재성 당신의 이야기를 통해 병역과 성별화된 시민권의 관계, 군사주의와 싸우는 병역거부운동의 의미를 보다 깊게 생각해 볼 수 있었다. 좋은 인터뷰 감사드린다.

세계에서 유일하게 여성까지도 징병의 대상이 되는 이스라엘의 여성 병역거부자와 인터뷰를 준비하면서, 나의 고민은 병역거부보다는 여성 징병에 더 초점을 맞춰져 있었다. 한국 사회에서 등장한 여성 징병제 논쟁 속에서 나름의 목소리를 내지 못했다는 아쉬움에 이 인터뷰를 통해 나름의 판단준거를 만들고 싶었기 때문이다. 여성 징병에 대한 파루신의 입장은 확실하다. 성별화된 사고체계인 군대를 통해 성평등을 이룰 가능성은 지극히 낮다고 본다. 그러나 그녀 역시 여성 징병제가 이스라엘 사회에서 여성의 시민권 향상에 기여한 것이 전무했다고는 볼 수는 없다고 전했다. 또한 이스라엘의 여성운동 내부에서도 군대에서 더 높은 직위에 여성이 진출하는 것을 환영하는 분위기는 상당하다고 한다.

한국 사회에서는 여성 징병제 이슈에 대해 평화운동에서 변변한 대응을 하지 못하고 있다. 보수적인 군 전문가들이 한목소리로 현실적인 조건을 들어 가며 반대의 목소리를 내고 있으며, 여성 징병제의 필요성을 주장하는 양현아 교수의 주장 정도가 꼴을 갖춘 입론의 형태라 할 수 있다(양현아, 「병역법 제3조 제1항 등에 관한 헌법소원을 통해 본 '남성만의' 병역의무제도」 참조). 군사주의 문제를 오랜 시간 다뤄 온 권인숙 교수 역시 이스라엘과 스웨덴의 사례를 꼼꼼하게 분석해 냈지만, 한국의 여성 징병에 대한 자신의 입장을 제출하는 데까지는 나아가지 못했다(권인숙, 「징병제와 여성 참여」 참조).

사실 이 사안에 대해 답하기 위해서는 병역 충원 구조나 헌법 해석 문제를 뛰어넘어 병역과 시민권의 문제, 한국 징병제의 역사적 의미, 그리고 여성과 군대라는 묵직한 질문들을 통과해야 한다. 그렇지 않고서는 "여자까지 군대 안 와도 군인 충분하다"나 "여자가 군대 가면 여성의 권익이 신장될 것이다"와 같은 단편적인 사고를 뛰어넘을 수 없다. 사실 이 논쟁의 출발점은 과연 여성 징병제를 통해 발생하는 긍정적 효과는 무엇이냐 하는 것이어야 한다. 한 논자는 보다 많은 여성들이 군대에 가서 군대를 여성화시킬 필요가 있다고 말한다. 그러나 여성 징병제를 경험한 파루신은 그렇다고 해서 군대가 여성화되지도, 여성의 발언권을 갖지도 못할 것이라 전한다. 분명한 것은 한국 사회에서 이 문제는 이제 유보될 수 없는 쟁점이 되었다는 점이다.

02 · 기억 속의 전쟁과 싸우는 병역거부

_ 시모 헬스텐(핀란드)과의 인터뷰

핀란드에서 온 시모 헬스텐Simo Hellsten은 1997년부터 핀란드병역거부자
연합Union of Conscientious Objectors Finland에서 활동해 왔다. 그는 핀란드에
서 일찍이 인정되었던 병역거부권으로 인해서 병역거부를 하고 대체복
무제를 수행할 수 있었다. 시모에게 한국과 같고도 다른 핀란드 군사주
의의 형성 과정과 병역거부운동에 대해서 물어봤다.

• '좋은 전쟁'의 기억

임재성 한국에서 핀란드는 북유럽 국가로서 평화로운 이미지다. 인터뷰
를 준비하면서 우리와 마찬가지로 핀란드 역시 군사주의가 만연해 있음
을 알고 놀랐다. 핀란드 사회의 군사주의는 어떤 역사적 경험을 통해서
형성되었는가?

헬스텐 세 번의 전쟁 경험이 핀란드 군사주의의 중요한 근거라고 할 수 있다. 첫번째는 러시아제국의 식민지에서 벗어난 직후인 1918년에 일어난 좌우 간의 내전이었다. 이는 수만 명의 죽음으로 끝났으며 이후 핀란드 사회에 큰 트라우마를 남겼다. 두번째는 '겨울전쟁'이라고 불리는, 1939년부터 일어난 소련과의 전쟁이다. 스탈린이 핀란드를 위성국가로 삼으려는 것에 저항한 전쟁이었는데, 이때 거대한 영웅담들과 자발적인 총동원 분위기가 시작되었다. 당시 전쟁은 거대한 소련의 침략을 작은 핀란드가 막아내는 '좋은 전쟁'이라는 인식이 절대적이었기 때문이다. 이후 반소련 분위기가 확산되었고, 제2차 세계대전에서는 나치와 손을 잡고 소련을 공격하기도 했다. 이것이 세번째 전쟁이다.

계속되는 전쟁으로 많은 이들이 희생되었으며 경제적으로도 빈곤한 상태였다. 핀란드에게는 매우 힘든 시간이었는데, 군사주의는 이러한 전후의 상황에서 공고해졌다. 제2차 세계대전 이후 학교는 계속 전쟁 영웅과 그들의 희생을 강력하게 주입시키면서 지금의 고통을 정당화시켰다. 그 속에서 학생들은 조국을 위해 희생해야 하고, 목숨까지 바칠 수 있다는 신념을 가지고 성장하게 되었다. 현재 핀란드 사회에서는 "우리의 독립은 전쟁 시기 희생당했던 남성과 여성들의 명예에 빚을 지고 있다"와 같은 담론이 매우 강력한 지배력을 가지고 있다. 이 담론 안에선 내전 과정에서의 민간인 학살이나 나치와 연합해서 소련의 국경을 넘어 공격했던 기억은 사라지고, 오직 피해자로서의 핀란드와 나쁜 소련에 저항했던 영웅들만이 칭송된다.

임재성 한국과 매우 유사한 지점이다. 한국 역시 일제 시기와 한국전쟁의 경험을 바탕으로 '강한 국가', '강한 군대' 이데올로기가 지배적이 되었다. 이 군사주의 이데올로기 속에서 한국은 늘 피해자이며, 한국전쟁이나 베트남에서 국군에 의한 민간인 학살과 같은 문제는 '공식 역사'가 되지 못해 왔다. 무엇이 기억되는가는 매우 정치적인 문제이다.

헬스텐 우리 역시 군대에 대한 논쟁이 벌어지면 "퇴역 군인들이 이러한 논쟁에 대해 어떻게 생각하겠느냐"라는 이야기가 가장 먼저 나온다. 겨울전쟁의 '영웅들'에 대한 영화는 지금도 만들어지고 있으며 그 속에서 신화화되고 있다. 얼마 전 의회에서 대체복무 기간을 줄이기 위한 법안이 상정되었을 때 한 퇴역장교는 "의회는 누군가가 침략을 준비하고 있을 수 있다는 것을 기억해야 한다"라고 말하기도 했다.

임재성 군사주의는 적을 만들고, 그 적에 대한 공포로서 작동한다. 핀란드에게 그 적이 거대한 소련이었다면, 실제 소련의 해체 이후에는 군사주의가 약해졌는가?

헬스텐 정반대다. 오히려 냉전 시기에 핀란드는 지리적으로 소련과 인접하기에 정치적·군사적으로 일정한 제약을 받았다. 중립적인 입장을 취했으며 그 속에서 군사주의 역시 노골화되지 못했다. 냉전이 끝나자 자유롭게 반소련의 입장을 취할 수 있었고, 소련의 침략에 저항했던 전투가 더욱 찬양받게 되었다. 이러한 흐름 속에서 우익들은 본격적으로 국방비를 확충하고 나토NATO에서도 주요한 역할을 해야 한다고 주장하고 있다. 우리는 이를 신군사주의라고 부르는데, 실제의 적은 사라졌지만 공포는 오히려 더욱 강조되는 형국이다. 그 속에서 강력한 군대는 핀란드의 '자존심'이 되고, 병역거부는 더욱 뜨거운 쟁점이 될 수밖에 없다.

• 병역거부자의 시민권

임재성 핀란드가 대체복무제를 도입하게 된 역사와 현황이 궁금하다. 핀란드의 군사주의적 분위기 속에서 병역거부자에 대한 사회적 인식은 어떠한가?

헬스텐 핀란드는 징병제로서 매년 3만 명 정도가 징집되고 있다. 이 중에서 8% 정도가 대체복무제를 선택한다. 그리고 현재 40명 정도가 현재의 대체복무제 역시 군사적 활동과 상당한 연관을 가진다는 이유로 거부하고 수감되어 있다. 일반 복무는 6개월인데, 대체복무제는 최근에 1개월이 줄어서 12개월이다.

제1차 세계대전이 끝난 이후 국제적인 평화운동은 상당히 강력했다. 1920년대에 핀란드에서도 전쟁에 저항하는 그룹들이 많았다. 그러한 흐름 속에서 1922년에 대체복무제 법안이 통과되었고, 이후 1931년에 병역거부의 사유가 종교적인 것에서 윤리적인 이유까지 포함하는 방향으로 개정되는 진전을 보였다. 그러나 제2차 세계대전 중에 병역거부자들도 강제징집이 되어서 많은 이들이 감옥에 가거나 처형을 당했다.

핀란드는 오랫동안 병역거부자들에게 사회적으로 낙인을 찍어 왔지만 최근에는 그 분위기가 점점 옅어지고 있다. 그러나 여전히 회사에서 사원을 뽑을 때 그들의 군 복무 여부를 묻기도 한다. 이는 현행법상으로는 불법이지만, 서류가 아닌 구두로 진행되는 경우가 종종 발생한다. 만약 이러한 피해자가 발생한다면 우리는 그들을 도와서 노동부에 진정하고 시정을 요구한다.

임재성 감옥이 아닌 다른 방식의 복무 기회만이라도 달라고 외치는 한국의 상황에서는 먼 일이라고 느껴지지만, 대체복무가 법적으로 인정되는 것과 그것을 수행한 이들이 사회적 시민권을 갖게 되는, 즉 편견과 차별을 받지 않고 살아갈 수 있게 되는 것은 또 다른 문제일 것이라 느껴진다. 한국 사회에서는 대체복무제가 도입되면 많은 이들이 그것을 택할 것이라는 우려가 큰데, 핀란드의 사례는 어떠한가?

헬스텐 최근 대체복무제의 기간이 줄어들자 신청자가 늘어난 것은 사실이지만, 다른 유럽국가의 상황과 비교해 보면 여전히 대체복무제를 택하는 이들은 소수다. 국방부는 병역거부자들을 일정한 숫자로 유지하고자 하는 노력을 한다. 이들이 증가할 경우 심사의 과정을 까다롭게 하거나, 대체복무를 군사훈련과 유사한 것으로 교체한다. 또 다른 방식으로는 "나는 퇴역 군인들에게 빚을 지고 있기 때문에 군대에 간다"와 같은 의식을 자극하는 것이다.

임재성 당신이 이번에 한국에 온 이유이기도 한데, 현재(2009년 5월) 한국은 400명 이상의 병역거부자들이 감옥에 있는 상황임에도 대체복무제가 도입되지 않고 있다.

헬스텐 유엔 사무총장을 배출한 나라에서 이렇게 국제법과 인권규약을 무시하는 것은 놀랍다. 다양한 방식의 저항이 필요하겠지만, 우리 역시 한국의 상황을 돕기 위해 노력할 것이다. 핀란드의 한국대사관 앞 집회를 조직하거나, 한국의 상황을 번역해서 널리 알리도록 하겠다. 이명박 정부가 대체복무제를 무기한 연기한 이유가 여론조사 결과라고 들었다. 인권은 95%가 반대한다 하더라도 지켜져야 한다.

임재성 병역거부를 통한 국제 연대가 탈군사화된 사회를 만드는 주요한 역할을 했으면 한다. 인터뷰에 응해 주셔서 감사드린다.

전쟁 기억은 모든 국가에게 있어서 가장 치열한 '기억의 정치'가 이루어지는 장이다. 전쟁이란 한 사회의 원형을 만드는 결정적 사건이며, 현재 사회를 지배하는 권력은 그 전쟁에 대한 기억을 자신의 정당성을 강화하기 위해서 끊임없이 동원하기 때문이다. 헬스텐은 겨울전쟁의 기억을 통해서 핀란드 군사주의를 진단했고, 이를 병역거부와 연결시켰다. 퇴역군인들의 '영웅화'와 대체복무의 관계를 설명하는 헬스텐의 이야기는 쉽지만 정확했다. 한국의 평화운동, 그리고 병역거부운동은 한국 사회를 "군사화된", "군사주의가 팽배한" 사회라 쉽게 이야기하지만 과연 이 군사주의가 어떤 역사적·정치사회적 맥락 속에서 등장하고 움직여 왔는지에 대한 설명은 아직 온전하게 갖추지 못하고 있다. '분단', '군사독재'와 같은 추상적 언명이 아니라 그 역사적 결을 하나하나 살피는 과정을 통해서만 병역거부에 대한 온전한 설명도, 군대와 병역이 우리 사회에서 왜 그렇게 독특한 지위를 가져왔는지에 대한 분석도 가능할 것이다.

03 · 전쟁이 가르쳐 주는 것, 군대는 '살인 집단'

_ 보로 키타노스키(마케도니아)와의 인터뷰

마케도니아는 '유럽의 화약고'라 불렸던 발칸 지역에 위치한 나라이다. 유고슬라비아사회주의연방공화국(구 유고)은 1991년부터 1995년에 걸친 끔찍한 전쟁의 결과 현재 7개의 독립적인 국가들로 분할되어 있다. 인종청소까지 자행되었던 전쟁의 경험 속에서도 마케도니아는 2001년도에 병역거부권이 인정되었고, 2006년도에는 징병제가 폐지되기까지 했다. 무엇이 이러한 변화의 흐름을 만들었을까? 병역거부자이자 마케도니아에서 반전운동을 하고 있는 보로 키타노스키Boro Kitanoski에게 그 이유를 물었다.

• **전쟁의 고통이 만든 두 길, 철저한 무장 혹은 병역거부 인정**

임재성 한국인들에게 발칸반도에 있는 마케도니아는 발칸전쟁과 이후 분리 독립의 역사 속에서 매우 강력한 군사주의와 민족주의가 지배하고 있을 것이라고 예상된다. 그렇기에 마케도니아가 병역거부운동이 공론화된 지 10년 만에 대체복무의 권리를 얻어내고, 징병제까지 폐지하게 된 것은 매우 놀랍게 보인다. 무엇이 이러한 변화를 가능하게 했는가?

키타노스키 충분히 그렇게 보일 수 있다. 마케도니아의 민족주의와 군사주의는 매우 강력하며, 이러한 환경은 병역거부운동을 비롯한 반전평화운동에 큰 장애물이기도 하다. 하지만 병역거부권이 인정되는 데 결정적인 요인들이 있었다.

첫번째는 유럽통합 프로세스다. 유럽 대부분의 국가들은 유럽연합에 가입하고자 한다. 가입 과정에서 해당 국가는 스스로가 법률적·사회적으로 얼마큼 인권을 보장하고 있는지를 증명해야 하는데, 그 중 핵심적인 요소가 병역거부자의 인권이다. 강제 조항으로서 병역거부권이 명시되어 있지는 않지만, 병역거부권이라는 것이 보편적이고 오래된 인권 사안이기에 그것이 국가의 인권 수준을 나타내는 것이라는 공감대가 형성되어 있다.

최근 유럽의 많은 나라, 특히 신생국의 경우에는 유럽통합 과정이 병역거부권을 비롯한 많은 인권 사항의 개선에 큰 동력이다. 그러나 이를 이상화시키는 것은 위험하다. 대체복무제가 도입되는 것과는 별개로 그것이 어떤 대체복무제인가라는 문제가 남아 있기 때문이다. 그리스의 경우에는 처음 대체복무제가 도입되면서 현역 복무기간의 2배에 달하는 기간을 설정해서 많은 비판에 직면했지만, 유럽연합은 이를 면밀하게 살피지 못했다. 최근에서야 그리스의 대체복무제는 현역 복무의 1.5배 기간으로 조정되었다.

마케도니아 병역거부권 인정의 또 다른 요인으로는 최근에 겪었던 전쟁의 고통이 있다. 수많은 이들이 오랜 전쟁을 겪으면서, 전쟁이라는 것이 무엇을 뜻하고 누구를 위한 것인가를 깨닫게 되었다. 평화로운 시기에도 군사훈련 등은 계속되지만 그것이 의미하는 바가 뚜렷하게 인식되지는 않는다. 그러나 전쟁 시기에는 군인을 모으고 훈련시키는 것이 죽음과 연결된다는 것을 명확하게 느낄 수 있다. 군대는 본질적으로 살인 집단이라는 깨달음을 얻을 수 있었던 것이다. 이러한 경험이 이후 병역거부자들이 스스로의 신념과 반전을 이야기할 때 보다 넓은 사회적인 공감대를 형성시켜 주었다고 본다.

임재성 전쟁의 경험이라는 것은 두 가지 반대 방향의 힘을 가지고 있다고 본다. 하나는 전쟁의 참상을 통해서 무기와 군대라는 것이 결국 살인을 위한 도구이며, 이를 거부하고 줄여 나가야 한다는 깨달음일 것이다. 제1차 세계대전 이후 세계적인 반전운동과 수많은 평화조약, 군축협정 등이 대표적인 역사적 사례이다. 반대 방향의 흐름은 스스로를 피해자화하면서 '전쟁을 막기 위한 힘'이라는 논리로 철저하게 무장해 나가는 것이다. 평화운동의 역할은 이 두 흐름의 긴장 관계를 변화시키는 것이라 본다.

발칸 전쟁 이후에 발칸 지역에는 평화운동이 활발하게 형성되었다고 들었다. 그러나 한국은 한국전쟁 이후 1990년대 중후반까지 평화운동의 흐름이 미약했다. 이러한 차이가 현재 마케도니아와 한국의 차이를 설명하는 하나의 요인이 될 수 있을 것이다. 그렇다면 사회운동으로서 병역거부운동은 마케도니아에서 어떤 역할을 했는가?

키타노스키 앞서 이야기한 것처럼 마케도니아는 신생 독립국으로서 강력한 민족주의가 지배하고 있다. 이는 병역거부 활동을 하는 이들에게는 매우 힘든 조건이었다. 그 속에서 운동은 민족과 국경을 넘는 연대를 통해서 이를 극복하고자 했다. 2001년에 마케도니아에서는 경찰과 군대가 알바니아계 게릴라들과 전투를 벌이는 내전이 발발했었다. 우리는 이 상황에서 알바니아 평화운동 그룹, 알바니아 병역거부자들과의 연대를 모색했다. '적'이라고 표상되는 이들 사이에서도 우리에게 총을 겨눌 수 없다는 이들이 있다는 것을 알려 나갔다. 그 속에서 병역거부자는 평화를 위한 중요한 소통의 '도구'가 될 수 있었다.

　이 연대가 사람들에게 주는 충격은 상당했다. 안보를 이유로 병역거부자들을 비판하는 이들에게 '적'이라 불리는 다른 나라의 병역거부자들의 존재는 스스로의 논리 체계를 무너뜨리기 때문이다. 그 속에서 진정 필요한 것은 군사력의 확대가 아닌 연대라는 인식을 확산시킬 수 있었다.

• 징병제를 없애는 과정

임재성 2006년도에 징병제가 폐지되었다고 들었다. 징병제가 폐지되었던 이유에는 나토 기준에 맞추는 소수정예 군대로의 개편 작업이라는 측면도 존재하겠지만, 병역거부가 사회운동으로서 가하는 압력도 존재했다고 본다. 마케도니아의 병역거부운동은 징병제 폐지에 많은 영향을 미쳤는가?

키타노스키 상당한 영향을 미쳤다. 실제 마케도니아에서 병역거부운동은 처음부터 대체복무제를 원했던 것이 아니라 병역거부권의 인정과 함께 징병제 폐지를 요구했다. 그랬기에 대체복무제가 도입되었을 때 우리는 "대체복무제를 해주셔서 감사합니다. 대체복무제는 이런 방식으로 잘 되었으면 좋겠네요"라고 하지 않았다. 대체복무제 도입이 최종 목표가 아니었다. 징병제 폐지를 보다 강력하게 요구할 수 있는 조건이 형성된 것이라고 여겼다.

물론 많은 이들이 스스로의 신념을 이유로 대체복무제를 선택했고, 이렇게 사람들이 군사훈련에서 벗어날 수 있다는 것은 바람직한 일이다. 그러나 우리는 대체복무제가 확대되는 것이 오히려 징병제를 공고화할 수 있다는 우려를 가지고 있었다. 독일의 사례가 그러한데, 독일의 경우 상당한 비율의 병역거부자들이 대체복무로 사회의 다양한 곳에서 저렴한 임금으로 복무를 하고 있다. 그렇기에 징병제를 폐지할 경우 이러한 노동을 유급노동으로 대체해야 하기 때문에 징병제 폐지에 큰 부담이 생길 수밖에 없다.

임재성 한국의 경우 대체복무제와 징병제의 관계는 복잡하다. 한국은 실제 병역거부자들에게는 대체복무를 불허하고 세계에서 가장 많은 숫자를 감옥에 보내고 있지만, 동시에 가장 활발한 대체복무제 시행국이기도 하다. 역사적으로 병역거부자들의 신념을 보장하기 위해서 만든 대체복무제를 국가와 자본의 이익을 위해서 남용하고 있는 것이다. 현재에도 10만 명도 넘는 이들이 전투경찰, 경비교도대, 공익근무, 병역특례 등의 이름으로 유급노동으로 이루어져야 할 수많은 자리에서 복무하고 있다. 그러면서도 한 해 천 명도 안 되는 병역거부자들이 대체복무를 하는 것은 국가안보에 중대한 도전이라며 반대하는 모순적인 상황이다.

한국은 지난 9년 동안 병역거부운동을 해오면서 대체복무제 도입에 주된 초점을 맞춰 왔다. 아직 제도 개선이라는 성과도 얻지 못한 상황이지만, 내부적으로는 이 운동을 평화운동의 맥락에서 어떻게 발전시킬 수 있을지에 대한 고민을 가지고 있다. 마케도니아의 경우에는 병역거부운동이 초기부터 평화운동의 맥락에서 시작되었다고 들었다. 그 과정은 어떠했는가?

키타노스키 병역거부자들의 권리를 주장하는 것은 우리의 주된 활동이었으며 상징이었다. 그러나 그것은 반전운동을 위한 하나의 '도구'였다. 개인이 전쟁에 저항하는 방법 중 매우 근본적인 방법으로서 병역거부를 사고했다. 만약 국가가 우리에게 군인이 되라고, 그래서 살인 기술을 훈련받으라고 했을 때 우리는 어떻게 저항할 것인가? 그 저항의 방법이 바로 병역거부권이었던 것이다. 우리는 징병제 폐지, 군축 등의 이슈에 대해서도 같은 흐름 속에서 접근할 수 있었다.

한국의 경우, 우리의 상황과는 다른 측면이 있다고 본다. 감옥에 500명에 가까운 이들이 수감되어 있다는 이야기를 듣고 정말 놀랐다. 병역거부자에 대한 사회적인 억압이 얼마나 강력할지도 예상할 수 있다. 그럼에도 한 가지 생각이 든 것은 병역거부라는 사안이 독립적인 의제가 아니라 다른 인권운동, 평화운동의 흐름 속에 놓여야 한다는 것이다. 정부가 이 문제를 해결하도록 압력을 가하는 것도 중요하지만, 다른 사회운동 단체들과의 연대 속에서 반전평화운동의 발전을 위한 촉매제가 되는 것도 중요하다.

임재성 정권이 바뀐 이후 대체복무제 도입조차 쉽지 않은 상황이기에 갈 길이 먼 한국 병역거부운동이지만, 당신의 통찰을 바탕으로 한국의 병역거부운동이 평화운동으로서 어떤 역할을 할 수 있을지 고민의 폭을 넓힐 수 있었다. 좋은 인터뷰 감사드린다.

키타노스키는 자신의 사례를 '상대화'하기 위해 많은 노력을 했다. 마케도니아가 빠르게 병역거부를 인정하고 징병제 폐지까지 갈 수 있었던 것에는 많은 요인들이 중첩되었기에 가능했음을 강조하면서 "평화운동이 잘해서", "유럽통합 프로세스의 힘으로"와 같이 단편적인 시각으로 접근하는 것을 경계했다. 어쩌면 이러한 그의 노력은 여전히 대체복무제 자체에 대한 합의조차 없는 우리의 상황에서 다른 나라의 운동과 경험을 접근할 때 반드시 가져야 할 자세이기도 할 것이다. 그럼에도 그와의 인터뷰 중에서 가장 가슴을 두근거리게 했던 이야기는 내전 속에서 '적'이라 불리는 이들 안의 병역거부자들과의 연대를 꾀했던 것이었다. 나를 죽일 수 없다는 병역거부자. '적'의 병역거부자와 손잡는 기회를 가진 이들에게 전쟁은 분명 이전의 전쟁과는 많이 다르게 다가올 것이다. 그 변화야말로 병역거부운동이 간절하게 바라는 것이다.

군대 문제

1

대학원에 다니면서 학교 근처의 선배 집에 얹혀살았다. 가파른 언덕 끝
에 자리 잡은 연립주택 1층, 학교까지는 걸어서 30분 정도 걸리는 곳이
었다. 대학원생의 부족한 운동량을 채워 주는 사려 깊은 위치라 생각하
면서도, 날씨가 조금이라도 흐리면 마을버스를 애용했다. 그날 날씨가
어땠는지는 잘 모르겠다. 9월 초, 분명 날씨는 좋았을 게다. 바쁜 일도 없
었다. 그럼에도 발은 자연스레 학교로 가는 마을버스를 기다리는 줄로
향했다. 줄을 서서 그날 신문을 펴고 습관처럼 칼럼부터 읽기 시작했는
데, 마을버스를 몇 대나 보낸 후에야 정신을 차릴 수 있었다. 부끄럽고,
서러웠다.

　고려대학교 불문과 교수이신 황현산 선생님이 쓰신 「군대 문제」라
는 칼럼이었다. 고개를 끄덕이면서 선생님의 글을 읽어 나가고 있었다.

　우리에게서 군대 문제는 많은 모순을 담고 있는 것이 사실이지만, 그것
　이 사회적 의제로 떠오르기는 쉽지 않다. 우선 막강한 힘을 가진 국가 이

데올로기도 있지만, '누구나 다 겪는 고통'이라는 생각도 군대 문제를 의제로 내걸 수 있는 길을 막는다. …… 그러나 '누구나'가 실은 '누구나'가 아니라는 사실이 알려지면 억눌렸던 의제는 가짜 의제가 되어 폭발한다. (황현산, 「군대 문제」)

맞다. '누구나'는 '누구나'가 아니다. 여성과 장애인, 고졸 미만의 학력자와 혼혈인이 '누구나'에 속하지 않음은 물론이고, 전체 입영 대상자 중에서도 현역 사병 복무자는 절반을 조금 넘는 수준이다. 정확한 통계는 없지만, 서울 소재 4년제 대학 남학생들의 사병 복무 비율은 전체보다 훨씬 낮을 것이다. 비통하게 죽어 간 천안함의 46명의 젊은이들 중에서 인구비율로 따져 보면 응당 있어야 할 소위 '빽' 있는 이는 한 명도 없었다. 군 복무의 문제는 종종 성별 간의 대립처럼 표상되지만, 실제 그속에는 학력·계층 등 사회적 차별의 문제가 복잡하게 얽혀 있다. 이 얽힘은 황현산 선생님의 말씀처럼 '가짜 의제'의 모습으로 폭발해 왔다. 그러나 그 복잡함을 지적하는 글들도 결국 '논의의 필요성'만을 반복하면서 끝나곤 했기에, 선생님의 결론은 무엇일지 궁금했다. 그런데 그곳에서 예상치 못한 '나'를 마주했다.

최근에 자신의 종교적 신념이나 세계관에 반해서 군대에 입대하기보다는 차라리 감옥행을 선택하는 젊은이들이 나타났다. 내가 그들에게 기대를 거는 이유는 그들의 용기와 희생이 자주 원한 폭발의 형식으로 나타나는 가짜 의제를 마침내 진짜 의제로 바꿔 줄 것이라고 믿기 때문이다.

'기대'와 '마침내', '믿기 때문이다'라는 말. 부끄러웠다. 부끄러워서 서러웠다. 정말 그러고 싶었다. 우리 사회에서 군대에 대한 '진짜 의제'를 만들어 보겠다는 거창함까지는 아니었지만, 무엇이라도 해야 된다 생각했고 하고 싶었다. '출소한 병역거부자'로서의 책무감. 출소한 이들 대부분이 이 고민을 안고 살아가고 있다. 모여서든 혼자서든 '감옥' 이후를 어떻게 살아가야 할까에 대해 고민한다. 하지만 출소 이후 각자가 대면해야 했던 것은 온전히 스스로가 감당해야만 했던 일상의 무게였다. 출소한 병역거부자들은 그 무게를 포함한 여러 상황 속에서 병역거부운동 속 자신의 역할을 찾지 못해 왔다. 누군가의 과분한 기대와 믿음이 부끄러웠던 이유였다.

나 역시 나름의 고민 끝에 대학원에 진학했지만, 지적 허영을 부리면서 살아가는 것 같아서 늘 괴로웠다. 병역거부자로서 문제의식을 살려 '평화연구' 한답시고 앉아 있었지만, 글 하나 제대로 쓰는 것 없이 성격만 괴팍해지고 있었다. 계속되는 병역거부자들의 감옥행을 지켜보면서도, 그것에서 느껴지는 고통에조차 조금씩 무뎌져 가고 있었다. 어떤 이들은 조급한 것이라고 했고, 어떤 이들은 그게 나이를 먹는 것이라고도 했다. 하지만 난 그런 내가 부끄러웠고, 그런 부끄러움조차 익숙해져 가던 때였다.

그때 이 칼럼을 읽었다. 마침 이 책의 준비를 막 시작하려고 하던 때였다. 부끄럽고 서러웠지만, 다행이기도 했다. 누군가가 자신에게 기대와 믿음을 가지고 있다는 것은 부담이자 기쁨이었고, 난 마침 무엇인가를 궁리하고 있었기 때문이다. 물론 이 책이 선생님의 기대에 응답한 것이라고 말하기엔 부족하기만 하다. 그럼에도 조금이나마 다른 목소리가, '원한'과 '증오'의 폭발을 넘어선 목소리가 병역거부자와 병역거부운동을 통해 나올 수 있다고 믿었고, 이 책이 그 목소리 중 하나가 될 수 있기를 바라며 썼다.

2

한국 사회에서는 2000년대 말부터 20대에 대한 '세대 논의'가 뜨거웠다. 대학, 취업, 주거 등 20대를 둘러싼 다양한 주제들이 논의되었지만 정작 그 속에서 20대가 가장 고민하는 주제 중 하나인 '군대'는 자리를 갖지 못했다. 병역과 군대 문제가 우리 몸속 깊숙이 박혀 있어서, 감히 의제가 될 엄두조차 내지 못했던 것은 아닐까? 물론 문제 제기를 제대로 하지 못했던 평화운동, 특히 병역거부운동의 탓이 가장 크다.

한 선배는 종종 술자리에서 군 복무자들의 정신적 트라우마를 이야기한다. 그는 군대 갔다 온 남자들은 모두 정신병을 가지고 있다고, 그러니 이 사회가 제대로 되겠냐고 성토한다. 요즘 군대가 많이 좋아졌다고들 한다. 분명 변화는 뚜렷하다. 1980년에서 1995년까지 군 복무 중 사망한 사람은 연평균 600여 명 정도였지만, 1995년 이후 2004년까지 연평균 사망자는 220명 정도로 떨어졌다. '좋아진' 군대가 매년 400여 명의 젊은이들을 살린 셈이다. 그럼에도 군대는 그 본질상 공격과 복종의 원리에 따라 조직된다. 그리고 군대의 경험이 사회 구성원들에게 지배적이 되면, 군대에서 체현한 군인으로서의 정체성과 행위양식이 시민사회로 확산될 수밖에 없다. 일상의 군사화, 일상의 병영화다.

이런 이야기가 있다. 일본에서 한국인 남성 몇 명이 행방불명되자, 일본 당국이 이들을 위험인물로 분류했다고 한다. 그 이유인즉슨 일본인이 보기에 한국 남성들은 대부분 군대를 다녀왔기에 총을 사용할 수 있고, 이는 곧 살인 능력이 있음을 의미하기 때문이었다. 이 사례 속 일본이 유별난 것은 사실이지만, 단지 그뿐일까? 우리는 군인이 되고, 살상 능력을 체득하는 것을 당연하게 생각하지만, 조금만 거리를 두고 보면 매년 수십만 명이 군대라는 공간 속에서 살상 기술을 익히는 사회가 얼마나 무서운 사회인지를 깨달을 수 있다. 또한 그 수십만 명은 살상 기술뿐만 아니라, 모든 권리를 박탈당해 본 경험을 품고 사회로 돌아온다. 분명 군대라는 거대한 '학교'는 우리 사회의 미래와 대안을 모색함에 있어서 반드시 논의되어야 할 부분이다. 그 논의에 있어서 지난 10년 동안 쌓여 온 병역거부운동은 중요한 자산이 될 수 있을 것이라 믿는다.

3

책을 한 권 쓰면서도 담은 이야기보단 담지 못한 이야기가 더 많다. 철저한 '내부자'였기에 더욱 그렇게 느끼는지도 모르겠다. 가장 마음이 쓰이는 것은 여호와의 증인 신도 분들의 신념과 노력을 충분히 담지 못했다는 점이다. 2000년대 이후 사회운동에, 특히 정치적 병역거부자에 초점을 맞추다 보니 오랜 시간 묵묵히 병역거부라는 길을 이어 오신 분들의 이야기가 역사 부분에서만 일부 다루어졌다. 너그러운 이해와 용서를 부탁드린다.

병역거부운동은 결코 정치적 병역거부자, 그리고 이 책에서 언급된 몇 명의 활동가들로만 이루어지지 않았다. 오히려 그들보다 더 많은 고민과 노력을 기울인 이들이 있었지만, 그 역시 이 책에 충분히 담기질 못했다. 이 책이 이야기하는 '운동'이란 기실 이들 모두의 노력으로 가능했던 것이었다. 그 중에서도 특히 초창기 척박한 조건에서, 이름도 낯선 병역거부에 관심을 가지고 '의제화'하기 위해 노력해 주셨던 분들의 시간을 이 책에서 충분히 담지 못한 점이 아쉽다. 지금 각 영역에서 빛나시는 이 분들을 보면 병역거부운동이 참 복이 많다는 것을 느끼고, 또 그렇게 신심을 가진 분들이 결국 울림을 얻는구나 하는 깨달음도 얻게 된다.

많은 이들의 노력에도 불구하고 대체복무제의 전망은 그리 밝지 않다. 안타까운 일이다. 사실 개인적으로 이기는 운동을 해본 적은 별로 없다. 따져 보면 늘 졌다. 하지만 그게 운동이라고 배웠다. 해서 바뀐다는 보장은 없지만, 안 하면 계속된다는 것이 확실하기에 해야 하는 게 운동이라고 말이다. 그것이 부조리한 세상을 살아가면서 품위를 지킬 수 있는 길이라 믿었다. 하지만 이번에는 지고 싶지 않다. 계속되는 감옥행을 꼭 멈추고 싶다. 관심과 연대를 부탁드린다.

4

2009년 초 군의문사진상규명위원회는 군대에서 집총을 거부하다 돌아가신 여호와의 증인 신도들에 대해 국가의 책임을 인정하는 결정을 발표했다. 이춘길 씨에 대한 결정문에는 의문사를 조사하는 과정에서 당시 이춘길 씨와 함께 유치장에 있었던 이들의 증언이 담겨 있다. "처음에는 여호와의 증인인 줄 몰랐는데 너무 많이 때려서 '쟤들 뭔데 저렇게 맞나' 하고 궁금했습니다. 한번은 헌병 근무자가 불러서 '너희들은 총칼을 잡지 않으면 식칼은 어떻게 잡냐'라고 묻고 '음식을 먹기 위한 식칼은 괜찮다'고 대답하니까 실컷 두들겨 때렸습니다. 패려고 불러낸 거죠." "'너희는 대한민국 사람도 아닌데 왜 밥을 먹냐'면서 밥도 잘 안 주고 기합을 받아도 더 받고 인간 취급도 안했습니다. …… 구타는 수시로 벌어졌어요. 각목으로 때렸다가 손과 발을 이용해서 온몸 가릴 것 없이 무차별적으로 가격을 하기도 하고. …… 뭐라고 말할 수 없이 늘상 벌어진 일이었습니다."

군인들은 왜 이춘길 씨를 때렸을까? 그들은 지금 누구의 아버지, 누구의 남편, 누구의 친구로 살아가고 있을 것이다. 그때는 다 그랬다고 말하지 말자. 이춘길 씨는 왜 맞아야 했고, 왜 죽어야 했을까? 우리들의 손에 총을 들리기 위한 국가의 폭력은 끝났을까? 총을 들지 않겠다는 이들이 견뎌야 했던 고통을 팔짱 낀 채 무표정하게 바라보던 세상의 시선은 달라졌을까? 이춘길 씨는 유치장 복도에서 근무 헌병에게 군용 야전침대 받침목으로 복부를 가격당해 돌아가셨다. 1976년 3월 19일, 그가 27살이 되던 이른 봄이었다. 하늘나라에선 부디 평화롭게 지내시길 간절히 기원한다.

참고문헌

저자의 논문·발표문·기고글

「강경대 살해 보고 진압복 벗은 지 18년, 아직도…」, 『프레시안』, 2009년 5월 14일.

「권인숙 교수, 평화주의자들과 이야기하다」, 『오마이뉴스』, 2006년 12월 30일.

「답이 뻔한 질문으로 '대체복무제' 뒤집은 국방부」, 『오마이뉴스』, 2008년 12월 30일.

「삶을 담는 연구의 방법론: 허버트 허시, 『제노사이드와 기억의 정치: 삶을 위한 죽
　　음의 연구』」, 『제노사이드연구』 5호, 2009.

「소수자 문제를 국민여론조사로 뚝딱?」, 『오마이뉴스』, 2008년 12월 24일.

「순국으로 치장된 가난한 시민권자들의 죽음」, 『세상을 두드리는 사람』 44호, 2010.

「여자도 군대 가야 '양성평등'?」, 『프레시안』, 2009년 5월 13일.

「영화관에서 생전 처음 대성통곡을 하다」, 『오마이뉴스』, 2006년 12월 5일.

「유엔 사무총장 배출한 나라가 이 정도 수준일 줄은」, 『프레시안』, 2009년 5월 12일.

「전쟁이 똑바로 가르쳐주는 것… 군대는 '살인 집단'」, 『프레시안』, 2009년 5월 17일.

「진압하다 헬멧 속에서 울기도 했다. 현역 의경, 촛불진압 항의 복귀 거부」, 『오마이
　　뉴스』, 2008년 7월 25일.

「징병제 형성과정을 통해서 본 양심적 병역거부의 역사」, 『사회와역사』 제88집,
　　2010.

「촛불시민 진압 거부합니다. 양심 따른 대가로 10개월째 수감 중」, 『오마이뉴스』,
　　2009년 5월 1일.

「평화권을 통해서 본 한국 인권담론 확장과정 연구」, 국가인권위원회, 『2009년도
　　인권논문 수상집』, 2009.

「평화운동으로서의 한국 병역거부운동 연구」, 『민주주의와 인권』 제10권 3호, 2010.

「한국은 여전히 계엄 상태」, 『서울대저널』 92호, 2008.

병역거부자의 기록

강철민, 병역거부 소견서, 「노무현 대통령께 드리는 이등병의 편지」.

권순욱, 병역거부 소견서.

김태훈, 병역거부 소견서.

_____, 「잔소리는 반항으로」, 전쟁없는세상·한홍구·박노자, 『총을 들지 않는 사람들』, 철수와영희, 2008.

김훈태, 병역거부 소견서, 「저의 꿈은 좋은 선생님입니다」.

나동혁, 병역거부 소견서, 「평화와 인권을 위한 작은 행동」.

_____, 「아는 만큼, 보이는 만큼」, 전쟁없는세상·한홍구·박노자, 『총을 들지 않는 사람들』, 철수와영희, 2008.

문명진, 병역거부 소견서, 「내가 총을 들 수 없는 이유」.

송인욱, 병역거부 이유서.

안홍렬, 병역거부 소견서, 「나는 왜 병역을 거부하는가」.

염창근, 「단식 3일째를 맞이하며: 오뎅탕과 두려움」.

오정록, 병역거부 소견서.

오태양, 「사회봉사로서 병역의무를 이행하고픈 어느 젊은이의 기록」.

유정민석, 병역거부 소견서, 「나약하고 유약한 제 안의 여전사는 병역을 거부합니다」.

유호근, 병역거부 소견서, 「전쟁 반대와 평화 실현의 양심을 위하여」.

_____, 항소 이유서.

이길준, 「감옥에서온편지 081101」.

_____, 병역거부 소견서, 「나는 저항한다」.

이원표, 병역거부 소견서, 「피눈물이 아닌 땀방울을 이라크에 전하고 싶습니다」.

임성환, 병역거부 소견서.

임재성, 항소 이유서.

임태훈, 병역거부 소견서, 「나의 양심에 따른 병역거부를 선언하며」.

조정의민, 병역거부 소견서.

최준호, 병역거부 이유서, 「자연과 더불어 살기 위해 선택한 길」.

최진, 병역거부 소견서, 「나는 이 땅의 교사로서 군대를 거부합니다!」.

현민, 병역거부 소견서, 「다음 세대를 위한 병역거부 길라잡이」, 고병권 외 지음, 『부커진 R3: 맑스를 읽자』, 그린비, 2010.

국내 단행본·논문·기고문

가토 노리히로, 『사죄와 망언 사이에서: 전후 일본의 해부』, 서은혜 옮김, 창작과비
평사, 1998.

강인철, 「한국 사회와 양심적 병역거부: 역사와 특성」, 『종교문화연구』 제7호, 2005.

강인화, 「한국 사회의 병역거부운동을 통해 본 남성성 연구」, 이화여자대학교 석사
학위논문, 2007.

강정구, 「한국군의 베트남 양민 학살과 역사 청산」, 동아시아평화인권한국위원회,
『동아시아와 근대의 폭력』 2, 삼인, 2001.

구갑우, 「한국의 평화운동: 비판적 평가」, 『비판적 평화연구와 한반도』, 후마니타스,
2007.

구라다 마사히코, 「일제하 한국 기독교와 일본의 천황제와의 갈등 관계에 대한 역
사적 고찰」, 연세대학교 석사학위논문, 1989.

국가인권위원회, 「양심적 병역거부 관련 결정문」, 2006.

국군의날 군사퍼레이드를 반대하는 사람들, 「국군의날 군사퍼레이드 반대행동 보
도자료」, 2008.

국방군사연구소, 『한국전쟁지원사』, 국방군사연구소, 1997.

국방부 전사편찬위원회, 『국방사』 1, 국방부, 1984.

권인숙, 「군대 섹슈얼리티 분석: 성욕, 남성성, 동성애 등을 중심으로」, 『경제와사회』
제82호, 2009.

_____, 『대한민국은 군대다: 여성학적 시각에서 본 평화. 군사주의. 남성성』, 청년
사, 2005.

_____, 「징병제와 여성 참여: 이스라엘과 스웨덴의 사례 연구를 중심으로」, 한국여
성정책연구원, 『여성연구』 제74호, 2008

_____, 「징병제하 인권 침해적 관점에서 군대 문화 고찰」, 『민주주의와 인권』 제9
권 2호, 2009.

권혁태, 『일본의 불안을 읽는다: 일본 트라우마의 비밀을 푸는 사회심리 코드』, 교양
인, 2010.

김귀옥, 「한반도 평화체제와 평화문화, 시민사회」, 『한국과 국제정치』 제52호, 2006.

김동춘, 「국가폭력과 사회계약: 분단의 정치사회학」, 『경제와사회』 제36호, 1997.

_____, 『전쟁과 사회: 우리에게 한국전쟁은 무엇이었나?』, 돌베개, 2006.

_____, 「한국의 분단국가 형성과 시민권」, 『경제와사회』 제70호, 2006.

김두식, 『평화의 얼굴』, 교양인, 2007.

김득중, 『빨갱이의 탄생: 여순사건과 반공국가의 형성』, 선인, 2009.

김상기, 『제노사이드 속 폭력의 법칙』, 선인, 2008.

김성수, 『함석헌 평전: 신의 도시와 세속 도시 사이에서』, 삼인, 2001.

김세균·공석기·임재성, 「양심적 병역거부자, 어떻게 할 것인가?: '대체복무제도에 대한 전문가 의식조사'를 중심으로」, 『한국사회과학』 제30권, 서울대학교 사회과학연구원, 2008.

김엘리, 「여성들이 하는 군축·반전운동」, 심영희·김엘리 엮음, 『한국여성평화운동사』, 한울아카데미, 2006.

김학재, 「비상사태하범죄처벌에 관한 특별조치령의 제정 과정과 성격」, 제노사이드 연구회·민주화운동기념사업회 공동 심포지엄 '전쟁, 법, 민주주의: 냉전의 극복과 전시법의 민주화를 위하여' 발표문, 2009.

_____, 「사상검열과 전향의 포로가 된 국민: 국민보도연맹과 국가감시체계」, 『당대비평』 제27호, 2004.

_____, 「정부수립 후 국가감시체계의 형성과정: 1948~1953, 정보기관과 국민반, 국민보도연맹의 운영사례」, 서울대학교 석사학위논문, 2004.

김현영, 「병역의무와 근대적 국민정체성의 성별정치학」, 이화여자대학교 석사학위논문. 2002.

남기정, 「한미지위협정 체결의 정치과정」, 김영일·심지연 엮음, 『한미동맹 50년: 법적 쟁점과 미래의 전망』, 백산서당, 2004.

남정옥, 「국민방위군」, 군사편찬연구소, 『한국전쟁사의 새로운 연구 1』, 국방부 군사편찬연구소, 2001.

다우어, 존, 『패배를 껴안고: 제2차 세계대전 후의 일본과 일본인』, 최은석 옮김, 민음사, 2009.

다카하시 데쓰야, 『국가와 희생: 개인의 희생 없는 국가와 사회는 존재하는가?』, 이목 옮김, 책과함께, 2008.

_____, 『일본의 전후책임을 묻는다: 기억의 정치, 망각의 윤리』, 이규수 옮김, 역사비평사, 2000.

도미야마 이치로, 『전장의 기억』, 임성모 옮김, 이산, 2002.

_____, 『폭력의 예감』, 손지연·김우자·송석원 옮김, 그린비, 2009.

문수현, 「전후 서독의 양심적 병역거부에 대한 논의」, 『역사와문화』 제17호, 2009.

문승숙, 『군사주의에 갇힌 근대: 국민 만들기, 시민 되기, 그리고 성의 정치』, 이현정 옮김. 또하나의문화, 2007.

박노자, 「군대 가야 진짜 남자가 된다?」, 전쟁없는세상·한홍구·박노자, 『총을 들지 않는 사람들: 병역거부자 30인의 평화를 위한 선택』, 철수와영희, 2008.

_____, 「양심의 권리가 더 신성하다」, 『한겨레21』 349호, 2001.3.15.

_____, 「인간성을 파괴하는 한국의 '군사주의'」, 『당대비평』 10호, 2000.

_____, 「징병제: 개화기 때 실현되지 못한 근대의 꿈」, 『인물과사상』 제74호, 2004.

박진환, 「'변화'하는 병역거부운동」, 『평화연대』 2009년 1/2월호.

벡, 울리히, 『적이 사라진 민주주의』, 정일준 옮김, 새물결, 2000.

벤츠, 볼프강, 『유대인 이미지의 역사』, 윤용선 옮김, 푸른역사, 2005.

병무청, 『병무행정사(상)』, 1985.

_____, 『병무행정사(하)』, 1986.

_____, 「2009년 국정감사 국방위원회 업무보고」, 2009.10.9.

병역거부연대회의, 「양심에 따른 병역거부권 실현과 대체복무제도 개선을 위한 연대회의 소개」, '양심에 따른 병역거부권 실현과 대체복무제도 개선을 위한 연대회의 발족식 및 기자회견' 자료집, 2002.

_____, 「양심에 따른 병역거부권 인정 및 대체복무제도 도입을 촉구하는 1000인 선언」, '양심에 따른 병역거부권 실현과 대체복무제도 개선을 위한 연대회의 발족식 및 기자회견' 자료집, 2002

_____, 「양심에 따른 병역거부자들을 위한 가이드북」, 2004.

_____, 「5·15 세계병역거부자의 날 행사 취재요청서」, 2004.

_____, 「타이완 대체복무제도 시찰 보고서」, 2004.

병역거부연대회의 외, 「2005 동북아시아 평화 국제회의 자료집」, 2005.

부잔, 베리, 『세계화시대의 국가안보』, 김태현 옮김, 나남출판, 1995.

성공회대학교 인권평화센터, 『군대 내 인권 상황 실태조사 및 개선방안 연구』, 국가인권위원회, 2005.

송효진, 「병역제도의 개선 방안에 관한 연구: 비용 분석에 의한 형평성을 중심으로」, 국방대학교 국방관리대학원 석사학위논문, 2003.

스펙, 안드레아스, 「반전인터내셔널의 양심적 병역거부자 지원 활동」, '양심에 따른 병역거부권과 대체복무제: 국제 인권기준을 통해 본 한국의 현황과 과제' 국제회의 자료집, 2003.

_____, 「양심적 병역거부에 관한 최근의 노력과 도전들」, 염창근 옮김, 병역거부연대회의 주최 '전 세계 병역거부 운동의 동향과 전망: 양심에 따른 병역거부, 해외의 활동가들에게서 듣는다' 토론회 자료집, 2002.

_____, 「양심적 병역거부운동의 현황과 과제」, '양심에 따른 병역거부권과 대체복무제: 국제 인권기준을 통해 본 한국의 현황과 과제' 국제회의 자료집, 2003.

신병식, 「박정희 시대의 일상생활과 군사주의」, 『경제와사회』 제72호, 2006.

싱어, 피터 W., 『전쟁 대행 주식회사』, 유강은 옮김, 지식의풍경, 2005.

아렌트, 한나, 『예루살렘의 아이히만』, 김선욱 옮김, 한길사, 2006.

앤더슨, 베네딕트, 『상상의 공동체: 민족주의의 기원과 전파에 대한 성찰』, 윤형숙 옮김, 나남출판, 2002.

야코비, 유리 외, 「이스라엘 병역거부자들의 고백, "나는 점령군이길 거부한다"」, 『평화연대』 2003년 7월호.

양현아, 「병역법 제3조 제1항 등에 관한 헌법소원을 통해 본 '남성만의' 병역의무제도」, 한국여성정책연구원, 『여성연구』, 제75호, 2008.

오다 마코토, 『전쟁인가 평화인가: '9월 11일' 이후의 세계를 생각한다』, 이규태·양현혜 옮김, 녹색평론사, 2004.

오만규, 「제칠일안식일예수재림교회 비무장 군 복무의 기원과 발전」, 『한국교회사학회』 제12권, 2003.

_____, 『집총거부와 안식일 준수의 신앙양심』, 삼육대학교 선교와사회문제연구소, 2002.

오수연, 「염창근 씨의 병역거부」, 『한겨레』, 2003년 11월 17일.

오시진, 「국제인권법 중심의 한국 양심적 병역거부 논의에 대한 고찰」, 국가인권위원회, 『2005년도 인권논문 수상집』, 2005.

오태양·박노자, 「폭력을 거부하는 마음은 인간의 동심이자 본심이다: 양심적 병역거부를 둘러싼 오태양-박노자의 편지」, 『당대비평』 19호, 생각의나무, 2002.

요시다 유타카, 『일본의 군대: 병사의 눈으로 본 근대일본』, 최혜주 옮김, 논형, 2005.

유혜정, 「남성 섹슈얼리티의 사회화 기제로서 군대 성문화 연구: 병사들의 성 의식과 성 경험을 중심으로」, 상지대학교 여성학과 석사학위논문, 2006.

유호근, 「한국에서의 양심에 따른 병역거부운동」, '양심에 따른 병역거부권과 대체복무제: 국제 인권기준을 통해 본 한국의 현황과 과제 국제회의' 자료집, 2003.

이남석, 『양심에 따른 병역거부와 시민불복종』, 그린비, 2004.

이대훈, 「시민불복종과 법치주의적 상상력: 합법성의 도그마에 대하여」, 『시민과세계』 제3호. 2003.

_____, 「안보섹터–시민사회 관계의 민주적 개혁 방안」, 참여연대 평화군축센터, 『한반도평화보고서 2005』, 2005.

이영린, 『한국재림교회사』, 시조사, 1965.

이영자, 「한국의 군대 생활과 남성 주체 형성」, 『현상과인식』 96호, 2005.

이용석, 「몽둥이를 놓자 폭력이 보였다」, 『한겨레21』 622호, 2006.8.9.

이재승, 「군인의 전쟁거부권」, 『민주법학』 제43호, 2010.

_____, 「독일에서 병역거부와 민간봉사」, 『민주법학』 제20호, 2001.

_____, 「민주화 이후 인권 문제의 전개 양상」, 학술단체협의회·민주화운동기념사업회 엮음, 『한국 민주주의의 현실과 도전』, 한울아카데미, 2007.

이화여자대학교 총학생회, 「성명서: 이화인은 여성의 이름으로 반전평화 운동의 주체가 되어 양심에 따른 병역거부권 실현을 위해 가장 적극적인 실천을 벌여 나갈 것이다!!」, '여성을 억압하는 징병제와 군사주의 반대! 양심에 따른 병역거부 지지 기자회견문', 2002.

임재성, 「평화권을 통해서 본 한국 인권담론 확장과정 연구」, 국가인권위원회, 『2009년도 인권논문 수상집』, 2009.

전상인, 「한국전쟁과 국가건설」, 『고개숙인 수정주의: 한국 현대사의 역사사회학』, 전통과현대, 2001.

전·의경제 폐지를 위한 연대, 「전·의경제도의 실태와 문제」, 2008.

전쟁없는세상·한홍구·박노자, 『총을 들지 않는 사람들: 병역거부자 30인의 평화를 위한 선택』, 철수와영희, 2008.

정영신, 「죽어도 군에는 가지 않겠다고 일본으로 밀항해…」, 『월간말』 249호, 2007.3.

정용욱, 「양심에 따른 병역거부운동의 현황과 전망」, 윤수종 외, 『우리 시대의 소수자 운동』, 이학사, 2005.

정욱식, 「한국 평화운동의 성과와 전망, 그리고 과제」, 한국사회학회 2004년도 특별 심포지움 논문집, 2004.

정유진, 「경합하는 가치로서의 '국가안보'와 '개인의 안전'」, 국가인권위원회, 『2005년도 인권논문 수상집』, 2005.

정춘국, 「잊혀질 수 없는 기억에 대한 조사」, 『민주사회를 위한 변론』 제41호, 2001.

정희진, 「'양심적 병역 기피'를 옹호함」, 『씨네21』 533호, 2005.12.30.

제주토벌출동거부병사위원회, 「애국 인민에게 호소함」, 김득중, 『빨갱이의 탄생』, 선인, 2009, 68쪽.

조국, 『양심과 사상의 자유를 위하여』 개정판, 책세상, 2007.

진상범, 「한국 사회 양심적 병역거부에 대한 국가와 종교의 대응」, 『종교문화연구』 제8권, 2006.

진석용정책연구소, 『종교적 사유 등에 의한 입영거부자 사회복무체계 편입 방안 연구』, 병무청, 2008.

차명제, 「한국 사회에서 새로운 사회운동의 활성화 가능성: 유럽과 한국의 평화운동 연구를 중심으로」, 『한·독사회과학논총』 제4호, 1994.

최상훈 외, 『노근리 다리: 한국전쟁의 숨겨진 악몽』, 남원준 옮김, 잉걸, 2003.

최유리, 「일제 말기 징병제 도입의 배경과 그 성격」, 『역사문화연구』 제12권, 2000.

최재희, 「20세기 초 영국에서의 징병제 논쟁의 의미와 영향」, 『전남사학』 22집, 2004.

_____, 「징병제의 역사: 국가폭력과 민주주의의 충돌」, 『역사비평』 제69호, 2004.

최정민, 「양심적 병역거부, 양보할 수 없는 인간의 권리」, 인권운동사랑방 2001년 10월 월례포럼 '양심적 병역거부권을 말한다' 발제문, 2001.

카터, 에이프릴, 『직접행동: 21세기 민주주의, 거인과 싸우다』, 조효제 옮김, 교양인, 2007.

칸트, 임마누엘, 『영구평화론: 하나의 철학적 기획』 개정판, 이한구 옮김, 서광사, 2008.

캘도어, 메리, 『새로운 전쟁과 낡은 전쟁: 세계화 시대의 조직화된 폭력』, 유강은 옮김, 그린비, 2010.

코언, 스탠리, 『잔인한 국가, 외면하는 대중: 왜 국가와 사회는 인권 침해를 부인하는 가』, 조효제 옮김, 창비, 2009.

톨스토이, 레프, 『국가는 폭력이다: 평화와 비폭력에 관한 성찰』, 조윤정 옮김, 달팽이, 2008.

틸리, 찰스, 『국민국가의 형성과 계보: 강압, 자본과 유럽국가의 발전』, 이향순 옮김, 학문과사상사, 1994.

평화박물관 건립추진위원회, 『총을 들지 않는 사람들』, 평화박물관 건립추진위원회, 2005.

푸코, 미셸, 『감시와 처벌』, 오생근 옮김, 나남출판, 2003.

_____, 『사회를 보호해야 한다』, 박정자 옮김, 동문선, 1998.

필드, 노마, 『죽어가는 천황의 나라에서』, 박이엽 옮김, 창작과비평사, 1995.

하근찬, 『수난이대』, 일신서적, 2006[1957].

한국기독교교회협의회 엮고 옮김, 『양심적 병역거부 관련 종교적 진술』, 2009.

한국기독교총연합회, 「병역을 거부하는 '여호와의 증인'을 위한 대체복무제 입법을 반대한다」, 성명서. 2006.6.1.

한국남자수도회·사도생활단 장상협의회, 「양심적 병역거부와 가톨릭교회: 양심적 병역거부와 대체복무제 도입에 대한 신학생 설문조사 보고서」, 2007.

한홍구, 「'여호와의 증인' 앞에서 부끄럽다」, 『한겨레21』 511호, 2004.5.27.

_____, 「인민군도 무작정 처벌 안 했다」, 『한겨레21』 441호, 2003.1.2.

_____, 「한국의 징병제와 병역거부의 역사」, 전쟁없는세상·한홍구·박노자, 『총을 들지 않는 사람들』, 철수와영희, 2008.

허시, 허버트, 『제노사이드와 기억의 정치: 삶을 위한 죽음의 연구』, 강성현 옮김, 책세상, 2009.

현광호, 「대한제국기 징병제 논의와 그 성격」, 『한국사연구』 제105권, 1999.

홍성태, 「주민등록제도와 총체적 감시사회: 박정희 독재의 구조적 유산」, 『민주사회와정책연구』 제9호, 2006.

홍세화, 「'분풀이'의 휘몰이가 섬뜩하다」, 『한겨레21』 562호, 2005.6.10.

홍영일, 「양심적 병역거부 역사와 대체복무에 대한 입장」, 서울대학교 사회과학연구원 기획 공청회 '양심적 병역거부자, 어떻게 할 것인가?' 자료집, 2008.10.28.

_____, 「양심적 병역거부와 관용의 증가」, 이석우 엮음, 『양심적 병역거부』, 사람생각, 2005.

황현산, 「군대 문제」, 『한겨레』, 2009.9.12.

후지이 다케시, 「돌아온 '국민': 제대군인들의 전후」, 김득중 외, 『죽엄으로써 나라를 지키자: 1950년대, 반공·동원·감시의 시대』, 선인, 2007.

훅스, 벨, 『행복한 페미니즘』, 박정애 옮김, 백년글사랑, 2002.

해외 단행본·논문·기고문

Adams, Ralph J. and Philip P. Poirier, *The Conscription Controversy in Great Britain 1900-18*, Ohio: Ohio State University Press, 1987.

Amnesty International, *Conscientious Objection to Military Service*, London: Amnesty International. 1991.

Benford, Robert and David Snow, "Framing Processes and Social Movements", *Annual Review of Sociology* 26, 2000.

Bettelheim, Bruno, *Surviving and Other Essays*, New York: Vintage Books, 1980.

Caputo, Philip, *A Rumor of War*, New York: Ballantine, 1977.

Flynn, George Q., "Conscription and Equity in Western Democracies, 1940-75", *Journal of Contemporary History* 33(1), 1998.

Giddens, Anthony, *The Nation-State and Violence*, Berkeley: University of California Press, 1987.

Goldhagen, Daniel, *Hitler's Willing Executioners: Ordinary Germans and the Holocaust*, New York: Alfred A. Knopf, 1996.

Hase, Ragnhild Fiebig-von and Ursula Lehmakuhl eds., *Enemy Images in American History*, Oxford and New York: Berghahn Books, 1998.

Hook, Glenn D., *Militarisation and Demilitarisation in Contemporary Japan*, London: Routledge, 1996.

Jaggers, Keith, "War and the Three Faces of Power: War Making and State Making in Europe and the Americas", *Comparative Political Studies* 25(1), 1992.

Janowitz, Morris, "Military Institutions and Citizenship in Western Societies", Bryan S. Turner and Peter Hamilton eds., *Citizenship*, Vol.I, London: Routledge, 1994.

Kelman, Herbert C. and V. Lee Hamilton, *Crimes of Obedience: Toward a Social Psychology of Authority and Responsibility*, Connecticut: Yale University Press, 1990.

Lainer-Vos, Dan, "Social movements and Citizenship: Conscientious Objection in France, the United States and Israel", *Mobilization* 11(3), 2006.

Lasswell, Harold, "The Garrison State and Specialists on Violence", *American Journal of Sociology* 46, 1941.

Levi, Primo, *The Drowned and the Saved*, New York: Summit Books, 1988.

Linn, Ruth, *Conscience at War: the Israeli Soldier as a Moral Critic*, New York: State University of New York Press, 1996.

Mann, Michael, *States, War & Capitalism, Studies in Political Sociology*, Oxford and New York: Basil Blackwell, 1988.

Moskos, Charles C. and John Whiteclay Chambers, *The New Conscientious Objection: From Sacred to Secular Resistance*, New York: Oxford University Press, 1993.

Pinna, Pietro, "Functions and Policy of WRI", *War Resistance* 3, 1973.

Sandler, Sergeiy, "Delivering the Message, Loud and Clear", *The Broken Rifle* 53, 2001.

Schlesinger Jr., Arthur M., *A Thousand Days: John F. Kennedy in the White House*, New York: Mariner Books, 2002.

Smythe, Tony, "Conscientious Objection and War Resistance", *War Resistance* 2(21), 1967.

Speck, Andreas, "Professionalisation of the Military: End of Conscientious Objection in Europe?", *Broken Rife* 78, 2008.

Speck, Andreas and Bart Horeman, "CO as a Human Right vs CO as Antimilitarist Action", *Broken Rifle* 55, 2002.

Stolwijk, Marc, *The Right to Conscientious Objection in Europe: A Review of the Current Situation*, Quaker Council for European Affairs, 2008.

Tilly, Charles, "War Making and State Making as Organized Crime", Peter B. Evans, Dietrich Rueschemeyer and Theda Skocpol eds., *Bringing the State Back in*, Cambridge: Cambridge University Press, 1985.

UN Document, CCPR/C/67/D/666/1995, "Human Rights Committee View on Foin v. France (Communication No.666/1995)".

_____, CCPR/C/88/D/1321-1322/2004, "View of the Human Rights Committee under article 5, paragraph 4, of the Optional Protocol to the International Covenant on Civil and Political rights, concerning Communications Nos.1321/2004 and 1322/2004".

Walzer, Michael, *Just and Unjust Wars: A Moral Argument With Historical Illustrations*, New York: Basic Books, 1977.

Wilson, Gary, "Selective Conscientious Objection in the Aftermath of Iraq: Reconsidering Objection to a Specific War", *The International Journal of Human Rights* 12(5), 2008.

Yuval-Davis, Nira, *Gender and Nation*, California: Sage Publications. 1997.

Zürcher, Erik Jan ed., *Arming the State: Military Conscription in the Middle East and Central Asia, 1775-1925*, London and New York: I. B. Taurus Publishers, 1999

宮田光雄, 『非武装国民抵抗の思想』, 東京: 岩波書店, 1971.

阿部知二, 『良心的兵役拒否の思想』, 東京: 岩波書店, 1969.

정기간행물 기사

『경향신문』, 1949년 7월 28일, 「신성모 국방부 장관, 병역법 시행 전에 강제징집은 있을 수 없다는 담화를 발표」.

『국도신문』, 1949년 12월 31일, 「1949년 국내 10대 뉴스 중 1위는 김구 암살」.

『노컷뉴스』, 2007년 9월 19일, 「국방부 "대체복무, 현역보다 힘들고, 기간도 길다"」.

『민중의 소리』, 2005년 7월 15일. 「우리가 양심적 병역거부를 반대하는 진짜 이유는?」.

『서울신문』, 1957년 3월 8일, 「괴怪! 집총거부 진정陳情」.

_____, 1957년 3월 9일, 「신앙의 자유를 위해서라도 용감히 총을 들라: 해괴스런 안식교도들의 반란」.

『연합뉴스』, 2009년 11월 23일, 「현직 판사가 '종교적 병역거부 처벌' 위헌제청」.

『자유신문』, 1949년 12월 20일, 「실지 회복을 맹서: 징병제 실시 축하대회」.

『전쟁없는세상 소식지』, 6호(2004), 「대체복무제도 논의의 쟁점들」.

_____, 13호(2006), 「부당한 군사명령을 거부하라」.

_____, 16호(2006), 「병역거부운동 내의 성별 분업을 말하다」.

_____, 21호(2008), 「국가에 갇힌 교과서」.

_____, 23호(2009), 「새로운 유형의 병역거부, 그들을 만날 때…」.

『조선일보』, 1946년 1월 12일, 「징병 한인 인천 귀항」.

_____, 1955년 6월 29일, 「제대군인에게 직장을 주라」.

_____, 1970년 3월 4일, 「억울한 사람 따로 구제」.

_____, 1973년 1월 23일, 「인간 의무로서의 병역」.

_____, 1973년 2월 23일,「대검, 뺑소니-유괴-마약-보건-폭력-병역기피 등 "6대
　　　사회악" 단속 지시」.

『중앙일보』, 1972년 2월 3일.「병역기피자 명단 공개키로」.

『진상』, 1957년 2월호,「선거 '스로강'은 어디갔느냐: 어느 제대군인의 가슴 쓰린
　　　소호」.

『파수대』, 2007년 10월 15일,「나는 그의 놀라운 신념을 높이 평가하였다」.

_____, 2008년 7월 1일,「여호와의 증인은 왜 전쟁에 참여하지 않습니까?」.

『프레시안』, 2003년 9월 26일,「이스라엘, 민간공습 거부 조종사들 탄압」.

_____, 2004년 2월 13일,「이라크 시민들, "강철민 이병 석방하라"」.

『한겨레』, 2009년 1월 16일,「군대서 숨진 '여호와의 증인'에 "국가책임" 첫 인정」.

_____, 2009년 1월 16일,「빨갱이 몰아 때리고 물고문 집총거부자 '고의적 타살'」.

『한겨레21』, 2001년 2월 7일(345호),「차마 총을 들 수 없어요」.

_____, 2001년 3월 29일(351호),「우리는 감옥에 가지 않아요」.

_____, 2002년 9월 26일(427호), 커버스토리 '대한민국 사병은 거지인가'.

_____, 2004년 5월 25일(511호),「양심의 자유, 처음 만나는 자유」.

_____, 2006년 7월 4일(616호),「기미코 센세, 히노마루와 싸운다」.

_____, 2008년 8월 7일(722호),「경찰청의 낯 뜨거운 '인력·돈 핑계'」.

_____, 2009년 1월 2일(742호),「군 복무시키려는 대체복무 연구용역?」.

『한국일보』, 1957년 3월 8일,「교리가 헌법보다 중요한가?」.

『한성일보』, 1949년 1월 6일,「국방부 보도과, 국군 모병 강요에 대한 경고 성명을
　　　발표」.

찾아보기